三民叢刊 305

吳鐵城回憶錄

吳鐵城 著

三民書局印行

◆作者遺像◆

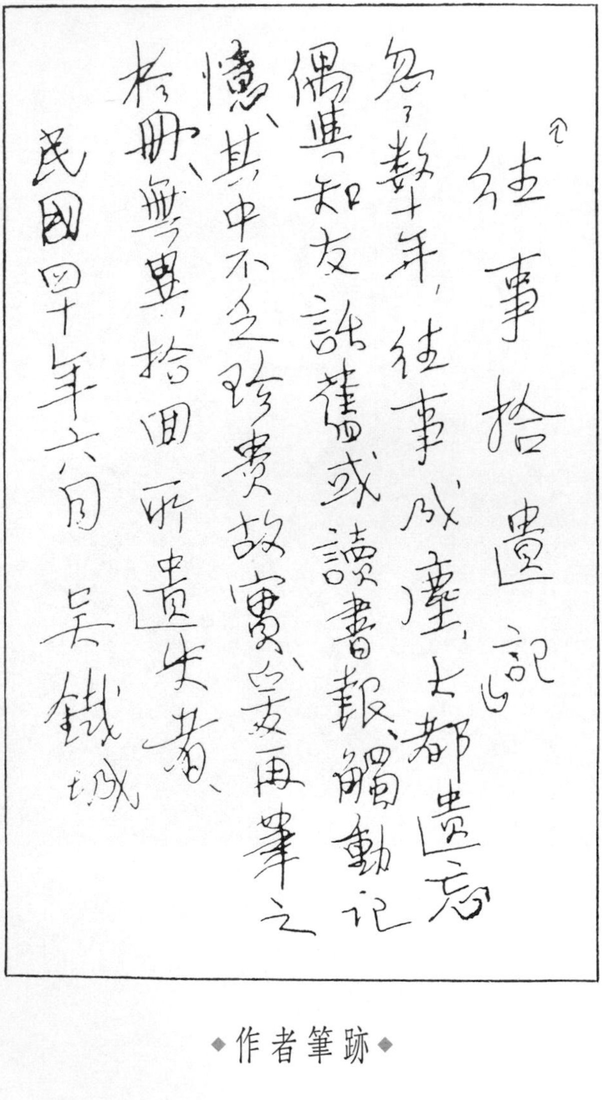
往事拾遺記
忽忽數十年，往事成塵，大都遺忘
偶與知友談舊或讀書報、觸動記
憶、其中不乏珍貴故實、爰再筆之
於冊、無異拾回所遺失者、
民國四十年六月 吳鐵城

◆作者筆跡◆

再版序

吳鐵城先生自幼聰慧敏捷，早年追隨革命，創建民國，先後歷任黨政要職。縱觀其一生，乃以「捨我其誰」之精神，忠黨愛國，戮力從公，為國奉獻，如建設上海、倡導航空事業、改革政府公文、宣撫海外僑胞等，成績斐然。

本書原收錄於「三民文庫」，內容詳細記錄吳鐵城先生一生的經歷。經過歲月的沉澱，以今視昔，更能體會「疾風知勁草，板蕩識忠臣」的意義與真諦。此外，眾多關鍵事物的描述，亦如實反映出我國早年政經社會的發展脈絡，實乃中國現代史的珍貴史料，從中亦可窺見吳鐵城先生的處世思想與態度。

《論語》曰：「見賢思齊。」我們在緬懷吳鐵城先生的過往事跡之餘，亦當學習那股奮發向上的精神，矢為國家富強而努力。是以為序。

三民書局編輯部　謹誌

吳鐵城先生回憶錄序

張羣

國民革命，奄蓋近代中國半世紀之歷史，其波瀾之壯闊，一空前轍。吳鐵城先生，自弱冠委身國家，始受知於國父，繼見重於今總統蔣公，於國民革命各重要階段，幾無一不預，其弱冠以後之歷史，實與中國國民革命共其脈絡。本書為先生到臺灣後之手筆，始於民國前二十四年，輟於民國十五年，以下僅有自定之目錄，而未能竟篇。然中國國民革命事業之艱危曲折，民國十六年以後，實有過於前，而先生在此時期之所靖獻，自亦非其少壯時所能比擬，如國民政府定都南京後，華北旋告底定，統一之局粗成，而政令猶不能出關，先生於此時僕僕奔走關內外，遂以促成東北之易幟。十九年北方之變，國本為之震撼，先生受命再度出關，雍容談笑而導致東北之內嚮。二十一年受命上海市長，不及一月，日軍搆釁淞滬，戰爭突起，先生策勵市民，支持軍事，更發動宣傳，運用國際力量，卒使日軍自戢其凶鋒。滬戰甫終，即著手大上海市之計畫，三年之間，主要建設，大體完成，其規模之閎遠，使中外觀感為之一新。二十六年調主粵政，時中日戰爭已迫眉睫，先生革新省政，興辦實業，督冬耕以救荒歉，延公路以通北江，凡其措施，不獨為根本之圖，亦以應非常之變，蒞任四月餘，對日之全面戰爭爆發，二十七年十月日軍迫廣州，先生與駐軍守至最後，甫離省垣，敵已入城，幾不得免，戰時省治遷至粵北，艱苦支拄，處變如夷，粵省夙稱難治，且在戰時，而政軍相輔，群情翕然。二十八年春由粵至重慶，奉命主持港澳黨務，兼指揮閩粵兩省之戰時宣傳，其影響所布，深入敵後，遍及窮鄉，二十九年任中國國民黨海外部長，受命代表政府，宣慰南洋華僑，閱時五月，行程三萬里，經歷一百三十城市，所至之地，僑情振奮，太平洋戰爭爆發後，海外華僑均能與當地政府合作，參加戰守。三十年春自南洋回國，任中央黨部祕書長，闡揚抗戰建國之大義，力謀各方意志之團結，並號召華僑，發動國民外交，同時輔助菲律賓韓國越南之復國建國運動，以實踐國父扶植弱小民族之遺教，發皇中國國民黨之國際聲光，而在日軍南進時期，緬甸星加坡馬來亞各地之敵後工作，盟邦政府亦願獲得先生之協力。對日之戰既了，先生戮力奔走，謀戰後國家之和平建設，憲政開始，曾以副揆，兼外長入閣，是時局勢已甚險惡，但國際共黨在中國之陰謀，尚未為友邦與國內人士所洞燭，先生瘁其心力，而終無救於橫流。在臺數年，雖不預實際政治，然對於國民外交與僑務致力仍勤，先後有日韓印尼菲律賓之行，在大陸創立之華僑協會總會，中國國民外交協會，及中韓文化協會，亦均於此時恢復，並進而籌組中菲協會，中越協會，以為爭取僑胞，加強東南亞民族聯繫之基礎，惜以頻年憂患，神形俱損，志事未竟，已奪天年，此書亦終為斷簡矣。余與先生相識於民國之初年，北伐成功，先後與先生為東北內嚮奔走，嗣此甘苦共嘗，形跡無間，來臺以後，往還愈密，所知於先生者甚深，嘗論先生之為人，豁達大度，而邪正之辨仍嚴，機智過人，而誠信之心無替，用能融會歧異，汎應群倫。溯其生平經歷，遍涉黨務政治軍事外交與警政各部門，其足跡遍歷中國南北及東南亞各地，接觸之人士以千萬計，值動盪之時代，應反側之人情，而艱阻化於潛移，事功成於默運，人皆驚嘆其效果，而莫測其因緣，蓋其成就，由於人格與襟度使然，非以權謀致，亦難以跡象求也。本書文筆生動，於重大經歷之外，並道及生活瑣事，於當時之政治與社會情況，敘述尤詳，實為珍貴之史料，讀者於此，亦可以窺見先生之風格，詩大雅之篇有言，「雖無老成人，尚有典刑」，是先生之所加被於國家與後世者，又豈獨匆匆數十年之事功而已乎。

中華民國四十六年三月九日

吳鐵城回憶錄

目次

第3章 民國的初生與挫折

第4章 海上流亡

第5章 擾攘十年間

第6章

中國國民黨改組前後

鐵城先生回憶錄，因病中輟於此，以下各篇，章目雖具，文字則尚未撰寫。

第7章 東北使命

◆跋

吳幼林

第1章

童年時代的回憶

一◆我的家庭和環境

中山與九江

我於清末光緒十四年（民國前二十四年，戊子，即一八八八年）出生於一個舊家庭。其時正是中法戰爭不久之後，內憂外患，清政府腐敗無能，國勢日益不振。西方帝國主義者已經用大砲轟開中國的大門，爭先插足於這一塊落後而又博大的土地。但滿清幾百年的皇家天下，還不知世界上有所謂工業革命；一個頑固專制的老婦人，和一大群驕奢顢頇，拖著長辮子的大臣，正在頤和園裡做著「天下即中國」的天朝的夢；那真是中國受難開始的一個昏沉的時代。

我是廣東中山縣人（原稱香山縣），生長在江西九江，幼年的生活是在九江度過的。十五歲時隨母親回過中山一次，後來直到二十五歲，我才回到我可愛的家鄉。如眾所知，中山是總理的故鄉。那是珠江三角洲一塊豐饒膏沃之地，距廣州一百二十里，水秀山明，毗連港澳；西風東漸，得風氣之先。中國最早的一個留學生，就是中山縣的容閎。在上海辦江南造船廠（招商局的前身）的徐雨之，也是中山人。這一個六十餘萬人口的縣份，民風富於冒險進取性，出外謀生發展者甚多，美洲南洋，和國內的上海揚子江一帶，都有中山人的足跡。

我父親玉田公在光緒初年，便由中山的家鄉到了江西九江，在一間百貨商店做司帳之職。那家百貨商店是當地百貨店規模最大的一間。我父親是在鄉間受過私塾教育的，謹慎和氣，是一個安分守己的商人。後來離開那公司，自營了一間運售洋貨的商店。父親到了九江不久，就從家鄉接了我的母親來。她姓余，也曾識字讀書，能夠讀通一封書信的農村姑娘，人很慈和。當時九江雖是一個繁華而開通的商埠，但因為他們都在農村生長，還是過著舊式的家庭生活。

我們的家，起先是在城內通衢的張官巷，後來遷到天主堂後街，很近租界。九江這一個地方，三國時代的柴桑口就在附近。東吳那一位英勇的大將周瑜，是在這裡設立過水師都督府的。也是晉代大詩人陶淵明的家鄉。還有詩人白居易那著名詩篇〈琵琶行〉所詠的「潯陽江頭」，也正是這個所在。這些往事，已成陳跡；英雄的衙署，東籬的秋菊，商人婦的琵琶，都只有望風懷想。那時九江已經是一個被條約規定的對外通商口岸，外國的輪船，教堂，領事館，倒使人觸目皆新。

九江的風景，到處宜人，山光帆影，較之蘇杭並不遜色。光緒中葉，曾有一位紐西蘭的英國人李德烈❶倡闢為避暑勝地，夏秋之時，遊人如鯽。我還深刻的記得，幼年時常到甘棠湖上的烟

❶ 李德烈 (E. S. Little) 為傳教師，後為英帝國化學工業社中國總經理，成為在滬有地位英商，民元時曾斡旋南北議和。

水亭，那裡湖風水榭，風景清幽。烟水亭內外掛了不少楹聯，有一付是出於前人張光裕手筆的「一亭直浸湖中月，雙劍橫磨水上峯」，寫景甚壯，至今還印在腦海。

我的母親在九江住下，連續生了九胎，我是第五個。可是九胎之中，只有我和我的弟弟，還有一個在民二十五年去世的妹妹養育成人，其他的都不幸夭折。夭折的原因，僅是現代醫藥所易於救治的一般小兒病。當時科學的醫藥不普遍，九江雖則已經是風氣開通的通商市埠，也有幾間教會的醫院，但仍舊很少人相信西醫。小孩子有病，大多數是用那舊家庭所傳下來的那一套。吃中國丸散，求神拜佛問卜，喝香灰茶等，以為這樣，病就會好。在小孩出天花的時候，也無所謂「隔離治療」，只用一種什麼藥散放在管子裡吹進鼻孔；此外就到「痘娘娘」廟裡焚些紙人紙馬，禱告消災。以接生為專門技術的「接生婆」，她的技術就只是用那不消毒的手和不消毒的器械去接生，甚至用碎瓷斷瓦去給嬰兒斷臍。所以中國的古老社會裡，生之者繁，死之者亦眾。後來我在上海市長任內（民國二十一年至二十六年）力求推廣地方衛生：在「高橋」那一處地方未設立衛生診所前，生育十人中死亡率要達到七人；設立之後，十人中死亡率降至三四人，可見一斑。我那六個不幸的同胞姊妹兄弟，大概也就是這樣夭亡的；我的長成，總算是僥倖吧！

初次還鄉

我十五歲（光緒二十八年壬寅）隨母親由九江初回到中山那年，我記得經過上海，乘的是招商局赴香港的船，再經澳門搭舊式渡船到石岐。那時岐關公路還沒有開闢，我們又坐了轎子，才到平湖——我們的家鄉。行李有四五十件之多，因為那時，郵寄包裹辦法還沒有出現，路途轉折，行旅不大便利，難得有人回鄉，大家都買點東西禮物託帶轉送親友。

我很詫異，我的母親的轎子，每到一鄉鎮門口，她便要下轎步行，過了鄉鎮才又重新坐上，當時我問母親，她說，這是古老相傳的禮俗，表示尊重鄉里之意。到家後，拜見我那八十餘歲已經老態龍鍾的外祖母，她非常歡喜。其次是拜候遠親近戚，在我鄉下，當時教育還算發達，鎮上即有桂山書院。也有一處溫泉，在禾田的中間，可惜沒有設備。我們的墟市，是各鄉輪流趕集的，我初次趁墟，穿著白竹布衫褲，路上男婦，頗為注目。鄉間對於白色衣服是避忌的，以為我們是外江人。其後鄉人勸我們不要穿這樣的衣服。

清明節，拜掃過祖墳，祠堂例給族中男丁一塊規定分量的燒豬肉。我的祖墳，已經多年失修，記得祖母去世，父親回鄉奔喪時，曾主張加以修建，族人表示反對；因為堪輿先生說過不宜改變，萬一動土破壞了風水，族人認為是一件大事。

幼稚的憧憬

我的家庭可說是安定而融和的。良好的家庭環境，在我的天真的童心上，也感到溫暖。父親以辛勤所得，每月大約有二十餘元的收入，年終還有一份花紅；這在當時，收入已不算少。那時，生活程度很低，雖然西洋的工業品已經闖進農業社會的古老大門，到處推銷，但只有微小波動，社會還算安定。我記得我十四五歲時候的物價：米，是二塊多錢一擔；豬肉，一毛多錢一斤；雞蛋，一塊錢一百五十枚。我們家裡每天的菜錢，不會多過四毛錢。那時一塊錢是用墨西哥的花邊銀元，輔幣還是銅錢，也有銅板。這樣，數口之家，也算過著中產階級人家的生活。當時我也曾在想，假如我將來有一份職業，每月有三十塊錢的收入便覺滿足了。當時還以為生活程度和物價是不會變動的。

二◆一個淘氣的孩子

我幼年的時候，由於天性好動，倔強頑皮；是一個很淘氣的孩子。後來從我母親口中聽說，我當年歡喜出門四處遊逛，附近的烟水亭啦，胭脂山啦，常常都蹓到那裡玩。又好爬山划船，攀登樹上，幾次險些掉下來。經常和別的孩子爭執吵鬧，動起小拳頭打架。有一次逃學，受到老師的體刑，他扳起臉孔，用戒尺用勁的打我的手掌和屁股。有時念書心不在焉，常在書桌上打瞌睡。

我還記得，有一次家裡請了木匠修理地板。我們住的房子是一樓一底的，我一時頑皮，從樓上的梯口直跌下來，剛剛掉在木匠的工作椅子上，那張椅子右邊放著一把斧頭，幸而我跌在左邊，稍一偏右，我的小頭顱就要破開兩邊了。至今我的天靈蓋骨頭上，也還留下這一個童年的傷痕。母親還告訴我：有一年端午節河裡賽龍舟，大約我那時只有兩歲大，我的乳娘抱我到河邊看龍，看到緊張時，不知怎的，乳娘鬆了手，把我一個跟斗掉到河裡去了，灌了一小肚子的水。

私塾開蒙

七歲時（光緒二十年甲午），父親送我入九江新安會館私塾去念書。私塾的老師是一位安徽人，是一位廩生，道貌岸然，管教嚴肅，每天上學和放學要向孔夫子像行揖拜禮，對老師也是一樣。那是科舉時代，無論在都市在鄉村，富有者就請老師回來設「專館」，其次就是「私塾」。

私塾裡的教授方法，啟蒙用《三字經》，接著是《千字文》，《孝經》，四書等，注重溫習背誦，每一本書都是要從頭背誦強記的。我很不耐煩這種背誦方法，但我至今記憶力還不十分差，也可說拜當年背誦之賜。每天要寫字，起初是填字格，後來是臨摹，但我總愛寫自己隨意的字體。

十四歲（光緒二十七年辛丑）那一年，由私塾轉到了專館，是在一位姓張的人家裡寄讀。那位老師就是當地德化縣一個很有學問的宿儒——徐庭蘭孝廉，一個面目極其嚴肅的人，督教也更加嚴厲。在那裡我攻讀了三年之久，總算奠定了一點國學基礎。

八股廢了，科舉廢了，我也已經長大了。新學堂的風氣影響了每一個舊家庭，我憧憬於新教育的進步和有興趣，立意要進學堂。一位中山同鄉鄭雍鵬先生，是早期的留美洋翰林，英文很好，我便到他那裡補習英文，時間約莫有兩年。

教會學堂

隨後我離開了專館，進了九江美以美會所辦的同文書院。那時天主教和基督教都在九江設有學校，信奉天主教的人多些，基督教較少。同文書院的功課，和私塾專館的專以經史教授的大不相同，許多老師教授我們以前所未知的自然科學和社會科學，還有軍事體操和球類體育運動。

寬敞而整潔的學校環境，群體的同學生活，使我精神煥發地開始接受新時代的一切智識。在當時所謂「中學為體西學為用」的一個口號下，這是一間「中西會通」的學堂。

我不忘記一位教我們英文的慈祥的老師——華師母。她是美國人，和藹而有耐心的教導我們會話和造句。她在中國多年，會說一口流利的中國話。更使我不能忘記的，是我們的校長庫先生，他是美國籍的德國人，一個誨人不倦的教育者，謙和而帶有學者的雍容風度。他簡直像自己的子姪一樣看待我，不時給我鼓勵，誇獎我的聰明活潑。後來他一直在中國很久，做過武昌一所著名大學——文華大學的校長。在我以後任上海市長時，前面所說的華師母已告老回美，仍然常通音問，我也曾寄了一點錢和禮物給她，表示我受業不忘的寸衷。

父親對於我的求學，雖時加督促，但對於我將來的志向，並沒有拘束我選擇的自由；他似乎不一定要我承繼他的經商事業，讓我的性情去發展自己的前途。他自從自營商業十餘年來，也漸漸取得社會地位，滿清時代的商人是可以捐官的，他還捐了一個五品銜的同知，後來做了商會的協理。

婚姻大事

同文書院畢業（光緒三十三年丁未）後，我打算到東京去讀書，但父親關於我的婚姻大事卻很關心。當時風氣閉塞，男女社交為古老社會所不許。我離開校門，已經二十歲，我的父母為我配一門親事，他們在選定的時候，將「乾造」「坤造」的生辰八字送給算命先生，看看有沒有沖剋。我父親對於命相，也稍為了解。他拿一個女子的照片給我看，徵求我同意；並說：「圓圓的臉孔，有福氣，將來旺夫益子，好一個奶奶相。」這選定的一位是馬家小姐，就是我現在的馬氏夫人。她生長於上海，父親在九江輪船公司任經理，為人樂善好施，是一位慈善的長者。

父親堅持要我結了婚才到東京讀書，適值光緒駕崩，在專制時代的「國喪」是一件大事，民間一切喜慶事都不能舉行，因此拖延了「好事」，也拖延了東京之行。

我結婚那年是二十二歲（宣統元年己酉）。當時社會風俗，新郎要躬行親迎禮，以示隆重。新娘子的「花轎」到了門口，隨從的女伴（粵人謂為大妗姐）撐開雨傘遮著，使頭不見天，背起新娘子的身體，使她腳不到地；新娘子鳳冠霞帔，一幅紅絲巾做面幕。新夫婦飲了合巹酒後，新郎的未婚朋友多則十餘人，少則數人，把新郎匿藏起來，要求新娘以禮物交贖。等到送進洞房，揭去面上紅巾，開始鬧新房了。新娘「三朝」必須下廚，這種「三日入廚下，洗手作羹湯」的禮法，含有家政教育的意義。又如粵例，女子出嫁之前夕，躲在房內且哭且唱（粵人謂之「開嘆情」），唱詞大都敘父母養育之恩，姊妹戚屬相處之樂，今也別離，依戀痛惜。這是頗為趣緻的習俗。婚禮是人生大事，舊社會裡禮節繁多，示其慎重。這種俗尚，到近二十年來，在鄉村雖是保留，在城市中已經少見了。

還有一件事，我在結婚後，就剪掉了拖在我背後的那條辮子。在未剪辮子以前，我也常愛穿洋裝西服。

第2章

辛亥革命前後

一◆舊社會、新時代

鴉片戰後

辛亥革命前後，是中國舊社會和新時代相激盪的一個階段。

自鴉片戰爭以來，中國歷史的篇頁，塗上糜爛沉痛的血淚。貧弱和愚昧，招致列強邁步的進侵，他們正操刀謀宰割此俎上的一臠；再經中法之役，甲午之役，所謂「堂堂華胄」，已成待宰之羔羊。起初，也有一些比較眼光遠矚、洞悉危機的人，企圖刷新圖治，如像張之洞、李鴻章之流，均具才智；倡議辦學堂，練新軍，建海軍，可是大多數頑固而驕矜的官吏和士大夫，卻仍相信大刀弓箭可以禦火銃，符咒可以卻敵，卒有庚子義和團之禍。一連串的災禍降臨到這個東亞病夫的身上。日本的明治維新成功了，我們一直是失敗，這一段歷史，使人不堪回憶。

甲午敗後，康梁之輩，擁光緒皇帝變法維新。他們的理論和計畫，仍要維持那一襲「馬蹄袖」的朝衣，紅藍頂的朝冠，而主張「君主立憲」。不幸這一群書生，維新不成，反而犧牲了「六君子」。當時康有為等的「脈論」作得還不算錯，但藥方是開錯了；他沒有徹底了解世界的局勢，沒有認識時代的潮流。戊戌政變失敗後，他自己僅成就了一個「保皇黨」的首領。

保皇與革命

戊戌政變（光緒二十四年）之前幾年，偉大的孫中山先生洞知時弊，認為滿清政府根本腐敗無能，要救亡圖存，保國保種，首先就要推翻清廷，消滅專制。於是糾合有志之士，於一八九四年（光緒二十年甲午）創立興中會於檀香山。興中會的宗旨是：「驅除韃虜，恢復中華」。主張種族革命，政治革命，社會革命，這是後來三民主義的張本。

興中會成立之後，國內外領導革新運動的，不是保皇黨而是後者的革命黨人。總理的革命主張，給保皇黨以很大的打擊，這一進步的革命思想逐漸獲得了人心。

光緒三十一年，在日本東京，同時出現了兩個風行的刊物，一個是革命黨人的《民報》，一個是保皇黨的《新民叢報》。保皇黨鼓吹提早立憲，仍然擁護滿清；革命黨鼓吹種族革命，主張民主立憲，成立共和政體。總理在《民報》創刊時，親自撰寫了一篇發刊詞，揭出鮮明的政治主張，兩刊因為政見不同，自然辯論很多。由此輿論的宣揚，民心也就日益激動；革命的微波，終於達到高潮，沖毀了半新不舊的護帝頹垣，推翻了帝制。

我生長在這一個舊社會新時代的環境底下，舊社會給我的影響，新時代給我的刺激，許許多多耳聞目擊的事，使我青年期的腦海上，烙上許多不會忘記的印象。

我的政治意識的萌芽

最使我不能忘懷的，是下面幾件事：

戊戌政變，六君子在京都成仁之後，清廷拘戮康黨甚多。當時所謂「富有票」案（康有為新發行的一種債券），全國各地株連不少。我在九江，當年不過十四五歲，親眼看見許多青年都為了「富有票」被綁上法場授首，一時情感很為衝動。那時斬決犯人，知縣穿了紅袍，坐綠呢大轎到法場監斬，斬決之後，知縣的轎子要背著身倒抬入衙署。處決人命本來是一件大事，向來法例，也慎重將事。清廷律例，要秋天行刑，所謂「秋決」。判決死犯的點名硃筆，在死犯名單勾決之後便要向腦後擲掉。我當時的感想是，立法對於人命是如此慎重，但殘暴的統治，對人命又是如何的視同草芥啊！

一位好知縣

當時我也親見地方官在每年立春日舉行迎春禮節，朝衣朝冠，儀仗很盛，坐著一頂呢轎，到田郊去祈求。大概在農業社會裡，風調雨順，是最關民生的事；地方官這種禮節，為民禱福，也給人民以鼓勵，雖是一種可笑的迷信舉動，用意卻甚善，倒也給我以很好的印象。

引起我對於政治上一個新觀念的，是當時看見一位廉明的知縣去任，人民對他表示去思的舉動。九江德化縣知事江兆棠，安徽人，為人廉明，不失為當時一位「好官」；在德化縣數年，調升首府南昌縣。德化縣的老百姓在他去任之日，由縣衙門起，經大街道到江岸五六里長，夾道歡送，沿路擺設香案，上面是清水一盤，明鏡一面（清如水，明如鏡之意），真有攀轅臥轍之概。我目睹這種盛況，覺得這比政府升調他還要榮耀，印象至為深刻。但隨後我在想，像這一位好官，地方上究竟得了他什麼好處？人民得了他什麼好處？他在職守上，是廉明的，但從政治上來看，就算盡了最大的效用了嗎？我隨即領悟，在舊社會的政治觀念，官民的關係，太過簡單了：只要不擾民，不貪枉，就是良吏；老百姓完糧納稅，安分守己，就是良民。這只是「政簡刑清」的消極政治，是太不夠的；為父母官的，還要從政治的積極方面去為人民謀福利，為社會求改進。「水清鏡明」，又何補於時艱？舊社會的政治不振，即使有許多個江兆棠，何嘗有濟於事呢！對於江知縣的去思，我發生了如是的感想。

地方的華洋糾紛

在光緒三十一年間，南昌出了一件大事。那就是前面所說的好官江兆棠，他調任之後，為了天主教地產與民產的糾紛，江知事在赴天主教的宴會席上，給那粗暴的主教用刀叉刺死了。江知事在地方頗得人望，消息傳來，群起公憤；以父母官為外國人所刺殺，燃起民族的仇恨，四處暴動報復。凡教堂所在，都去騷擾，對外國教士尋仇，連基督教也大受影響。這種油然而生的仇外心理，到處蔓延。外國為了護僑，也派了許多兵艦來。清廷鑑於當時天主教的聲勢，外人的武力，和人民對教會如此的態度，怕事情鬧大了，連忙派了湖北臬臺梁敦彥（粵人，留美學生）由鄂赴南昌處理。這就是喧動一時的「南昌教案」。這件事使我的感觸至為複雜，民族的觀念，國勢的衰弱，民眾的熱血而無知的舉動，我的印象甚深。

還有一樁案，繼著南昌教案發生。九江租界的巡捕打死了一個九江苦力余發程。這自然又是一件使人心憤激的事。即時便成立了九江後援會，派代表到南京請願，我被公推為代表，其時兩江總督為端方，他仍向江西巡撫推諉。

摸索前進

除了這些事之外，那時新時代的思潮已經逐漸澎湃了。我聽到五大臣出洋和吳樾行刺的事（吳樾先把自己弄啞了，伺機行事，真有豫讓吞炭之風）。聽到醇親王和薩鎮冰要到外國考察海軍，聽到安慶黨人熊成基，徐錫麟的謀刺皖撫朱家寶。也聽到清廷要定期實施憲政以應人民的要求。可是清廷的顢頇，已經不可救藥，它答應人民的要求太遲了，新時代不容許它再延殘喘，革命的風聲到處震盪了舊社會。

同時，列強的各種政治經濟軍事的壓力，也加緊進攻。九江闢為通商口岸後，成立了一個很小的租界，設有英國領事館，隨後有日本領事館，外商的太古洋行，怡和洋行都成立了。外國商輪橫泊江心，外國洋貨漸漸充斥市場……。

內憂，外患，舊社會，新時代，我感受這一切，思索這一切，由徬徨徘徊而摸索我前進的方向。

二◆交朋結友

由於我的好動，少年求學時期，踢足球，騎馬，划船，都是我的嗜好，在學校也歡喜交朋友。雖然寄宿在學校裡，但課完之後，可以請假外出，只要照規定的時間回來。九江附近不少風景之區，放假的日子，結伴縱遊，交遊頗廣；尤其每年的暑期，牯嶺，這一個避暑勝地，遊人很多，我總愛到那裡歇夏，「相逢何必曾相識」，我在那裡結識了不少的朋友。

邂逅林子超先生

在一個暑期的夏天，我在牯嶺，遇到一個陌生的人。他的服裝頗與眾不同，短袍短袖，腳底下一雙短靴。我覺得這個人很別緻，他大概也在注意我。

「老兄貴姓，來牯嶺多久了？」我冒昧地問。

「剛來幾天，敝姓林，還未請教。」他很高興地答。

彼此道了姓名。他紫棠色的略帶方形的臉龐，有一雙清秀而有英氣的眼睛，唇上長著兩撇向下垂的鬍子，很濃黑。

「這裡的風景不錯，常來的吧？府上哪裡？」他接著問。我回答了，也問他的籍貫，他答：「我是福建人，以前在上海江海關做事，才調到九江關來。以後多指教。」

我們談得十分投契。他很健談，從風景說到上下古今，滔滔不絕；各人的趣味也很相同，初相逢便一見如故。這位就是後來做了十年國家元首的林主席森，字子超，號長仁。

我與子超先生結為良友，可說忘年之交。他那時已經是四十二歲，我還很年輕，剛要在同文書院畢業。以後過從甚密，他的遠大的懷抱和智慧的見識，給我很多影響。古人說「益者三友」，他是我的益友，是我一位「平生風義兼師友」的知己。我的思想，及我以後的一點事業，都受著他當時切磋啟發的益處。

從他的雍容風度與和藹可親的態度來看，初不知其為一蘊藏熱烈革命思想的革命黨人。日久之後，大家披露心曲，他的胸懷才表露了。

組織書報社

其後不久，我們設立了一所規模頗大的潯陽閱書報社，訂閱各地報紙和新出版的書刊，供人瀏覽。社員中，有商人，錢莊老闆，教育界人士，縉紳，新軍官長；許多在洋行做事的職員也參加我們這一個社。我朋友的範圍也就逐漸擴大，各階層都有。

當時社內的一群，除子超先生總其成，主持社務之外，和我共負佐理地位的，有寧波俞仙根，一個極誠實的君子，後來第二次革命時他為工作而成仁。

廣東台山的李杏初君，安徽的胡蘊山君，福建的邱于寄君，寧波的何瑞昌君，都是我們極熱心社務的朋友，出錢出力很多。

還有福建人林炳南，專負社內文字工作，社內的文件，大多出於他的手筆。

我們的社址，設於九江江邊繁盛之區，地方不算小，公共閱覽書報室頗寬敞，每天許多人在那裡閱新出版的書報。宣傳革命的書報，都大膽的陳列社中；當地官廳，尚沒有發覺干涉，就是因為我們的朋友中，有新軍的官長，可以作為掩護。

我記得我們極力倡導改革社會風氣，鼓吹天足，鼓吹禁煙，清潔衛生。有一次，為救濟慈善籌款公演白話劇，劇本是子超先生親自編寫的，劇名似乎叫做「潯陽江頭」，現在已不清楚記憶。我也粉墨登場，扮演劇中一個角色，又舉行過胭脂山菊花大會，舉行過甘棠湖賽船會。這些工作，一面是為社會服務，開通民智，一面是藉此結納和吸收社會各方面的有為分子。

九江交通便利，每年來做生意的「廣幫」和「徽幫」行商甚多，他們往來販售茶葉，洋貨，瓷器，夏布等，我也有機會同他們結納。有一粵幫姓池的朋友，他不時帶許多香港出版的刊物和畫報來給我看。

以我父親在商會有地位的關係，我得廣泛的周旋於一般商紳之間。就是軍界方面的人，我也滲入去打交道。當時清軍有一標人駐紮在九江（即五十三標），標統是安徽人馬毓寶，我父親和他認識，我也和他厚相交納。其他九江二府葉道繩，警察所長李先曾（北方人，後來民二十三年，在我上海市長任內任上海警察局督察長），都和我們相好。

九江當時還有許多幫會中人，在商埠中也有潛勢力，這一種人，雖然粗俚無文，但講義氣，重友情。我很歡喜他們的豪爽氣概，各幫的頭目，我也結識不少。

三◆參加革命運動

我們組織潯陽閱書報社，表面是一種改革社會運動的工作。認為改良社會，必須啟發民智，就要灌輸新智識，從新書報閱讀入手。但實在這種社會運動，就是政治改革的張本。該社成立後，社務日有開展，固然志同道合的人多起來，而革命的風聲也更掀動了人心，我們就到各省諮議局聯名請願，促清廷提早立憲。湖北諮議局副議長張伯烈（亞農）更大聲疾呼❶，為首倡領，清廷敷衍因循，為時勢困逼，只有一味拖延。

革命意識的滋長

我的思想，逐漸發生不可遏止的變化，由改革社會的初衷，加強了改革政治的意念。救亡圖存，使我青年的熱血騰沸著。波蘭，印度的亡國慘痛歷史，甲午戰敗，臺灣割讓的恥辱，庚子的喪權辱國，朝鮮被日合併，皆使我警惕和憤懣。還有我的一位伯父，從廣州來到九江，

❶ 當時湖北省諮議局正議長為湯化龍，副議長為張伯烈，張與湯意見不同，提倡立憲最力，坐著大轎請願呼籲。

他少年時曾參加過太平天國革命運動，為我講述許多他所身歷目睹的太平天國故事，和他所知道的鴉片戰爭故事，連帶我又想起所看過「黑旗軍」劉永福故事的畫報，情緒更加激動。

但是一個煩擾的問題，仍然在我心中盤旋著。改革政治，我將怎樣選擇？從舊的統治去改革，還是推翻舊的統治？

我思慮，並辨析擺在目前的現實。

在一個晚上，我和子超先生都似乎默默地各懷心事，小樓中，我們開始一段談話。

起初，他只提起我的出國求學問題：「你將來準備到那裡求深造？」

「到美國或者日本。」

「你父親的意思怎樣？」

「他不一定要我深造，但也不留我；我的弟妹都已入大學了。」

「你父親不留你承繼他的事業嗎？」

「沒有——這於我不相宜。」

「你結了婚去，還是……」

「恐怕要結了婚去。」

沉寂了一回，突然他移近我。

「你對時局的看法怎樣？我們須有一種選擇，我們的書報社也要有進一步的做法。」

我很興奮的把我近來的思慮告訴了他。並且說：「清政不修，提早立憲是假的，滿清給人民以絕望。」

他嚴肅地急於接著說：「對！你的意見和我一樣。我已決定，救國要從根本著手，根本著手就要推翻舊的腐敗政治！」

我們一夕的密議，便決定以書報社為我們參加革命的基點。那一夕，談了很多話，大家的精神非常愉快。

結合同志

表面上，書報社仍然維持原有態度，內部則加緊各種工作。選擇密約了好幾位同志，策劃著積極進行。

推翻統治要有武力，我們創辦商團，商團創辦以前，先成立了軍事訓練班。拉攏五十三標的新軍軍官多人做教練，並藉此和新軍往來。林子超、俞仙根、何瑞昌和我四個人，親自參加了訓練班，受軍事教育六個月。我們畢業後，便開始辦商團，訓練一批商人。

那時，我和新軍拉攏關係，結交官長和士兵，吸收同志。砲臺司令徐世法，和我岳父交情很篤，我也結交上了。

蔣羣（君羊），蔡公時（九江人）❷，也是我們當日密約的盟友。于右任在上海入獄，我們還派了邱于寄去慰問。

辛亥年，潯陽閱書報社改選完畢後，適值日本歡迎中國商業代表前往參觀，組織了一個商會代表赴日觀光團，各地商會公推上海商會的沈仲禮君為團長。我父親是九江商會協理，我得選派為九江商會代表，打算赴日之後，留在東京讀書。

其時，子超先生負責與上海方面革命黨人陳子範聯絡，我與武漢方面聯絡。武漢《大漢報》是革命黨人辦的報，由詹大悲，何海鳴主持，我還擔任通訊員，藉通聲氣。

奔走的開始

那年十月初，我動身赴上海，一到上海，日本船長給我一份電報看，說武昌革命軍起義了，事情正在發展中。我在途中，還一點消息都不知道。上岸後，匆忙的去晤沈仲禮，商量赴日的事；又往訪陳子範君及《神州日報》的幾個人，知道革命的旗幟的確已經在武昌的城頭豎起來了。我心裡緊張而興奮。

❷ 蔡公時同志，後於濟南慘案為日人慘殺。

跟著九江來了電報，召我速回。我接洽了一些事，連沈仲禮君也沒有通知他，就匆忙的趕回了九江，觀光團也停止赴日。

四◆九江起義

我從上海趁京滬火車到南京，轉乘輪船返潯。回到九江，武昌革命的消息已轟動全城，人心緊張得很。我第一個接觸的是子超先生。他一見面就問：

「上海一帶情況如何？」

我告訴他：「人心震盪，傾向革命」，我再告訴他：「滬上相傳兩湖總督瑞澂及張彪等已經棄城逃上兵艦了。」❸

他聽了很為興奮。我說：

「武昌革命軍聲勢很盛，長江一帶都有聯絡，恐怕這幾天各地就要響應，九江的情形如何？我們得加緊進行發動。」

「這裡的同志正在加緊聯絡進行，蔣羣（君羊）同志已經從雲南昆明回家來了。」他很緊張地說。

❸ 瑞澂曾任九江道，後調上海道，上海人對他很不滿，後又調江蘇巡撫，升兩湖總督，滿人，為慶親王之戚。

聯絡與響應

十六日，我們即召集各方面聯絡的同志，商議趁機舉事，響應武漢。我們分頭向軍警、砲臺、民眾團體各方面策動。五十三標標統馬毓寶，第一營管帶范福增，第二營管帶黃煥章，第三營管帶何文斌，隊官劉世均，和砲臺司令徐公度（世法），統領戈克安，都接洽妥當，要在這一星期內部署完成，同時發動。

當時，武昌革命轉趨不利的消息，也傳播到潯。盛傳清廷起用袁世凱，並派馮國璋、段祺瑞和滿籍大員蔭昌領兵兩鎮南下，薩鎮冰的海軍也溯江而上；並傳南昌方面派五十五標設防，軍情吃緊，大家商議須提早行動。

十月二十三日（農曆九月初二）晚間，九江革命的號角吹動了。先由岳師門外金雞坡砲臺放了號砲三聲，各營聞聲，放槍一排，大家臂纏白布，就向道府兩署進攻。那知九江道保恒和知府璞良，早已聞風攜眷逃走。其他零星部隊，知大勢已去，無力抵抗，都先後加入，九江就兵不血刃，響應了武漢反正。

九江軍政府

公推馬毓寶為九江都督，徐世法為砲臺總司令，戈克安為副司令，蔣君羊為參謀長。我任總參議官，辦理與軍事有關的民政外交事務，吳照軒副之。林子超為民政部長，當地士紳羅大佺副之（子超先生為了便利同盟會祕密工作，沒有就事，後來由羅大佺兼代民政部長）。舒先庚為財政部長，於是九江軍政府，就在道臺衙門組織成立。

武昌失利，尤其漢陽軍事吃緊的消息，絡繹而來，馬都督和他的部屬，都未免驚惶。馬毓寶是一個懦弱無主的人，有抽大煙的嗜好，他的參加反正，為時勢所逼，並非對革命有什麼認識。我們恐怕會有影響，就不斷激勵他們，說：「清廷人心已去，大勢所趨，義無反顧，絕不能有患得患失的心理。」大家興奮起來，各人把辮子都剪掉，果然大家都沒有其他企圖。

其時九江和武漢，一切交通已斷；上行船隻，僅到達九江為止；湖口馬當砲臺，扼大江中流，位居江湖要津，對於截斷清軍水路接濟至具作用，我們加意固守。但我們進一步為九江安全起見，不能使九江孤立江表，前後無援，遂決定出兵南昌和安慶。

軍艦始升革命旗

突然，薩鎮冰所屬的兵艦從上游開到九江，直排到馬當口，下錨駐泊，像一字長蛇陣；民眾奔走相告，岸邊擠滿了人，全城為之震動。兵艦有海籌、容、海琛、江貞四艦及湖鷹、湖鶚等魚雷艇，起初莫明來意，他們也沒有什麼動靜，便決定派人先去接洽。

海軍多數是福建人和少數廣東人，因此公推林子超和我二人分赴各艦訪問，還有一個由福建來投軍，任副官職的福建人龔永隨行。

我們坐了小汽輪駛近兵艦，艦上果然升旗吹號，排隊相迎，我們沒有見到薩鎮冰的蹤跡，始知薩已於先數日離開艦隊他去。海籌艦長黃鍾瑛❹是在艦隊中資格最深的一位，由他擔任臨時艦隊司令，我們和他寒暄一番，探詢來意，他們表示此來誠意合作。

原來九江反正之後，江防布置嚴密，清廷海軍的接濟，完全斷絕，海軍兵艦在武漢向岸上開過砲，感情不洽，他們只好開到九江來觀察動靜。薩鎮冰知道大勢難以挽回，悄然出走，任由他的部下自己決定他們的前途。

接洽情形圓滿，我們邀請各艦將領數十人上岸宴敘。當我們離開兵艦的時候，艦上放了十七響砲歡送我們，我們當時心裡很覺過意不去，但感到很榮幸。生平接受海軍禮砲，這是第一次。

當晚在商會設宴歡迎，黃鍾瑛以次數十位官長都參加，談宴甚歡。但在席間，海軍將領接到報告，說砲臺方面派人到各艦把砲門都卸下取去了。這一消息，使他們憤憤不平。兵艦給人繳去砲門，是海軍恥辱的事，他們說此來係參加反正，並非投降；假如這樣不信任，願意全體離職，

❹黃鍾瑛，閩人，臨時政府成立，他任了第一任的海軍部長，張其昀著《黨史概要》上卷作「黃鎮瑛」，誤。

將艦交給我們。

這一岔子，使我們反覆調停，費了許多唇舌，才把僵局挽回。一面查明事實，交還艦艇的砲門，一面好好的招待他們在岸上留駐多日，商量海陸軍合作的事。其中有一副艦長吉升（滿人）於月黑潮高之夜，卻投江自殺了。

這次繳去艦上砲門的事，後來查明係出於砲臺方面戈克安所為。戈本是海軍出身，給海軍免職，和海軍向有宿怨；他當晚藉著一條兵艦因江潮漲落移動艦位為詞，慫恿砲臺方面繳去各艦的砲門，以資報復。這完全出於個人私怨所致。我們好容易把武漢不能合作的艦隊，到九江來聯合，藉此增加革命力量，並決定揚子江上的勝算。這一舉險些貽誤了大事，各人都不直戈克安這種因私害公的所為。

九江光復後所用的國旗，是青天白日旗；艦隊到九江的第一日就把原來的「龍旗」卸下了，我們星夜趕製了許多青天白日旗，第二天中午，由林子超、蔣君羊和我三人送到艦上去，我們先在海籌領隊艦上升起這革命光榮的青天白日旗幟，領導其他各艦繼續升起，旗幟隨風招展，江山為之生色。

五◆統一江西與援鄂援皖

陸海軍聯合後，我們舉行了一次緊急的陸海軍軍事會議。

當時下游各地，知道九江起義成功，擁有相當實力，都派代表聯絡。其時清兵攻下漢陽，局勢轉緊，居覺生同志詹大悲同志趁小輪到了九江，希望出兵援鄂。

軍事會議由馬都督主席。林子超、李烈鈞、蔣君羊、蔣作賓、徐世法、黃鍾瑛各位都參加，濟濟一堂，共抒謀略。湯薌銘時任海軍參謀，亦同列席。會議決定，派蔣君羊率一支隊赴南昌，李烈鈞（協和）領兩支隊及一部分艦隊赴安慶援皖，湯薌銘率海容及一部分艦援鄂。湯為鄂人，曾有過一段事，很對總理不住。總理於一九〇七年左右在法國，湯暗中割開總理的皮包，將皮包內入黨的留學生名單，盜取送給當時清廷駐法公使孫寶琦去告密。孫為了責任上避免麻煩起見，勸他送還總理。這件事一直到援鄂以後，大家才知道。

蔣君羊一度任南昌督練公所事，那邊熟友很多。蔡公時同志在南昌常和我們通消息，聽到那邊情勢很有希望。蔣同志和劉世均同志出發晉省，沿途經鄱陽湖，內河的水師都來歸附。軍隊到了離南昌十里的王家渡，南昌已於前一日（十月三十一日，即農曆九月十一日）光復了。

吳介璋與馬毓寶

原來在江西的清軍，統歸二十七混成協協統吳介璋統轄。吳是江蘇無錫人，五十餘歲的年紀，謹愿而廉介，曾任江西武備學堂的教官，及陸軍學堂總辦，部下多數是他的學生。手下有步兵兩標，一即駐九江的馬毓寶五十三標，一為駐南昌的齊寶善五十四標。齊寶善因案，事前為清吏所懷疑，調駐袁州；由巡防營改編的五十五標莊守忠駐在南昌，兵力分散。蔡公時策動各營隊兵反正，在初十日晚上攻城，一舉而下。

舉事之後，各界推薦吳介璋任都督，但他卻不允擔任；因為巡撫馮汝騤還留在撫署中，願意讓給他。幾經勸促，他才勉強答應了。

巡撫馮汝騤在滿清官吏中還算是一個比較長厚的人，官聲頗好；他知南昌局面無可挽回，便在一夕悄然離開撫署，趁船出走。

某日，九江江防司令部報告，說南昌巡撫馮汝騤及眷屬趁輪到了九江；我即照料他上岸，住在前江西景德鎮御窯督辦孫廷林的房子，並派人陪伴。在某一夜裡，他吞煙自盡了（他原有很深的嗜好），陪伴的人也畏罪潛逃。當時原欲事定後，送他回鄉，並無其他惡意，結果如此，出於意料外。

吳介璋就任都督後，地方情形還很混亂，青洪幫中人，干涉地方政事，措施困難，吳介璋便急急求去。

贛人彭程萬為留日測繪生，繼吳為都督。但彭為人無統一領導全省的能力；又恐野心家再有第二步的企圖，難免要蹈安徽蕪湖大通的覆轍；於是決定再邀蔣君羊來省，商定公推馬毓寶為江西省都督，入駐南昌。九江改稱防守司令部，各地軍政府一律裁撤，江西遂告統一。

貫通了大江上下游

援鄂一路，由陸海軍浩蕩前進，南昌加派馮都統嗣鴻由南昌到武昌，向鄂邊進展，聲勢所及，挽回了危局。

安徽方面，清兵正陸續開到京滬，圖作最後掙扎，威脅安慶。安徽巡撫朱家寶雖被迫陽示反正，但內部糾紛很多，黨人恐其詐，集謀宣布獨立，推王天培為都督，李烈鈞同志率兩支隊及兵艦進至安慶，實力增強，動搖的局面於是鎮壓下來，李同志代理了安徽都督。

此外蕪湖、大通、南京、鎮江各地，也陸續派人來接洽，我們因為兵力無法分配，只予以經濟上的援助，或答應從緩派兵，並竭力鼓勵他們的勇氣。不到兩個月，上自武漢，下迄滬濱，長江下游都遍插光復的旗幟了。

及今憶述，九江的起義，對於整個革命大局，實具有多方面的影響。

在地理上，九江是緊接武漢下游的一個大商埠，襟江帶湖，為軍事重點，也是江防重鎮。武漢得此響應，成犄角之勢，頓增聲威。而揚子江下游各地，於武昌光復後，雖多表同情，但清兵源源南下，人心動盪不寧；九江光復，贛省與揚子江下游，聲氣得以互通，往來接觸，彼此鼓勵不少。

在爭取時間上也有很大的影響。當時清廷增援鄂境，武漢一隅，寡不敵眾，難以持久，等到漢陽復失，情勢更險。在此緊要關頭，九江乘機出兵，南昌安慶相繼反正，揚子江下游接續響應，上海宣布光復（農曆九月十三日），聲威所奪，清廷為之震懾，始見大勢已去，事無可為。

至於海軍方面，因九江反正，遮斷清艦水上交通給養，迫令所有艦隊前來合作，從而以海陸軍聯合力量，統一江西，援鄂援皖，促成革命大局的奠定，可說關係至為重大。

第3章

民國的初生與挫折

一◆南京臨時政府成立瑣記

辛亥革命的鐘聲一鳴，各省義旗四起，歷時兩月，十餘行省先後反正；旋組臨時政府於南京，改國體為共和，民國於焉誕生。這是有史以來，中華民族的一件劃時代的大事。

各省光復之初，省自為政，形態紛歧，對內對外，無統一的機關，於是有組織中央臨時政府的必要。各省軍政府倡議各舉代表集議，共商國是，地點起初定在武漢，後來漢陽棄守，改在上海。南京光復，形勢變更，又決定代表會議在南京召開。各地代表共到四十五人，計十七省，冠蓋齊集，極一時之盛。

參加各省代表會議

我們在九江，全省部署停當，局面穩定後，即舉代表參加；林子超，趙士北，和我三人，被推定為江西代表。趙同志是廣東台山人，留美僑生，為南昌師範教習。林趙兩人先我而行，隨江西援鄂援皖部隊出發，各事部署就緒，我亦赴滬。

沿途船經安慶、蕪湖、鎮江，均已光復，入革命軍掌握。及抵上海，先訪林同志，叩詢滬濱情況，同時並拜會上海都督陳其美（英士），我們初次晤敘，認識他是一個卓犖的革命人物。

黃浦江濱，齊集不少各地代表，車馬絡繹於途，接觸頻繁，會敘甚多。龐雜的意見，在會敘中龐雜的討論著。開會的地點是否在上海？抑或等到南京光復再到南京開？政府的形態如何？總統制還是內閣制？要不要副總統？政府約法的內容應該怎樣？臨時政府產生後議政機關組織的設立怎樣？

在這許多新的課題上面，大家發表了不同的看法，不同的主張，還有各人心中蘊藏著的不同的總統副總統人選。

對於總統人選問題，湖南湖北的代表，表示意見頗多。那時候，建立統一政府的要求甚為迫切，而總理孫先生雖有從英倫動程回國之訊，卻無到達的確期。

我在滬逗留了一些時候，每天都周旋於交換意見和酬酢之中。另外我還負有一個責任，我是江西軍政府的駐滬代表（在派克路設有辦事處，請陳子範同志為佐），九江缺乏煤斤，兵艦急需供應，我須在上海解決這一急切需求。我一面向上海都督府請求接濟，在陳都督幫忙之下，承當地慷慨的煤商撥了一部分煤斤，得以濟燃眉之急。同時並請十六舖新舞臺的夏月潤，月珊兄弟劇團和名伶潘月樵，為我們九江海軍演劇籌款，也籌了一筆錢買煤回潯接濟。潘月樵後來在癸丑二次革命中，還是參加陳其美進襲上海兵工廠的一人。

其時，南京軍事局勢轉好。本來清兵第九鎮的隊伍分布在安徽，鎮江，江北各地，這時多已響應；江蘇總督張人駿出走，徐紹楨領兵會師南京。他以聯軍總司令名義進南京後，與最先入城的林述慶標統意見不洽，彼此爭持江蘇都督，卒改由江蘇巡撫程德全（雪樓）為江蘇省都督。

南京光復（農曆十月十二日）後之翌日，十七省代表即趁車赴寧，第二天下午五時左右到達。火車剛停止，各代表下車不遠，驀地從離車站很近的橋頭上響了一下槍聲，有一個代表很機警的伏在地上躲避，此人下頷長著一撮羊鬚，目光銳敏，槍聲似乎為他而發，但他早有戒備的避過了。他是福建的代表林長民（宗孟），傳說是一個廣東同志要幹掉他。林長民後來做過一任司法部長，後隨郭松齡入奉天，郭倒戈失敗時，死於亂軍之中。

總統問題與約法

到了南京，我們住在諮議局。因為兵荒馬亂之後，各處餐館飯店多已停業，我們只有常到浮橋的一家日本料理店吃飯。有一天晚上，和幾個同志在那裡吃晚飯——宋教仁（遯初）、譚人鳳、馬君武、居正（覺生）諸位，邊吃邊談，大家又討論到總統副總統的人選問題上；馬君武和宋教仁彼此辯論起來，爭得面紅耳熱。他們爭執的要點，就在孫總理未歸，是否先舉黃克強為總統，或在此軍事時期設立軍政府，採用大元帥制。馬同志雖是文弱書生，脾氣剛強，極反對這種意見，大家勸止以後，弄得不歡而散。後來在總統府，他們又吵鬧過一次，馬同志還動起武來，一拳把宋教仁的一隻眼睛也打青了。

在代表會議中，諸如此類的爭議很多，發言盈庭，各人漲紅了脖子，譬如，當時東北尚未光復，吳景濂以東北代表參加，關於他的資格問題，多所爭論❶。最後，議決為對外號召起見，必須設立民主政府，這比之設立過渡時期的大元帥府要好得多。又為了還有許多省份沒有代表參加，等待各省事定之後派出代表，及北伐完成後，才組織正式政府，現在只定名為臨時政府。這一原則議定，便通過總統制，起草臨時約法，定期選舉總統和副總統。

會議場所在南京丁家橋原諮議局地址，會期舉行了近兩星期。在會議前後，各省代表均有調動增減。有一天，我在諮議局門前，遙見有兩位穿西服的人走近前來，模樣頗像從海外歸來的華僑；我們招呼之下，知道是廣東省的代表王寵惠（亮疇）、鄧青陽兩同志。還有一位廣東代表丘逢甲（滄海，臺灣詩人）沒有來。江西方面，馬毓寶都督到南昌統一全局後，復加派湯漪（斐予）、俞應麓、王有蘭三位為代表，在選舉總統之後才續到南京，參加後來成立的臨時參議院。

臨時約法通過，各省代表很鄭重的都在約法上面簽署名字。

選舉總統，規定無論各省代表人數多寡，每省只有一票權，我們推舉了林子超代表江西投票。

❶ 吳景濂在非常國會時，當選眾議院議長。

總理海外歸來

在選舉前，總理已從歐洲歸抵上海，胡漢民（展堂），陳少白等同志隨侍同來。多數代表赴上海迎迓，總理在哈同花園接見各省代表，我第一次謁見這位偉大的革命導師，瞻仰儀容丰采。

經過海航二十餘日，總理的精神充沛，紫棠色的臉頰顯出煥赫，穿著反領西服；我的印象是和我早年所見到的一身白斜企領中山裝的照片有別。及見我們，和藹而歡愉；寒暄之後，他走出另外一間客廳，招待許多新聞記者，由胡漢民同志陪我們坐談。

胡同志是在總理到香港時，由港隨總理來的。他是廣東光復時的都督，那時他把都督職責交給陳炯明，然後到港來滬，我們也是初見。他相貌清癯而透露秀勁之氣，頭上長著平頂的頭髮，很長，似乎很久沒有剪理，戴上一副近視的眼鏡。我很注意他那被紙煙熏得焦黃的食指和中指，他說，他愛抽「強盜牌」。

當時一大群記者在外面客廳和總理談話。我聽見有一位記者在問：

「外傳孫先生由外國帶了一大筆款回來，是嗎？」

總理在答：「我沒有帶來大筆款，可是帶來了比錢還重要的東西，我只帶來了一種革命精神！」

這句話我當時感動甚深，至今仍縈繞腦海。但當時一般人對於革命雖略知其旨，革命精神的意義是什麼，恐怕仍有些茫然；總理帶回來的不是「物質」，卻是「精神」，會令有些人感到疑惑吧！

開國元首與民國正朔

我們趕回南京選舉。選舉的結果，十七省代表投票，總理以十六票當選為臨時政府大總統。總理提倡革命，奔走海外二十餘年，革命事業屢挫屢振，卒以革命領袖地位而受擁戴為民國開國元首。

選出大總統後，推舉王寵惠、湯爾和赴滬呈遞當選證書。在送達證書與就職之間，代表來往磋商各事，頗有爭議。其中頒訂國曆一事，總理主張改正朔，廢舊曆，行陽曆，以新天下耳目。代表中多有主張維持舊曆者，幾經論辯，總理堅持，否則不允就職，一時頗成僵局。最後一次在代表會議中討論，始獲通過；那天正是陽曆一九一一年的除夕，討論至深宵才算決定，即連夜電覆總理，並請即蒞京就職。

翌日，一九一二年元旦，總理由上海乘京滬鐵路花車入京，下午四時到達；各省代表和南京軍政首長均趨車站歡迎，人群擁擠。下車經下關、儀鳳門、鐘鼓樓，到大行宮總督府，沿途民眾排列香案恭迎，歡聲雷動。

我們在車站歡迎總理時，有一個由上海都督府派來南京籌備總統府事宜的人應夔丞，自認為總務司長，他對許多老百姓說：「你們知道嗎，總統就是皇帝，我這個總務司長就是內務總管了。」我們幾個人當面糾正他，不許他再說。此人便是在翌年經手購凶刺殺宋教仁的凶犯。

總理於是夜十時就大總統職，儀式簡單而嚴肅。典禮開始，總統從府裡二堂出臨正堂，身穿西式大禮服，胡漢民等緊隨其後。參加典禮的各省代表，文武百官，站在堂前一張長公案桌前面，大禮官（司儀）是徐紹楨，由各省代表團推一人授印，又推山西省代表景耀月恭讀頌詞。總統接受印信，宣讀告國民宣言，全場歡呼。然後啟用印信，各代表都得到一幅蓋上總統大印的白布條，用作紀念，我這一幅最可寶貴的紀念品，可惜在二次革命失敗逃亡時，我母親在家裡把它毀了。

各代表在半夜裡由總統府步行回三牌樓舊諮議局，時適皓月當空，有沿途高歌者，心情興奮。

一月三日選舉副總統，黎元洪當選。總統就職後，組織內閣，設九部，各設總長一人，次長一人。各省人才，均須羅致，而位置難以分配。另設法制院，由宋教仁同志任總裁。當時內閣閣員中，外交總長王寵惠是最年輕的一位閣員。宋教仁後來和馬君武意見仍不融洽，在總統府裡共事（馬任實業部次長）還吵過一次。

我今日回憶這一段四十年前的舊事，歷歷如在目前。當時代表會議，正像美國一百七十五年前的大陸會議一樣，宣布成立一個民主而獨立的新國家。代表中我是最年輕的一人，以二十四歲的青年，躬逢其盛，引為畢生榮幸之事。

二◆南北議和

臨時政府成立之後，公布臨時約法，組織參議院為民意機關。關於國旗的討論爭議甚多，後決定以紅黃藍白黑五色旗為國旗，代表漢滿蒙回藏五族共和之意。各省代表任務，至此完畢，武昌起義所用的九星鐵血旗為陸軍旗，青天白日旗為海軍旗（後改用青天白日滿地紅旗為海軍旗，青天白日為海軍船頭旗）。

其時，一面策動各省繼續反正，一面編組北伐軍。張勳軍隊自武漢光復後，即退守固鎮；廣東北伐軍到京最早，由姚雨平率領，開浦口向固鎮前進。北伐軍的餉械問題，雖費周章，然士氣民心，可以直呑幽燕。

清廷起用袁世凱

其時清廷權貴多屬宗室，面對革命，張皇失措，不得已而起用袁世凱（慰庭），期以支撐垂危之局。袁氏固權詐陰狠，嘗以勾結榮祿，破壞了戊戌政變，得慈禧之寵信，扶植爪牙，權傾朝野。及光緒與慈禧相繼去世，立溥儀繼位，稱宣統，由其父載灃攝政，即黜袁勒令回籍。革命軍起義之際，袁方垂釣故鄉，以示無他。張勳敗退，清廷遽詔袁為兩湖總督，逡巡不就；又召入中樞，為內閣總理大臣，袁乃揮軍作威脅革命的姿態，同時要挾滿清，倡和議。遣唐紹儀（少川）南下，臨時政府以伍廷芳（秩庸）為議和代表，外人紐西蘭籍英人李德烈也從中斡旋贊助。

議談之初，北京方面意見，主張由清室改制立憲，南方堅持非清帝退位不可。幾許磋商，清廷迫於局勢，始宣告退位，議定優待清室條件。二月十二日，宣統頒退位詔，內說：「不忍以一姓之尊，拂萬民之好惡」，話雖漂亮，實則勢迫處此。清自多爾袞及福臨（順治）入關，定都北平，凡二百六十八年，祚運至是而絕。傳說宣統登基時，年幼無知，他坐在攝政王載灃的膝上，不耐煩，又哭又吵，攝政王拍著他的肩膀說，「不要哭，快完了」，果然不三年而清室就完了。或以此為語讖云。

議和之際，總理以大公無私的胸懷，提出協議數項，即：清帝必須退位，可由參議院舉袁世凱為臨時總統，本人辭職。袁須到南京參議院宣布政見，絕對贊同共和主義，誓守參議院所定之約法，乃能授受事權。

袁世凱之權詐

宣統既下詔退位，袁即電臨時政府，表示贊成共和。二月十三日總理咨參議院辭大總統職，十四日親赴參議院陳詞，薦袁自代；參議院可決，即選舉袁世凱為臨時大總統，以十七票當選。隨後選舉副總統，黎元洪仍以十七票蟬聯。在臨時參議院開會選舉袁為總統之際，南京駐軍極為氣憤，欲包圍參議院；王寵惠以告總理，總理說：「我們不能破壞選舉，失信於天下」，乃率軍隊祭明陵，以轉移軍人情緒。

袁氏本應到南京就職，但他哪裡肯離開北京呢？蔡元培（孑民），汪兆銘（精衛）被派隨唐紹儀北上促駕。袁世凱初以北方無人負責，推宕南行；幾經磋商，要求袁到南京就職後再北返。正在這個時期，北京在一晚上忽然兵變，焚燒東安門和正陽門一帶；亂兵各處搶掠，商民被害千餘家；第二天，天津保定的兵變又作。蔡汪兩位住在北京鐵獅子胡同，匿在隱室，緊閉門戶，無法活動。這次兵變，明眼人自知為袁所指使，藉此以造成不能南下的口實而已。當時輿情，竟為所欺，於是再經參議會議決，袁在北京就職；三月十日，任唐紹儀為國務總理。

三月十五日唐至南京組織新內閣，提出閣員名單，黨人方面佔閣員十人中四席。司法總長王寵惠，農林總長宋教仁，工商總長陳其美，教育總長蔡元培。除交通總長梁浩如外，參議會均予通過。並議決臨時政府遷北京，內閣赴京就職；其中唯陳其美同志始終未就，餘則相偕北上。

回到江西

我於代表任務完成後，即回滬料理公私事務，準備回贛；以時局波譎雲詭，至懷憂慮。林子超、陳子範時亦在滬，我們約了七八位各省同志在派克路辦事處交談。我們曾議論過：這次各地起義，推翻清室，不三月而竟成功，其成如此之易，恐怕以後還有問題。子超先生說：北方舊勢力仍在，危機潛伏，前途難以樂觀，大家須加警惕，注意時局的發展吧！

陳其美時仍坐鎮滬上，間相過從，有時在都督府，有時在其馬霍路私邁。他的為人，勇敢果斷，有好義任俠之風；滬濱繁劇，應付裕如，至為心折。滬上各省同志認識很多，其中一位奇人，就是詩僧蘇曼殊。他熱情而倜儻，天資聰穎，精英日梵文。時或西服炫然，出入秦樓楚館，囊中錢盡，便掛錫為僧，四處雲遊，跡近玩世，蓋似有難言之恫。慕雪萊拜輪之為人，首先將他們的詩，譯傳於中國。時革命黨人之健於詩者，組南社於滬濱，人才鼎盛，蘇曼殊酬唱其中，選色徵歌之頃，揮洒立就，句驚四座，給我的印象很深，不可不紀。

江西馬毓寶，其時駐節南昌，電召我回贛。蔣君羊同志以學生軍紀不良，被解散，先已回贛，亦來電催歸。我即赴京轉程，摒擋回潯。

在京謁見總理，報告贛方情形，並向他辭行。總理垂詢江西光復情況甚詳。我請求加委馬毓寶（因臨時政府已開始加委各省都督），總理即將委任狀交我帶回。當時，總理很訝異我以一廣東青年而被派江西代表，慰勉有加。他的態度雍容，臉色的和藹可親，使我由衷感服。在小客廳中，布置極為簡單，只有幾張椅子，但火爐頭上卻赫然擺著一本精裝的聖經。

回贛之後，李烈鈞以援皖不成，赴鄂請兵旋里，提出贛人治贛口號。南昌兵力，本可應付有餘，但為大局起見，何可同室操戈；且馬毓寶嗜好甚深，難有振作；我與蔣君羊便婉勸其退讓，一面派人和李接洽，一面由我陪馬離開南昌，同赴南京。

在京陪他同謁總理，對他在九江發難之勞，頗表嘉勉。

初次北遊

四月初，我重莅上海。唐紹儀正要動程北上，我和馮自由同志等十餘人隨行。馮同志粵人，其時任稽勳局長，途中謦欬相接，縱談世事，述及革命掌故，如數家珍。同志中黨性強者馮是我最初見的一人。

北上舟行，經營口而天津，轉車達北平。提起營口，我倒想起一樁趣事：南京臨時政府成立後，總統加委各省都督，有胡瑛同志（字經武）奉委為營口都督，接委之日，對鏡顧影自豪，喃喃說道：周公瑾年少膺都督，我胡經武今日，亦足比擬，何讓前賢！正得意間，有人在背後一拍說：「經武在說什麼？」他回頭一望，正是他湖南桃源的同鄉覃振（理鳴），急亂以他語。此趣事一時傳播白下。

抵京，住鐵獅子胡同內閣總理衙門後座的大樓。在幼年常聽長老言及，北京是帝闕禁城，威嚴無以復加，把它說得神聖不可侵犯，幾乎老百姓連瞻仰都不可能。我坐車子到前門，卻看見有人蹲在城牆上拉屎，頗有「佛頭著糞」之感，後來知道是內城，紫禁城還在裡面呢。

我以南方新客，初蒞北都，對名勝風光，倍增遊興。九江某君（旗人）知我到了北京，好意借給我一部馬車，紫禁城騎馬，在皇權時代是一件恩賞不易得到的事，這時我的馬車卻可以到處驅馳了。

三◆總理北上

相忍為國

總理辭總統職，讓位於袁世凱，當時黨中同志意見紛歧，有人以為所託非人，恐貽伊戚。但黨中有主張和議甚堅者，如宋教仁，汪精衛。汪在其時，既不南歸，復組織和平協會，和楊度（皙子）等往來甚密。總理當時顧念大局，又以黨裡中堅同志具此主張，恐釀成黨內分裂，便毅然決定讓位。後來總理給鄧澤如同志的一封信上，說：「局外人不察，多怪弟之退讓，然弟不退讓，則求今日之假共和，猶未可得也。」這可見總理相忍為國的精神，也可見求黨內團結的苦心。

總理解職後，便到南方各省視察和演講。曾在上海、杭州、武昌、九江、廣州，各都市演講民生主義；側重平均地權，節制資本的解說，他認為社會革命比政治革命更為重要。

不久，應袁邀，由津浦車北上，南京留守黃克強，上海都督陳其美隨行。時胡漢民於隨　總理回粵時，復任廣東都督。

總理和袁會見後，談些什麼，我不得而知，當日聞總理曾說過這麼幾句話：「如袁任總統，將中國治好，我的十年鐵路計畫完成，中國轉弱為強，前途當有希望。」我所知者，總理在北京所談最感興趣的事，就是鐵路問題。他要計劃在十年之內，建築二十萬里的鐵路。有一兩次，我見總理將地圖鋪在外交大樓的地下，和交通部鐵道司長葉恭綽（譽虎）手指口談，娓娓不倦。

總理到京，北方官僚趨謁者眾；其中一人，曾任熱河都統，為李鴻章所提拔的北方將領，名姜桂題。他拜謁總理時打拱作揖，口說「今天天氣好，大總統到京，真是洪福齊天」。他是目不識丁之輩，有一次他站在趙爾巽（東三省巡撫）背後看寫字，他說「大人的字進步了」。趙問他何以見得，他說「黑得多」。滿清所謂中興時代，曾（國藩）左（宗棠）李（鴻章）果自不凡，而部下武將類多姜桂題之流，憶及時順為一紀。

當年的國民黨

我在北京盤桓數月，當時年青無知，到了這一個政治中心地方，有點茫然。回想當年，很覺幼稚，幸而有不少同志，過從磋切，得益不淺；不然，除了革命推翻滿清之外，對政治還不十分了解。

我們黨的組織，其實還沒健全起來，多數人還不知道政黨為何物。臨時政府成立後，同盟會本部也移到政府所在地，從前是祕密性的革命黨，現在公開成為政黨。除廣東外，我們在國內尚無分支部。

其時宋教仁有鑑於同盟會在臨時參議院內所提主張，多為袁世凱所利用的共和黨所扼，他想運用其他黨派合組一個黨與之爭衡。那時有：統一共和黨，國民共進會，共和實進會，國民公黨等四個黨派。於是由同盟會合併了這幾個團體，組成國民黨。在民元八月開成立會於北京。——中國政黨政治的雛形，似以此為發軔。我以和各省臨時參議員接觸甚多，呼吸於這種政治氛圍中，漸漸領略了政治的興趣。

但國民黨合併組成之後，政客官僚充斥其間，明爭暗攘，多圖私人權利，失卻了革命精神，徒存軀殼，忠忱之士，每感憤懣。總理最初對於合併改組，便不感興趣，多數同志也表反對，甚至有痛哭流涕者。及民國三年復組織為中華革命黨，民國八年正式成立的中國國民黨，始恢復固有革命精神，重建革命紀律，另開新局面。

太原之遊

總理在京不久，便經石家莊赴太原，我與許多同志追隨同行。還有一位外國記者偕往採訪新聞，沿途報道，那就是倫敦《泰晤士報》特派員W.H.端納君。他是澳洲人，為來華的第一個外國記者，後來留居我國甚久，中國友人很多，抗戰時離華返澳，仍與我互通音問。抗戰勝利後，由南太平洋大希地島回滬重居，不久病逝。對於同遊太原這一段相識的情緣，令我永不忘懷。

鎮守太原的閻錫山（百川）都督，親自十里郊迎，老百姓萬人空巷。最大的一個歡迎會，是在太原黨部舉行的。山西民眾，因為渴望瞻仰這一位推翻滿清革命領袖的丰采，到會甚為踴躍；而黨部，會場容納有限，聞當時曾有人願捐銀錠給黨部，以求參加歡迎會者——山西的通用錢幣是銀錠子，富者多用窖藏。

總理會見閻都督，洽談甚快，大概所談的多是山西實業礦產的開發問題。山西礦藏甚豐，我們沿途所見，煤礦頗多，煤質佳而價廉，到煤廠購買自運，每噸不過兩三元，運到北平約須十六七元。當時還缺乏大量的機器，也因反對外人投資（包括外省人投資），本省財力不足，故多年以來還不能普遍開發。

後來閻都督對我說，他和總理也談到平均地權問題，交換了許多意見。閻都督對於土地問題，一向是甚感興趣的。

在太原逗留兩天，走馬看花，對於這個娘子關所在地的西北重地，我瀏覽了一番。人民生活，大都勤苦，有倜居山地，類於穴居的，為我所初見。到處都有烽火臺，相距若干里為一站，連接相望。幼年看章回小說，看到「狼煙四起，烽火連天」，還不知狼煙烽火是什麼。這次親見烽火臺，原來是用作報警發訊的。從前地方有事，在臺上焚起晒乾的狼糞，別處就可看見這種「烽火」。據說狼糞的煙，直線騰升，並且升得很高，這等於今日的訊號臺了。

太原的市政，當時給我的印象很好；有電燈，用石子鋪平的馬路。後來在民國十九年，閻同志就任海陸空軍副總司令職，我代表中央監誓；第二次再到太原，前後相距十九年，太原的市政依然如故。原都督府內雖多了幾座平式的洋樓，而大門前照壁後面的一堆石頭也依然如故。我自己呢，也一樣依然故我，沒有一點成就。那時還有我民元初到太原共同攝取的照片掛在會客廳上，重瞻舊影，覺二十年來國步艱屯，未有進境，個人亦碌碌無成，感慨萬千，慚怍無地。那一次閻同志也和我談了兩小時的中國土地問題，他有他一種研究有素的見地，使我領益不少。他的一位賢能的幕僚長趙戴文同志，也在那次作了最後一次的款款深談，不久逝世。趙為恂恂儒者，有君子風；佐閻起義山西，與有懋績，後任山西省主席，臨終叮嚀遺言：墓碑須書「中國國民黨黨員趙戴文之墓」。其忠黨愛國之忱，彌足佩仰。

總理留太原兩日即遄返北平，隨又南下，設全國鐵路督辦辦事處於上海江西路，在那一角小樓，孜孜從事於他的鐵路計畫。

四◆第一個雙十節

歲月不居，流光如駛，武昌起義，倏忽滿了一年。自訂定武昌起義之日為國慶日，每年此日，為紀念開國，全國各地同申慶祝。是日適為十月十日，故又稱雙十節。第一個國慶週年紀念，在起義所在地武昌特別擴大舉行，政府和民眾事先都準備要作一番熱烈的慶祝。

國民黨推林子超先生和我兩人代表赴武昌參加這一個盛大的慶典。我們趁平漢路車南下。其時國民黨雖已合併各黨派正式成立於北京，但袁世凱日漸跋扈，唐紹儀內閣以權責旁落辭職，陸徵祥趙秉鈞的御用內閣繼起。民主前途，危機滋伏。民國的刱立雖易，建國的步履方艱，屈指一年，時局龍魚曼衍，我們代表此行，雖覺興奮，內心仍惄焉憂之。

訪候黎黃陂

抵漢口寓大智門鐵路飯店。南北異地，氣候不同；到旅館後，換上較薄的秋衣。元洪派都督府參謀粵人黎君來接，晤覿之下，頗覺面善。原來黎君即前次由上海和各省代表同車到南京開會時，在車站槍擊閩省代表林長民者，年少頗具幹才。

是夕易衣外出，忘記攜帶我的袋錶，及回旅館，遍尋不獲，已經給人偷竊去了。黎君很為著急，飭軍警搜查，但直到我們離開武昌，還未「珠還合浦」。武漢一地，竊賊剪綹之輩充斥，可見一斑。

翌日渡江到武昌，訪黎副總統，他矮胖身材，楚音滿口，對我們招待慇懃，情意拳拳。雙十節日，武漢三鎮，休假慶祝。慶祝會隆重舉行，各省均派代表參加；並有參加辛亥革命的許多同志到會，孫武、張振武、蔣翊武、劉公、熊秉坤等，均晤見。黎副總統在廣場上舉行閱兵典禮，那地方是以前的「閱馬場」，我們都作了陪閱官。到處國旗招展，結綵張燈，煞是熱鬧。但及今追憶，較之今日美國民眾的慶祝獨立日，法國民眾的慶祝國慶日，其熱烈如狂的情形，我們實在仍覺遜色。慶祝國慶，意義在使人民知道國家締結的艱辛，這是一種教育，不可忽視。

當晚黎設宴款待，酒餚雜陳，主賓盡興。席間我得機會認識當時名噪一時的公牘能手饒漢祥，此君文藻富贍，摛句擇詞，鋪陳得體，我們讀到他捉筆的電稿文牘不少，可是過目易忘，原因是文筆雖佳而內容空洞，多缺乏時代意識，讀之無何深刻印象。

慶祝過後，我們的任務完畢，與子超先生乘江輪循流東下；同舟者多為各省代表，其中同志亦不少。江船平穩，恍如家居，江天海月，涼颸拂人，同儕縱談至樂。客有談及黎元洪之為人者，僉認為印象平常，只是一個平庸愿厚的人，胸無定見，作為一個副總統，可不致隕越，倘膺選大總統而當國政，必受人唆惑無疑。他是北洋水軍學堂出身，有人稱之為「床下都督」者，據說他在武昌起義時，驚惶無主，由部下從床下拖他出來擁戴為都督，時人引《詩經》「十月蟋蟀，入我床下」，改為「九月都督，出於床下」，可謂雅謔。

船經九江，我即捨舟登陸，回家省親，子超先生逕到上海轉閩歸鄉。

在九江作了一個月的淹留，得間邀集潯陽閱書報社社員同志一敘，即成立國民黨九江交通部。當時在各通商口岸均設有黨的交通部，上海亦然。

廣州見聞

月後我赴滬轉粵，作初次回廣州之行。

其時，國會籌組，各地競選議員，國民黨中央黨部提名林子超為福建省國會議員，我被提名為廣東省國會議員。我回到廣州，會見胡漢民都督，他說逐鹿者多，來何太遲，結果我落選了。我以生長在外，地方淵源不足，未能當選，勢所必然。我並沒有一點懊喪，反而覺得有很大的收穫。因為此行初返故鄉省會所在地，人物薈萃，結識了許多在廣東的同志，得益匪淺，甚堪忻慰。後來民六年我再回粵，人不以陌生客相視，也由於此次回穗周旋之故。

逗留廣州期間，足供憶紀者有二三事：

驚世駭俗的心社，設在長堤有名的一所花園——東園內。該社中心人物，是劉師復、謝英伯、莫紀彭、林君復等。主張不婚姻，不作官吏，不入政黨等十二戒條，其實為無政府主義。粵人不明究竟，有詆之為公妻主義者。劉師復林君復皆粵之中山人，謝為粵之惠陽人。思復聰慧好學，早歲入同盟會，自製炸彈謀炸粵水師提督李準，受傷下獄；辛亥革命成功，敝屣功名，服膺無政府主義學說，亦一特立獨行之士。莫紀彭為粵之東莞人，辛亥三月二十九日起義，即所謂黃花崗之役，莫任一支隊隊長，為生還數人中之一人。

廖仲愷同志時任廣東財政廳長，將財廳各單位合在一大辦公廳辦公，增加行政效率，打破衙門官僚習氣。其時廣東官吏多富革命朝氣，無官場惡習，很少有人擺所謂官僚架子的。

廣東水上居民甚多（即所謂蛋民），海珠一衣帶水，自東徂西，艇船往來如織，他們以艇為生，居食於斯，真所謂浮家泛宅。拖渡輪船，也較別省為多，為我所僅見。海珠夜色撩人，夏秋月夕，一舸容與中流，間啖鮮果魚生粥一類小食，別饒逸趣，黃昏後，船孃三五，在江干曼聲喚客「遊河」，聲韻抑揚動人。

當年廣州還是一座舊城，僅有長堤一條馬路。長堤以南依然是一塊一塊石鋪的偪狹街巷，熱鬧時，行人摩肩接踵，要側著身子往來。後來逐漸開闢馬路，人力車汽車代替了轎子籐兜。民十後，廣州市政府成立，遊穗的外人見到我調侃的說：你們將石皮街開闢為馬路，破壞了這一個古城的景色，損失了原來固有的美，豈不可惜云。

我清楚地知道：在中國各大都市之中，不憑藉外力經營，而由自己胼手胝足建設起新型都市來的，就僅有廣州這個都市了。

五◆首次國會、二次革命

中國幾千年來的專制君主政治制度，自清宣統宣告退位而結束。革命的目的，在建立一個共和政體的中華民國，代議政治便是新政體的一個最大考驗。但在袁世凱主持下的新政府，成立將近一年，一切設施大都越出了憲政軌道，顯露出「唯我獨尊」的專橫。

國會的召集是新政府考驗的開端，依照臨時約法，限在十個月內便須召集國會，共決國是。民元八月頒布了國會組織法，採用兩院制度，各省當選國會議員，限於翌年三月前蒞集北京，國會於四月八日舉行開會典禮，全國人民都衷心地寄予莫大的期望。

國會議員，國民黨人佔多數，素質尚佳，受國內外大學教育者成分不少。開會之前，西北各省議員多逕赴北平，東南西南各地議員，則經滬北上，在滬多作逗留，因為總理當時在滬憩居，各人以親誨益為快。

哀宋教仁同志

時宋教仁同志亦經長江各地遊說到滬，鼓吹責任內閣制度至力，多數議員和之。但另一方面，袁世凱弄權竊國，端倪已露，部分輿論又阿諛之，謂為雄才大略，袁氏更驕滿自喜。這兩種勢力，如水相激，即起波瀾，袁氏謀去宋教仁之殺機已伏。

三月二十日，宋自滬擬趁火車赴京，是晚各省國會議員及重要國民黨員多人，設宴於四馬路一枝香菜館歡送餞別；酒酣耳熱，宋慷慨陳詞，強調責任內閣的重要性。在立憲國家，公開發表政見，縱與在朝黨有扞格之處，亦屬平常，不足為異，但不為專權獨攬的袁氏所能容。席散以後，宋驅車赴北車站趁車，當時送行的人很多。不料走進車站，離月臺還遠的地方，驀地裡有人向他背後發槍轟擊，彈中要害，重傷仆地。

這一突然事件，頓時使車站騷亂起來，凶手不辨為誰。由送行的同志急召救護車送入海寧路鐵路醫院，卒因傷重逝世。

當時，我也在送行者之列，陡聞槍聲，不知從何而來，紛亂一時之後，始知宋教仁同志遭擊倒地。我趕出車站，還看見黃克強同志正朝車站走來，急告以事故，促他立刻離開，以免發生意外，因為不知道主凶者是否還有其他目標。

事後有同志說，我當日所穿的衣服和宋教仁的一樣顏色，身材也一樣高大，距離所走的地方很近，槍從背後發來，凶手倘或認錯目標，殊有「李代桃僵」之險呢。

噩耗傳出，滬地同志固悲憤異常，舉國亦為震驚，誰也心裡明白，必為袁氏所為。

國民黨的同志，有住在某旅館的，察覺住在同一旅館的一個北方人，在那晚上形蹤極有嫌疑。於是密報國民黨交通部辦理事務的吳頌雲同志，知會捕房逮捕搜查，果然就是刺宋的凶手，名叫武士英，一個以殺人博取金錢的暴徒。

宋案主謀袁世凱

凶手就逮，搜出購凶主謀者應夔丞的證據，旋亦就捕。在應的寓所更搜出國務總理趙秉鈞的往來密電，居間承轉的是洪述祖，證據確鑿，真相大白。但北京政府仍掩耳盜鈴，佯作不知，通令緝凶嚴究。上海租界會審公堂根據案情，票傳趙秉鈞、洪述祖到案；洪已聞風先遁，逃匿青島，趙亦不敢到案。然天下皆知：趙秉鈞唆使洪述祖，洪述祖唆使應夔丞，應夔丞購凶武士英。而唆使趙秉鈞，案中的主謀人卻是一國的總統袁世凱。案情水落石出，人心憤激，以一國元首之尊，而出此陰險之行，法紀云何！

我深深感覺，政治的角勝，應取決於競選，取決於議壇，蓋以民意為依歸，今乃出之以暗殺。這種排除政敵的殘酷手段，實為最卑鄙而懦怯的行為。西人對於「暗箭傷人」，攻人不備，斥為"Coward"表示極端鄙視。袁氏這種政治上的暗殺，使政局從此混亂，開以後十五年間的內亂之局，實為厲階，難逃其咎！

宋教仁字鈍初，亦作遯初，為留日學生，湖南人，少年而蓄八字鬍，富才氣，有抱負，議壇論政，人物周旋，具有近代政治家風範。當時大多數同志許身革命，敝屣權位利祿，如張溥泉馬君武諸君，視宋氏為功名念切，心頗不懌，但於其遽遭暗殺，為國捐軀，則無不悼惜。死時年僅三十二，同志為卜葬於上海江灣。

兇手武士英後在獄中暴斃，應夔丞解北京後開脫，由平赴津，在路上車廂中，為人殺死。洪述祖在若干年後也難逃法網，判受縊刑，以刑具新置鋒利，頭頸為之斷折。趙秉鈞忡悸以終。而袁氏數年後，帝皇夢破，舉國唾棄，也憂悒癰發而亡，冥冥中似乎真有公平的主宰。

北平的政象

宋案後，趙秉鈞為時論責棄，驚悸避位；經段祺瑞代理國務總理二月，後得國會同意，提出熊希齡組閣。袁自當選總統以迄國會開會，內閣凡數易。唐（紹儀）、陸（徵祥）、趙（秉鈞）、熊（希齡）相繼遞替。陸徵祥在職時間很短，他就閣揆後，在國會報告，有人笑他像開「菜單」。他是上海徐家匯人，天主教世家，留學比國。滿清時曾派往莫斯科中國公使館任事；辭內閣總理後，出使法國瑞士，為一無政治頭腦的典型職業外交官。後以妻死和養女婚事，頓生出世之想，赴比國入修道院苦修，為神父以終。一二八時，我在上海市長任內，曾接他來信，頗以國事為念。他在早年雖依附袁氏，但愛國之忱，亦有足多者。熊希齡籍湖南，是前清進士，曾任熱河都統，提名組閣時，國會議員有人反對，說他曾在熱河行宮，以贗品偷換宮中寶物，是北洋系中一個圓滑的老官僚，後來回湖南辦教育，還算有點貢獻。

國會在北京開會之際，袁世凱傾力操縱，一面策動共和黨，統一黨合組為進步黨，收為己用，以與國民黨對抗爭衡；一面利誘威迫，分化國民黨籍議員，削弱國民黨的勢力。宋案已深伏政治危機，此時袁氏於外交上更措施乖謬，進行與美、法、德、日、俄五國大借款二千五百萬鎊。又訂定中俄協約，作為承認俄蒙協約的張本。獨斷孤行，違背民意，全國輿論譁然；國會中國民黨籍議員立加反對，率先提出彈劾者為粵籍議員伍漢持同志。彈章理壯詞嚴，一時傳誦；大觸袁氏之忌，邏者遍布，伍同志恐罹凶鋒，出京赴津；但卒為袁派人追蹤，死於天津警務廳長袁氏爪牙楊以德之手。這是在中國國會史上為彈劾政府竟以殉職的第一個人。

國民黨在國會開會期間，主持聯絡的中心人物是鄒魯（海濱）同志；遇有重要問題，則由國民黨本部召集黨籍議員共商決定。當時本部設於北平騾馬市大街，是一座不大不小的樓房。

發動二次革命

那時我正在北平，袁氏對於國民黨中人，不論是否議員，均所嫉忌，一一加以監視。四川謝持同志先日走避，我也借詞離平赴津，趁日本船到上海，倖能逃脫虎口——這是民國二年五六月間的事。

六月九日，袁更明令免國民黨籍的都督三人，即贛督李烈鈞，粵督胡漢民，皖督柏文蔚。惡焰高張，不容異己，司馬昭之心路人皆知，局面便每況愈下。

我到上海，啣總理命和居正（覺生）同志，趕赴南昌，密促李烈鈞同志在江西宣布獨立。會見李烈鈞的時候，他已接到免職令，決定交卸，準備次日即趁日本淺水艦離開南昌。我們將來意道達，他很躊躇，他說：「免職後起兵反袁，人將以為戀棧挾嫌，豈能言順。」他堅持此見，關照他的一個師長劉世均和我們接洽，他自己要到上海謁見總理後再回來。

不料袁世凱蓄心已久，軍事方面先有安排；第一軍段祺瑞，第二軍馮國璋已率師南下，勢難抵禦。迨後李烈鈞由上海到湖口發難，已是過遲。袁軍李純部隊已直趨九江沙河鎮，守將林虎為李所敗；南昌守軍也眾寡懸殊，不敵；九江砲臺司令陳庭訓又告叛變，要塞並失，贛局敗覆。時黃克強在南京起兵亦告失利，柏文蔚以安徽軍隊抗命，無能為力。上海在陳其美同志指揮下，攻製造局，苦戰終不得手，龍華再戰，又復敗績——這是七八月間的事。

袁氏既武力統一南方，即解散國民黨，我們所稱「二次革命」遂告失敗。以後袁氏稱帝毀法，民國遭受挫折，陷入厄境之中。

失敗的教訓

回溯二次革命的失敗，在當時，國民黨力量聲勢，不可謂弱，且於國會佔多數議席，初非不可與爭衡。但為時數月，竟召失敗；揆厥原因，黨的組織不健全，黨員意見不一致，此其一。有許多中堅黨員，以為民國成立目的已達，與袁妥協可事半功倍，革命意志於焉渙散，此其二。南方各省實力，原不足與北方比，且時間僅有短促的一年，未能充實整理，餉械種種，籌措不易，變局突發，袁挾雄厚的軍力財力，行動迅速，遂為所乘，此其三。總理洞燭機先，原欲即時發動，先發制人，但為一部分同志所阻，至失時機，遂至事無可為，此其四。及今追憶，這一段歷史，誠多難的民國一件憾事。

六◆關於婦女參政的一些記憶

這裡，我要把中國婦女參政運動的一些記憶，記述下來。

中國婦女運動，究竟開始於何時，這是史家頗難論斷的一件事。數千年來，中國婦女的地位只是安置在「賢妻良母」的位置上。雖則如漢的竇太后，唐的武則天，清的那拉后曾經「垂簾聽政」，操縱著顯赫的大權，但其意味，不同於婦女參政。要說一般中國婦女公開運動要求參政，似乎還是從民元前後開始的。

中國國民黨在同盟會時代，留日的中國學生參加者甚眾，其中女子參加列盟的亦有其人。這種革命不分性別的主張，實在較之同時期的保皇黨，要進步得多。當時代表新時代的時論，已經鼓吹中國婦女不應侷促於廚房，要從家庭裡解放出來，與男子並肩為國家社會服務，因此同盟會時代，有力主男女平權者。

民初女傑

我們回憶早期的革命史，女革命黨員冒險犯難，犧牲喋血，也有不少人。最著者如鑑湖女俠秋瑾，以徐錫麟案慷慨就義，卜葬西湖，碧血青山，至今芳冢忠魂，尚供人懷弔。鄭毓秀同志，於宣統年間，在北京參加黨人機關祕密工作，出入平津，潛攜炸彈，並圖椎秦之擊，勇氣也不讓男兒。

民元臨時政府成立，各省有婦女北伐軍的組織。她們鑑於國家興亡，匹婦與有職責，疆場效力，執戈寧限鬚眉，於是摒棄鉛華，奮起從戎。這種組織，實質有類於第二次世界大戰時，歐美所組織的婦女輔助隊。後來北伐雖未成功，但足以喚起社會的醒覺，使人認識婦女對於國事並不後人。

我還記得，各省婦女北伐軍中，有著名女傑三人：湖南的唐羣英，福建的林宗素，廣東的沈佩貞，赳赳之姿，即男子見之亦為辟易，洵足稱為「巾幗英雄」。當年社會風氣還未開通，男女社交尚不普遍，但她們落落大方，談笑酬應，毫無拘束扭妮態度，使舊禮教中人為之咋舌驚駭。

國會召開之前，在南京北平，許多婦女界本男女平權原則，提倡婦女參政；奔走呼籲，四處宣傳，但結果是失敗了。因為婦女在社會地位，還未獲普遍認識，選舉結果，國會議員，皆屬衮衮諸「公」，婦女竟無一當選者。當臨時政府時代，婦女界傳出一樁趣事：她們認為外交總長王寵惠博士，對婦女參政不表同情，曾幾次出動娘子軍包圍外交部大樓，請願質詢；王博士為粥粥群雌所困擾，幾難脫身。民元在北京國民黨本部，唐羣英因意見爭執，曾摑宋教仁的耳光。沈佩貞則和四川省留美同志王夏，在天津一飯店裡，也因爭辯參政權問題，雌威突發，饗王夏以「細靈之掌」。這是婦女參政運動的佳話，也是民國婦女參政史的初頁吧。

婦女參政的史跡

考世界婦女參政運動，發軔於歐洲十九世紀初，而實現則在二十世紀。二十世紀主張最早者為芬蘭（一九〇六），次為英、俄（英一九一七，俄一九一八），德國（一九一九）。美國也是在一九一九年才修改憲法，允許婦女參政。西班牙直至一九三一年才有婦女參政。在我們中國，民國成立至今四十年，因政局不定，國步維艱，遲至民國三十七年於南京召開國民代表大會，三十八年立監兩院選舉，才算實行。我們在選舉法上硬性規定，國民代表若干名中，須比例有一女性代表。立監委員，在各個地域或職業選區中，亦必須有女性委員。當時如此規定，也有人反對，以為這樣豈非不平等了嗎？但不如此硬性的規定，婦女恐怕難得普遍當選，這麼一來，無論國民大會代表，立監委員，都有許多婦女參加；國民大會代表三〇四五名額中，有婦女代表三〇一人，立法委員名額七七三人中，有婦女委員八二人。這在外國人看來，也認為這是中國的特點，為他們所不及。

我記得，英國的婦女最初起來，發起「四月運動」，要求參政。在路上遊行請願時，還有一種反對的人，故意惡作劇；在她們的行列中放出許多小耗子，這些靈活的小動物在她們的腳下亂竄，世界上的婦女似乎都是怕耗子的，真的把她們嚇倒了。遠在一八六五年，英國有一位經濟學者約翰‧司徒米爾（John Stuart Mills）當選了國會議員，他對婦女參政運動倒非常熱心，發表了得力的主張。在他當選七年以前，就寫過一本書，書名是《馴服的婦女》，喚醒女性要向社會方面發展。以後的英國婦運，得力於他的遠見的影響很大。

我以為男女之別，除了生理上不同之外，智力才能，原無軒輊。所謂男女平等，是從職業方面而言，男子可負責的工作，女子何獨不能？但婦女在社會上要謀求生活獨立，發揮才智，還不能不從教育和服務社會入手，這是婦運的根本問題。倘做到這一層，我們在選舉法上，硬性規定的那一條文，不是就可取消了嗎？如果婦女運動單以參政為依歸，不從根本問題去培養智能，奠定基礎，婦女在社會的地位還是不能鞏固的。

第4章

海上流亡

一◆東瀛逋客

二次革命失敗後，袁世凱凶焰瀰漫南北，本黨同志四散流亡，我也東渡扶桑，作櫻花島上的逋客。

袁世凱毀法竊國，以至帝制自為，不但使中華民國的生機幾乎為之中斷，還召致了東鄰覬覦之機，誘發了國內軍閥鬩爭之局，從此使中國在時代潮流中倒退三十年，這是多麼痛心的事。古往今來，愛國者和禍國者的相差，要在公私之間，如何取捨。一念之差，忠奸立判。袁世凱以自私而自蔽其耳目，於是所作所為，跡近愚昧；比之總理天下為公的襟懷，在歷史上留下永不磨滅的對照。

經臺灣過神戶到東京

我抱著愴惘悲憤的心情，不得不離開祖國。謠傳袁氏對我懸賞二萬元通緝，因為我曾到南昌勸李烈鈞獨立。瀕行我告訴在滬居住的妻子說：「此行遠適異地，大局如此，莫可如何，仰事俯蓄，唯有偏勞。袁氏倒行逆施，必難持久，最遲三年五載，我必歸來。而藉此時機，求學海外，亦符初衷。」並勸她即回九江，稟告我慈愛的雙親。那是民國二年（一九一三）癸丑十月，我二十六歲。

踏上海輪，熱淚盈眶，波濤簸盪，思慮起伏。時在初冬，涼風襲人，彤雲接浪；回想武昌起義，民國誕生，即此兩年之間，變化若是之劇，我躬逢其變，憂喜相乘，何嘗不是一場春夢？卻信民主共和必能打倒獨夫，問題只在何時何法來革袁世凱的命？憑舷遙矚，對祖國河山，不勝依戀。所乘日本輪船，繞道臺灣，停了一天，在基隆上岸，趁車到臺北一遊。這是我年青時期所感覺到的：我踏入第二個非復我有的國土。第一個是幼年時隨母回鄉所經的香港。香港早已割讓於英國，而其地中國人多，中國式的建築物到處可見。臺灣割讓的時候（乙未，一八九五），我八歲，略有所知了，僅經十七八年，乃在當時的臺灣所見，一住一食，幾乎全是日式，使我大吃一驚。

船到神戶，捨舟登陸，探望我那在日經商多年的鄭祝三表叔。他設「同孚泰」進出口行於日本。同孚泰牌子的洋火曾盛銷中國。盤桓數日，便乘車赴東京。

久所嚮往的櫻島首都，雖觸目清新，卻因語言隔閡，尤有人地生疏之感。我起初因交通方便之故，住在日比谷公園飯店，那是一座西式的小旅館；及後遷寓郊外澀谷貸間，和一些朋友同住，日本鄉間也清潔而幽靜。隨後為就讀方便，又遷到菊町居住。

寄居期間，為免虛擲時光，我計劃研究日本史，尤其是日本近代史。我要從學習日語做起，一面請了一位在東京外國語學校的學生，用英語教授日文，一面入明治大學肄業。那時明治大學的校長是岸本辰雄博士。

我早年以為日本語言是世界上數種語言中最繁難的一種。中國留日學生居各國之冠，但能操精純日語者，殆較英法各國為少。因為日語有漢讀訓讀，而文法構造亦繁，除非入預備學校，或自小讀日本小學中學，實不易達深造之境。日語如說得精純，那是一種有禮貌而美妙的言語。我欲求速成，以為請人用英語教授，能比較其文法和發音，較為便捷，但成就還是很差。

不久，林子超先生也到東京。亂離之後、異域相逢，彼此說不出的喜慰。可惜沒有多久，他便離日本經檀香山派往美國舊金山去了。

中華革命黨成立

總理於二次革命失敗後，也即東來日本。及後同志到達甚多。我們檢討這一次失敗原因，僉認為革命黨人沒有一致的行動，自由隨和，遷就諸般妥協政策，尤其在北平合併改為國民黨後，分子複雜，消失了革命精神，不知珍惜艱辛的革命歷史，不求貫徹本黨主張，致為袁世凱所乘。於是在總理指導下，便決定取銷國民黨，組織中華革命黨，總部就設在東京。這次改組，對黨員作嚴格的約束，入黨時須宣誓服從命令，俾能成為一有紀律有組織的政黨。總理首先自己宣誓，條文是：「實行宗旨，慎施命令，盡忠職務，嚴守祕密，誓共生死」。一般黨員將「慎施命令」改為「服從命令」，每人都簽名宣誓。

當改組之初，一部分同志還不贊成，尤以黃克強為最。陳其美同志以黨與民國休戚相關，苦心孤詣的調和意見，但黃同志最後仍是到美國去了。其他同志，最初亦多意見紛歧，各是其是；卒以大義相勉，確立共信，皆願聽從總理的領導。當時策動革命的工作，對國內，則不但保持密切的聯繫，且求多方面的深入；奔走策劃，陳其美同志最奮發淬礪。對海外，則以海外聯義社為經絡。該社是革命黨的海員所組織，無論外洋航線或沿海航線的各國籍輪船，皆有社員服務其間；凡機密通信，糾集美洲與南洋的捐款，亦由社員負其責任；而重要同志的浮海往來，尤得該社社員掩護其行蹤與安全。組織嚴密而普遍，海內外各埠多有接應，對於革命工作之進行，實有其甚大的貢獻。

各省同志脫險流亡日本者，日益眾多，總理為他們，也是為革命，於民國二年底，籌設了兩個教育機構，一文一武。一在東京郊外大森地方，研習軍事，只因為日本法令，私人不能辦理軍事教育，故稱為浩然廬；其後因為研製炸彈，不慎爆發，即告結束。一在東京神田錦町，設「政法學校」，請日本同情於中國革命後老博士寺尾亨氏為校長，由殷汝驪（鑄夫），戴傳賢（季陶）

等擔任翻譯；分政治經濟與法律兩科，所請講師皆日本學術界當時的權威；這一學校，直到民國五年夏第一班畢業，六年夏，第二班畢業，才告結束。

心頭眼底日本人

日本對於中國革命黨人，均認為愛國志士，敬慕有加；即使到鄉間，也時常得到他們的另眼看待。我常說，個人和日本人做朋友是極好的，他們有禮貌，重友誼，講義氣。從國民外交的觀點，可說是日本人得天獨厚。

日本也真是一個警察國家。我從上海出亡時，改用假名以避耳目，但一到日本，便給他們查出「吳丹」便是我。有一次，我獨到橫濱，事前並無人知道，但便衣警察已經沿途「護送」了。日本老百姓最怕警察，但警察也能愛護老百姓，決不擅入民家，決不輕入人罪。

這一個國家，在落後的亞東各國中，能發奮為雄，於維新運動的三十餘年之間，奠下了科學工業和政治上代議制度的基礎，使我們自慚形穢。我驚異於他們教育的普及，全國幾乎極少文盲；能夠閱讀書報的人，達百分之九十以上。我們又見及中學生都在受著軍訓，學校每到下午就形同軍營，軍國民教育的精神是根深蒂固的。

日人軀幹短小而雄心萬丈，好與人爭一日之短長。中國人則多固步自封，不屑與人爭一日之短長；然蹉跎因循，每每因此而遠落人後，幾至不能與人爭短長，這是一個民族性的差別。日本工業化了，中國依然在農業國家的階段，於是差別更見其大。日本維新之所以能成功，是他們勇於革新，而又能保留其傳統的優點之故。守法、勤樸、清潔、耐勞，都是日本民族的優良之點。他們的生活享受很低，粗衣冷食，處之怡然，但到處整齊清潔。我們有時在鄉間散步，所見民間雖是簡陋的木屋，但無不清潔而古雅。在晚間，三絃，箏聲，簫聲，到處可聞，音韻清逸。日人叫這種簫為「尺八」，即蘇曼殊所謂「風雨樓頭尺八簫」者。日本的音樂詩歌都是傳自中土，我們的詩歌，到了明清以後，只是紙面上的文字，而他們的詩章仍然是用來歌唱的，也可說是「禮失求諸野」了。

二◆在檀島——太平洋上的樂園

民三年歲杪，我奉總理命，由東京赴檀香山，趁美國郵航蒙古號。異域逋逃，雖有飄零之感，但檀島久有太平洋的樂園之稱，嚮往已久，這次得有機會一遊，也未嘗不竊自欣幸。

同船旅客，僅有幾個中國人，起初大家都不相識，但很快也就廝混熟了，船經子午線，在日曆上是要多算一天的。凡向東航行的海輪，在開行的時候，每晚到了午夜，要把時鐘撥快半小時，到達子午線便剛好多一日。由美返航，正好相反，剛剛少了一天，這是我第一次的體驗，頗覺有趣。

到處有同志

蒙古號的船員，很多是聯義社員，對我加意照拂，懇摯慇懃，同志間的熱情，使我在旅程中得到分外的溫暖。

舟行波平如鏡，海上生活單調而靜恬。縱觀海天連接，一望無際，海鷗迴翔，涼颸拂面，胸中煩慮，為之蕩滌一空。心中唯一的念頭，就是想到經過海程十四天到達目的地後，在陌生的環境中如何開展自己的工作。

日復一日，在一個下午，望到了明媚如畫，棕櫚成林的檀島了。船將泊岸，但見寄泊的鄰船旅客，憑舷欄將銀角子擲入水中，海水清澈見底，許多身手矯捷的弄潮兒，隨即躍入水中，很快的便將銀角子從水裡摸出來。檀島土人的狎熟水性，能泳善泅，可以想見。

我赴檀島的護照，為上海美領事館所發。名義是檀香山《自由新報》聘請的主筆，是我行前潛回上海辦理的。護照的姓名，還是用著「吳丹」(D. J. Wudan) 的假名。

上岸後，當地數同志得到海關的特許，到碼頭相迎，隨即同到移民局辦好入境手續。這時我身邊的錢差不多用完了，摸摸口袋，僅剩下兩塊錢。是夕即暫住在同志的家裡。

到了之後，酬應周旋，忙碌了幾天；我分訪此間同志，認識了興中會發起人鍾宇、鄭照、楊廣達、余揖、許棠、阮炎、梁海、劉生初、曾長福、許直臣、盧藻、譚遠諸位。

黨部假自由戲院開會歡迎，參加者約有三千人，場面熱烈偉大，可見華僑愛國熱情之一斑。我是特客，當然要演說。我說：「檀島是革命的搖籃。我們幾歷艱辛，才建立民國，可是民國甫成，袁世凱即違法弄權，加以摧毀。今日我們要貫徹原來主張，使真正的共和政體得以實現，確立民國基礎，希望海內外同志共同努力……」

檀島黨部設在《自由新報》社內。該報總編輯為吳永生同志，我擔任總主筆名義，我們兩人分工合作。實則吳同志負責社務，我則負責黨務，宣傳，和籌款的工作。在檀不久，聞湯化龍為王昌同志所殺。湯赴美時，華僑同志由舊金山跟蹤到溫哥華；王昌為一理髮師，一日，湯到店理髮，王昌以剃刀割其喉，旋亦自殺，王烈士遺體後運葬黃花崗畔。

檀島風光

夏威夷早年以產檀香木著名，故名檀島。真不愧稱為「樂園」。氣候煦和，風景佳絕，水湄山麓，處處宜人；每日中午，照例灑下一陣小雨，入夜涼風習習，或當朗月懸空，夜景更富詩意。週末或休沐日，我也常到各華僑郊外農場，或赴海灘浴場，藉作休息。農場照例在星期日宰豬，與國內風味無殊，屠門大嚼，可快朵頤。威紀基海灘（Waikiki Beach）浴場，遊人如鯽，夕陽西下，載沉載浮，亦一樂事。土人酷愛音樂，一有餘暇，便載歌且舞，動人的「吉打」琴韻，美曼的「奧卻里莉」歌聲，還有舉世聞名的草裙豔舞，都足使人陶醉。檀島混血少女，婀娜多姿，既健且美，每當妙舞清歌，嫵媚撩人。那真是一個愉快而天真的民族，可惜我們這些流亡客，別有懷抱，欣賞無心，辜負了這美好風光。

土人與各民族相處融洽，熱情親切。有一次，中國人和他們檀島人開了一個晚會，在月夜之下，縱情歌舞，烤燒豬，吃芋漿（以手拌吃，味酸），飲土著酒，盡一夕之歡。這是南島情調，別饒風趣。

華僑與日人在檀島

檀島人口，以日本人為最多，佔十四五萬，華僑二三萬人，他們除經營商業外，也有辦工廠農場牧畜的。美籍僑生，在當地政府做事或從事自由職業的也有不少人。一般華僑多受教育，生活美國化，華僑在海外得受平等待遇的，以檀島為最。華僑到檀島，時代久遠，土著民族稱華僑為「伯爺」，即粵語稱「父」的變音。日僑在鄉間者，也隨聲呼華僑為「伯爺樣」。當年有一年近七十，以拉馬車為業的華僑，閩人，幼年乘船到檀，海上遇風，船破，飄流水上二三十日始抵岸。林子超先生先我一年到檀，所遇見的小同鄉只有一人，就是這位老華僑。

土著民族，據說日見減少，很多居民是混血種的，土人的酋長僅保存著名義。美國統治之下，一切都很自由，只派來一個總督，主管行政。

美國人早就對這過多的日本籍僑民，懷著戒備之心，特別注意沿海岸日本漁船活動。謠傳漁船常出海接應由日本經過公海到南美的日本郵船，起卸軍火，祕密運到檀香山。美國人對這太平洋上的軍港要塞珍珠港，以及軍港屏障的鑽石山，自始即予重視，這些地方是禁止日本人參觀的。聞美人當年也曾假想敵人會拊檀島之背而進攻，故在那裡配置好幾門重砲，砲口正對著一道鐵橋，準備隨時可以擊毀它。可見在四十年前，美國人已經嚴密地防禦著珍珠港的被襲。

很早以前，便有人主張夏威夷群島應升格為美國聯邦之一州，遲遲不能實現者，理由固然很多，條件或有不足；但主要原因恐怕還是顧慮到日僑人口眾多。假如作為一州而舉行選舉，可能會落到日本人的掌握中。

總理的胞兄——茂宜王

我在檀島的生活，除了辦報，演講，籌款接濟國內之外，還遍到其他各島訪問，聯絡策動各島同志。檀島是很少人執手杖的，就像美國大陸上一樣。我那時歡喜到處攜一根手杖，徜徉路上，人們視我為新客。

茂宜(Maui)又名阿谷島，是檀島五個主要島之一。總理的胞兄孫眉（德彰）先生，經營一大畜牧場於此。富甲一方，土人尊之為茂宜王，總理早年在檀島讀書，就是得他兄長的照料。總理最初鼓吹革命，這位老兄亦表示懷疑，後來經總理的說明，也就熱心革命，連畜牧場也逐漸變賣來資助革命了。我到過那畜牧場，猶及見他經營的規模，和土人對於他的豪爽好善，口碑載道。

汐樓(Hilo)是夏威夷島的首府，那裡也有不少革命黨人。有一次我訪問同志之暇，到過那裡的一座著名的火山冒霧那落(Maunaloa)，晚間上山，火山口熊熊赤焰，聲如雷震，大約那一次正是火山活躍之際。近火山口一帶土地有如龜圻，寸草不生。舊日土人，每年以活人禳祭，因此「葬身火坑」者不知凡幾。我還記得，梁任公曾為火山題有四個大字送給當地華僑，稱為「天下奇觀」。世界上火山，可以到達山巔，一觀奇景的，殊不多覯，梁題洵獲我心。

其中有一名摩羅迦夷島（即孤獨島）的，設有麻瘋病院。美國醫科大學曾有一位畢業女學生，抱著宏願，自動到該島為瘋人服務，這種濟世救人，自甘犧牲的精神，真可敬佩。至今每有人提及麻瘋病院，我便會想起這位偉大的女性。

最早的航空同志

另一追憶，使我懷念起那時往還甚密的楊仙逸同志。仙逸家居檀島，其父經營農產，擁有最大的菠蘿園。他本來是學機械的，想赴美學習飛機駕駛。當時風氣未開，華僑社會對於子弟學習航空視為冒險，他的父親固執不允；仙逸託我疏通，我乃向乃父再三勸解，終於成全其志；赴美學習，獲得駕駛執照。在民七八年間，仙逸回國，參加在粵平定莫榮新之役，駕機由澳門海外飛廣州，轟炸督軍公署，此為革命黨人應用飛機的第一次。後，仙逸同志在惠州因炸彈爆發殉難，卜葬於廣州東郊。今忽忽三十餘年，仙逸的音容宛在；因為他得以學習飛行，我曾效口舌之勞，而當時訪問各島，仙逸亦常結伴同行，使我永永紀念著他。

三◆無政府黨案

檀島的華文報，有《自由新報》和《中興報》兩家，《中興報》是憲政黨所辦。康梁的信徒，自民國成立後，將原有組織，稱為憲政黨，出版《中興報》，鼓吹宣傳，常以曲筆苛評國民黨。《自由新報》為革命黨人的機關報，對《中興報》抨擊辯難，各張旗鼓。華僑中之讀華文報紙的，對於兩派報紙的筆槍墨陣，至感興趣。憲政黨與革命黨人意見很深，入主出奴，如劃鴻溝。有親兄弟因為信念各別而不相往來者。當時支持憲政黨的主要人是當地富商陳滚君，民國三十七年，陳君因憲政黨和中國民社黨已合併，接受蔣總統對於友黨的招待，到南京，那時候陳君年已古稀，白髮蒼蒼，相見之下，話及當年黨爭舊事，相與囅然。

檀島華僑，十九為粵人，粵人中又十九為中山人。許多地方的華僑，有一種古老的觀念，以為粵語就是「唐話」，中國人不懂粵語即等於不懂「唐話」。黃克強，張溥泉兩位曾自美國到日本，過檀演講，言語不通，都是由我翻譯成粵語。幸而檀島華僑尚無「粵語」即「唐話」的成見，他們對於黃張兩位所說的國語，不過不懂罷了，並不視為異族。

是袁政府所指使

我到檀香山後的計畫，原定逗留半載，即赴舊金山，卻不料我的護照為當地領館拒絕簽證。原因是發生了一件哄動檀島的「無政府黨案」。當時駐華盛頓中國公使夏偕復，和檀島領事伍瓚，向華府指控我為無政府黨，並要求驅逐出境。夏公使的指控自是受命於袁氏政府，袁對革命黨人之在海外活動者，還是一步不肯放鬆。因此，我想起二次革命失敗後，袁對我懸賞二萬元通緝，或者真有其事。

有一天下午，檀島檢察處給我來了一個電話。

「我是檢察官，請你準備保單，在外候訊。因為中國政府指控你為無政府黨人。」

我接到了這個電話，既莫明所以，卻不能不依照手續覓保。但我怎會牽涉到無政府黨呢？原來我所以被指控為無政府黨的理由，是在民國四年，即一九一五年六月七日，用吳丹名字，在《自由新報》發表過一篇文字，裡面有「口誅筆伐」那麼一句話，也許是一篇演講稿吧，連我自己也記不清楚了；這就是我被指控為無政府黨主張暗殺的一種證據。華盛頓政府勞工部便在一九一五年十月十三日發出拘捕令，檀香山移民局於十二月六日要執行驅逐出境，所以總檢察局要傳訊我。天曉得，這種文字案的羅織，真可謂「莫須有」了。

檢察處委託的律師是阿脫(Arthur)和奧沙華（Ozawa，日僑生，日名小澤），正式向移民局提出抗議。我也請了畢烈罕(R. W. Breckons)和夏活格里斯(Howard Grace)兩位律師為我答辯。我告訴我的委託律師說：「『口誅筆伐』這一句中國文字，僅是以『口舌』『筆墨』作武器，誅字從『言』旁，並非真刀真槍可比。」

我是革命政黨黨員

在檢察庭辯論時，那受委託的律師錄取我的意見，代表我致辯詞說：「我並非一個無政府黨人，恰恰相反，我是一個為孫逸仙博士所領導的革命政黨的黨員；孫博士如世界人士所知，他是推翻中國帝制，主張民主共和的政黨領袖。他建立了中華民國，被選為第一任大總統。後來推薦袁世凱繼任，袁氏違反其對人民的諾言和誓詞，破壞憲法，解散國會，因此我要反對他！我不是一個無政府黨人，我所要的政府，正像你們美國人信奉林肯總統所說的政府一樣——民有、民治、民享。」

答辯時，庭上兩旁聽眾席上擠滿了僑胞；我所認識的日本、朝鮮友人都到庭作證，他們為我證明中國文字「口誅筆伐」一詞的真實意義。

這一案件哄傳一時，外國人在美國被指控為無政府黨案的，此為第三案。美國是思想自由的國家，言論不受限制，但外國人在美國卻不能有其他思想。

檀島兩家英文報，一家日文報，均對我表同情，而非難主控者；華文報的《興中報》卻不發表意見，顯然是抱幸災樂禍的態度。

經過幾次的詢辯，法官終於瞭然；最後由華盛頓審查結果，判決了「不起訴處分」。到一九一六年三月二十四日，取消逮捕驅逐令。這場官司，糾纏了半年之久。

抓住宣傳機會

此案發生之初，各地輿論都很注視，對我反袁的宣傳工作，反給了良好的機會。時袁世凱所聘用的美國顧問古德諾教授（Goodnow）經檀返國。古是美國約翰·霍金斯大學的教授，阿諛袁世凱，贊成帝制，發表〈中國不宜於共和政體論〉一文；為曲學阿世，助紂為虐的一個無聊文人。我著論加以抨擊。我說：「中國人民正需要共和政體，推翻清室就是一個明證。如果古氏認為中國人民愚昧無知，政治意識不足，社會經濟不穩定，那末，美國在獨立之時，其紛亂的情形，絕不下於目前的中國，而居然能建立一個民主國家，這不是由於領導得人嗎？袁氏的專制獨裁，是他不要共和政體，並不是人民不適宜於共和政體！」

其時第一次世界大戰已發生兩年，英國的陸軍部長吉青納（Kitchener）祕密乘艦赴俄，竟為德潛艇炸沉，而美國參戰的決策尚未定。在民主黨威爾遜總統當政下，老羅斯福總統主張參戰最力，他到各地演講，要求政府撥兩師兵由他率領。他責諷不參戰者為「中國化」(Chinaty)，所謂「中國化」就是「懦怯」之意。我聽了極為憤懣，但念及中國的積弱不振，難免被人用作譬喻，輕加譏侮。在檀島和在海外各地有熱血的僑胞，受此刺激，對於國事更是憂心如焚了。

我為此案所牽，延長了逗留時間，在檀足足度過一年半的歲月。很欣幸的能夠藉此學習英文，時常跑到圖書館去看書，就近研究美國的政治社會的一般動態。

美國記者自從我暴露身分後，關於中國事情，都不斷來探訪，我供給不少材料。在我決定離開檀香山的前一天，檀香山兩大英文報記者來訪問，要我發表一點對檀臨別的感想。我說：「檀島各民族平等和平相處，毫無種族畛域之見，這是人類愛的最高表現，為其他地方所不易見。」記者並問：「世界大戰何時可以結束？」我答：「在相持的局勢下，很難推測。」但我接著說：「大戰總將有結束的一天，我以為將來和議的地點最好是在檀島。在檀島地利人和，在這樣和平氣氛中會議，才能得到真正的世界和平，假如和議不在檀島舉行，第二次世界大戰是必在太平洋上發生的。」

特別使我印象最深的，當地的僑胞對我的案件都給予同情贊助，而對祖國是那麼的關懷熱望。他們慷慨傾囊來捐助革命事業，對同志，流露著一股熾熱坦誠的友情。四十年來人事滄桑，變遷幾許，但我的回憶卻恍如昨夢，縈繞於懷！

四◆歸航——難忘的邂逅

海上交遊

民國五年（一九一六）初秋，我終於決定離開這可愛的檀島。日本天洋丸郵船啟椗之日，到江干相送我的朋友，包括華僑，日僑，韓僑，還有幾位美國的友人，擠滿了碼頭。他們以鮮花綴成圍帶，給我掛在頸際；這是夏威夷送別友人的一種風俗，我十分感謝他們的盛情。在送別時「亞羅霞」(Aloha)(Goodbye)「塞若那拉」(Sayonara)「再見」之聲四起。還瞥見有幾位豐容盛鬋的和服女子，很親切而有禮貌的為我揚巾，心中頗以為異；隨後知道那幾位是日友在酒館餞行時相招的日本藝妓，也隨日友同來送行。在檀島生長的日本女子，保有東方婀娜的美，而兼西方嫵媚活潑之姿，丰致殊佳。

船徐徐開出，經過威紀基海灘，經過鑽石山麓，四望蕉林成翠，巒嶂如屏，最後的矚目，不勝依依。別了，可愛的樂園！它的友誼，它的景物，它給予流亡客一年多的溫暖安慰，在在都使人流連。假如我的國家能建立起一個和平康樂的民國，我願舊地重遊，甚至我願於退休時息影是鄉。

同船的旅客很多，因為時值暑假，許多美國人都到東方日本中國遊覽，中國客反見寥落，僅有盛宣懷第四公子盛昇頤君伉儷挈兩孩偕行。

許多外國旅客中，我先認識了一位美國人，他自我介紹，知道是美國普林斯頓大學的教授麥克萊君。麥君來華是到北京大學作交換教授的，夫婦偕行，彬彬儒雅。

幾次的接談，我知道他很熱心於中國的一切，他渴望在沒有到達中國之前，從我這裡多了解一點中國這幾年間的事情，尤其是關於中國政治的動態。他說，船上的旅客都是到東方去的，他們也具有如他一樣的願望，問我可否於次日午茶時，簡單將中國的近情，為他們講述一二。

我接受了這一邀請。到時候，我將清朝覆亡，民國建立，袁世凱竊國失敗，說一個輪廓；我的英語說得很不流暢，僅能達意，但聽眾似乎頗為滿意。

法國小姐

茶會之後，麥教授介紹我認識一位年輕的外國女郎，法國籍，在美國一所著名的女校任法文教員。她的芬名是 M. P.。

她訴說這次隻身旅行，是趁暑假赴越南西貢探望她的一位哥哥。乃兄在西貢安南海關任職，她也久已懷想瞻仰一下東方的景色和人物。

落落大方的儀態和溫婉的談吐，使人有親切之感。據她說，她出生於一個中產階級的家庭，年紀約二十六歲，丰姿綽約，皓齒明眸，臉龐兒稱得上秀麗。雖則她很活潑，而從她的舉止談笑間，顯然具有歐洲閨秀所稟賦的端淑嫻靜的品質。

假如要用中國慣用的成語，來形容我們初次愉快的晤談，那就引用「一見如故」一語，最為恰當。

這一段悠長的海程，到橫濱要經過十四五天。在這單調而閑暇的航海生活裡，單身的旅客，都各自找尋良伴；尤其是年青的旅客，很自然的找異性為伴侶。在那一種環境底下，我與M.P.也自然形影相隨了。

結交的當晚，我走到餐廳用膳，餐廳的管理員很有禮貌的對我說：「先生，你的座位和一位法國M.P.女士同桌，這是她所關照的。」她已經含笑在座了，我感謝她的好意。

海不揚波，船上的設備，周全整潔，我們出入於舞會，電影室；用餐的時候一同進食，挽臂同行，娓娓清談；時或甲板散步，作無拘束的談笑；或共倚船欄，作海天的閑眺。乍相逢便成良伴，殊不寂寞。

幾天的耳鬢廝磨，友誼日漸增長，在彼此年青的心上都感覺有一種傾慕的情緒。當她坐在我的帆布椅旁，為我朗誦書報，海風吹拂著她金黃色的柔髮，我凝視著她，覺得她有一種內心潛在的美。船上的旅客，發覺這一對異國的年青愛侶，似乎都懷著羨妒的目光。

中國的禮防

我初次和西方女子接觸，雖則她是那麼一片柔情，我卻仍舊保持中國男女不超越過分友誼的限度上。

我記得有一夕在晚餐之後，攜手在酒吧室外散步，那時正是溟濛月色，涼風送襟，她沉默了好一會，抬起頭對我說：

「昨晚我作了一個美夢……」她臉上泛上霞彩，手裡還擎著一杯薄荷酒。

「是怎樣的一個夢？」我問。

她躊躇了許久，欲言不語，最後她坐在我籐椅的靠手上，忽而她擁抱著我，給我熱烈的一吻；我的心頭忐忑地跳動著。我低聲再問她：「你的夢呢？」

「我不是已經答覆了你嗎？」她說。

船距橫濱尚有一日路程，我們計劃同遊東京，當晚船長歡送乘客，餐廳都懸了各國國旗，中國的是五色旗。用餐之際，奏各國國歌，當時中國尚未有規定國歌，所奏的中國歌，細聽原來是舊金山華僑所流行的「水仙花」調。日人航業正與英美爭衡，遊客也是日本外匯收入的一大宗，所以舟車遊覽，在在周到方便，不獨有賓至如歸之樂，還使人樂而忘返。

重遊日本

翌日到橫濱，船停一日才開神戶。我和這位M.P.女士，照原定計畫到東京遊覽，縱觀各名勝之區。其時袁世凱已殂，總理早於五月間因主持討袁軍事回上海，我仍到黨部總部，晤及謝心準和蘇曼殊諸同志，我有遊子遠歸之感。

M.P.女士初到日本，我請她吃日本料理，頗覺適口。在料理店中，一豔麗下女席地招待，絮絮以日語相談，M.P.女士不諳日語，看見我們談得很起勁的樣子，她撮起嘴唇說：「你許我先走嗎？」

由東京乘火車到神戶，仍乘原船開往長崎。我的目的地本來是上海，她請我陪她同到香港。南中國是我的故鄉，而袁氏已倒，我也覺得我的工作告一段落；倘若到了香港再往上海，相差只是十天八天；乃接受了M.P.的提議，更改了原定的行程。

繞道小呂宋與香港

船由長崎繞道小呂宋赴香港，途次小呂宋，我們準備上岸一遊。當年菲列濱仍是美國屬地，我踏上跳板時，海關的人員問是否日本人？我說是中國人。他說：「中國人不能隨便登陸」，一時頗覺憤懣，因為日本旅客是可隨便入境，不受限制，中國人卻受此歧視。後來由小呂宋華僑同志具保單擔保上岸，終於登岸一遊，但已經連累她稽遲好幾個鐘頭了。

船由小呂宋啟椗，有一法國人上船赴港，他是來遠東負責紅十字會救濟工作的。見及乘客名單中有法國女士同船，自我介紹請參加同桌用膳。他喜歡標榜他祖宗侯爵的頭銜，他說他曾到過香港多次，到港可作嚮導。

在香港，我們三人同寓於香港大酒店。我是粵人，舊地重遊，一切都較那位侯爵更為熟悉；嚮導之責，自然不必讓人。她接觸到華僑眾多的這一個東方色調的美麗小港，很感興趣。她問及何以港地婦女多穿喪服，我起初瞠然，後來明其所以；向她解釋：她們所穿的是中國南方特有的一種黑色紗綢，衣質爽潔耐用，適於炎熱的天氣，並非喪服。她為之失笑。

她在香港遊覽多日，要趁怡和公司船前赴西貢。兩旬以來，日夕相見，而又明知勞燕之瞬即分飛，彼此都懷著一股說不出的悵惘。

此情已是成追憶

珍重道別時，我們相期再見於上海。

一個月後，她從西貢回航到港，經上海返美。我預先得接她的來信，船泊吳淞口，我即趁汽艇接她上岸盤桓半日，伴送回船，乍逢仍別，重見渺不可期，東望逝水，為之惘然。

在臨別之頃，我問她何時可以再見？她轉問我。我說：很願相伴再渡太平洋，不過事實上是不可能的，將來赴美相會如何？她說：「我甚願來華，希望能介紹在中國學校教書。」

在滬重見的時候，上海酷熱，我把頭髮剪成平頭裝。她乍見之下，幾不認識。她說「你為什麼把美髮剪去，假如你起初是這個模樣，我便不和你訂交了！」我以後數十年間，不再把頭髮剪短，未始沒有M.P.一語的關係。

男女相處愈純潔，則所留懷念愈雋永，我和這位異國名姝，無端邂逅，無端相契，終於天各一方；論人論事，不算離奇，但在人生歷程的情感紀錄上，卻屬不可泯滅。那次話別之後，我和M.P.女士仍保持著經常的魚雁往還。她告訴我參加軍役，隨美軍回法國擔任通訊隊工作；在軍中亦常有信來，字裡行間，真摯如昔。第一次大戰結束後，音訊渺然，是玉碎珠沉；抑身心有託？不可復知。及今搦筆紀述，正如納蘭容若的一句詩所說：「此情已自成追憶」。

五◆回國所見的政局

袁世凱只是妄人

我於民五年深秋從海外回到滬濱，去國三年，重返故土，各方面接觸所得，知國內情勢，變化幻譎；在檀香山從外報電訊所見到的報導，過於簡略；及赴北平，更得耳聽目睹，始知其詳。

袁世凱於五年一月一日廢民國紀元而稱洪憲元年，至三月二十三日而自行撤銷帝制，先後做了八十三天的皇帝；到六月六日，病歿北京新華宮。據說在稱帝之前，做了一件價值八十萬的黃緞繡金的龍袍，造了四寸見方價值十二萬的玉璽。「登極」用費，報銷達二千餘萬兩。登極之後，還在新華宮裡建了一座「金匱」，把他的傳位詔書藏在裡面，這種「家天下」的帝皇思想，極其可笑。

袁氏在撤銷帝制的時候，還想戀棧。靦然仍以大總統自居，發號施令，恬不知恥，而不自知其末日之已至。可見袁氏不但不知民主共和為何物，且不知國家為何物，政治為何物，更不知天心民心為何物。他以為翻雲覆雨，可以隨心所欲，由他擺布，其實這種見識，這種作法，即使將歷史倒退二千年，以喪盡威信的人而想君臨萬民，也是辦不到的；何況在二十世紀，面對已經一度革命，曾為國家主人翁的國民！或視袁氏為一世的奸雄，在我看來，他在清廷只是背時落伍的權臣，而在民國只是第一號妄人而已。此後又有若干禍國殃民的北洋軍閥，他們的遭際不如袁世凱，袁世凱又何嘗比他們高明！

陳英士　黃克強　蔡松坡

在討袁中，國民黨損失最大者為陳其美同志的被刺犧牲。在雲南起義以前，陳其美祕密回上海，策劃聯絡海陸軍，佔領上海和江陰要塞，宣布獨立。其時上海鎮守使鄭汝成是袁世凱的爪牙，有一天赴日本領事館慶賀天長節，經過外白渡橋時，為兩刺客所殺，這使袁聞而驚心，他知道鄭汝成之死以至海軍發難，兵工廠被襲擊，都一直是陳其美所主持，必以去陳而甘心，乃使暴徒行刺於薩陂賽路寓所。

在這時期，另兩位革命巨人亦相繼殂歿，至足痛悼。一是黃興同志於十月三十一日在上海滬寓病逝。黃字克強，是黨中先進，亦開國元勛。為人堅毅苦幹，有革命實行家之稱，死時年四十三。黃同志歿後八日，蔡鍔又病逝於東京福岡醫院。蔡字松坡，為袁氏心目中之大敵，雲南起義，袁氏落膽；再造共和，功勳備著。他是湖南寶慶人，自幼苦學，十六歲就讀於湖南時務學堂，為梁啟超最賞識的弟子；後入東京士官學校，與蔣百里等稱為士官「四傑」。辛亥被舉為雲南都督。是一個光明磊落，膽智過人的英雄人物。他有一段為人所熟知的故事，就是在天津受困時，以流連花酒，扮演風流角色而逃脫樊籠，往雲南起義討袁；袁死之後，他因病往日本，死時年僅三十五歲。

西南的軍務院

當袁世凱尚戀棧總統名位之際，西南方面已另成立了一個局面，名為軍務院，於五年五月八日在肇慶組成。推舉唐繼堯，陸榮廷，岑春煊，李烈鈞，羅佩金，戴戡，梁啟超等為撫軍，唐為撫軍長，梁啟超兼政務委員長。成立後即宣布袁已喪失總統資格，依法推黎元洪繼任；黎不能執行職務時，便由這軍務院代行職權。這一局面的主角，要算是梁任公，他自寫了那篇著名的〈異哉所謂國體問題〉的文章反對袁氏帝制後，便出走京師，往雲南，他想以軍務院與北洋軍閥對壘。

袁死後，黎元洪以副總統繼任為大總統。恢復舊約法，訂於八月一日召集國會議員，齊集北京開會。十月三十日國會依法補選副總統，馮國璋當選。南北分歧局面，暫見合一，西南的軍務院也算是終場了。

段內閣與督軍團

袁死黎繼，政局還是俶擾不安。北方軍人時懷攬權攘政之想。段祺瑞時以責任內閣主持國政群情於紛紜政局，之後，喁喁望治，而府院的衝突暗潮又起。

段祺瑞原是袁氏卵翼下所謂北洋派的軍人，他乘時操縱大局，擁兵自大，作風與袁氏一樣，其取得組閣的地位，是以多方面的錯綜矛盾為憑藉。自膺閣揆，更利用矛盾，動輒賣弄武力，排除異己。大權在握，目中那有黎總統。其時策士縱橫，各為其主；黎總統方面有任內務總長的孫洪伊，孫為北方革命黨員，深惡軍閥專橫。段祺瑞方面有國務院祕書長兼陸軍部次長徐樹錚，饒有謀略。此外依傍府院，鉤心鬥角者，實繁有徒，日以爭持為事，更擴大黎段之間的距離。

其時歐戰方酣，中國與美國尚守中立，後德國以利於速戰速決，採用無限制潛艇政策，影響中立國船舶航行，美遂與德斷絕邦交，我國亦繼之。一九一七年（民國六年）四月五日，美對德宣戰，段主張與美採一致行動，黎不以為然。國會雖討論參戰，但參眾兩院議員多表示反對，未予表決。段怒國會有意擱延，認為是黎的指使，乃授意各省所組織的督軍團，威脅總統解散國會。黎不可復忍，免段職，以外交總長伍廷芳兼代。

段所頤使的督軍團集京開會，關於外交問題一致主張對德宣戰。及國會不予通過，段復遭免職，群起鼓噪，憤懣出京；首先由安徽督軍倪嗣冲通電脫離中央，宣布獨立，並扣留火車，運兵赴津；其他如奉天的張作霖，陝西的陳樹藩，福建的李厚基，直隸的朱家寶，黑龍江的畢桂芳等，都先後宣稱脫離中央關係。繼後，張勳率師北上，直入京師，逼黎總統解散國會。伍廷芳以事屬違憲，拒絕副署。張復強黎以步兵統領江朝宗兼代國務總理，副署後以六年六月十二日解散國會。自此內亂不絕，舉國紛擾，歷十年，以迄國民革命軍北伐成功，奠都南京。

政局紛擾的分析

黎氏在位一年之間，北方政潮洶湧，大局鼿卼不安，舉國惶惶，不知所歸。我當時稽留北平，默察時事，以為根本的病因在於一般國民對民主國體的認識不足，身為國家主人翁而自視如待罪的羔羊，委之命也運也，不作掙扎。也因為滿清敝政之後，民生疾苦，不敢奢望國治天下平，但願因循苟安。語曰，姑息養奸，於是大奸小奸簇起。

至於紛擾的近因：一由民元臨時約法，先遭袁氏輕蔑，繼遭袁氏毀棄；黎氏繼任，大家只視為順理成章的安排了一個現實問題，而沒有視為恢復國家法統的轉捩。於是當時僅有的根本大法，未為各方所尊重，軌轍糢糊，國本飄蕩。

二由黎氏只是一位懂得人情世故的懦弱武夫，始終因人成事，未能擇善固執，故頻遭橫逆而優柔取容，絕無革命人物的資質，更不能責以弭亂圖治。

三由袁世凱早年練兵小站，對清廷，對國防，毫無價值，唯自資為竊國的工具；袁死之後，其舊部遍布各地，相呼應糾合而形成北方實力派的主流，時人統稱之為北洋軍閥，飛揚跋扈，毀法亂紀，當時非黎元洪所得克制，亦為往後十年混亂的禍根。

四由北平為老官僚的窟宅，鼎革後尤產生了許多新政客，新舊滋生，依傍門戶，播弄是非，腐蝕政治，於是但見社鼠城狐跳梁於朝；而海內輿情，或為所蔽，或為所用，偶有正論，亦唯託庇於租界而影響不廣；故視聽混淆，議論龐雜，使全國無一中心的意念。回想當年的國情，動的部分如鼎沸，靜的部分如泥犁。

國會解散無幾日，張勳率兵入京，擁溥儀復辟。黎總統避入日本使館，一面請副總統馮國璋代理大總統，一面再任段祺瑞為內閣總理。段乃糾合舊部，誓師馬廠，驅張勳。這是六年七月間的活劇。我與在平的若干同志，於張勳進逼之日，間道經天津回上海。

本黨需要強有力的報紙

林子超先生適自歐洲回國，重聚滬上。他在海外所籌募的討袁經費，除隨時匯回應用外，尚有一筆餘款。當時我們商量，向總理建議，將這筆餘款，撥一部分作黨中活動基金，另以一部分專辦宣傳工作。其時《民國日報》已在上海恢復，仍由葉楚傖、邵力子主持，但報館基礎仍和從前一樣脆弱。我因為在北平的觀察體驗，深深的覺得主義宣傳之重要，故主張充實《民國日報》，或另辦具有規模的報館。我自問，這不是因為少年時期辦過閱書報社，擔任過通訊，主筆等工作，而對新聞事業感覺興趣；卻是有鑑於本黨確需一張強有力的報紙。

我理想的報紙，內容要健全，且能自給自足，可以在上海與《申報》、《新聞報》兩報爭衡。發行方法則率先自備飛機，務使揚子江以南的重要口岸，當日送達，使上海以外的讀者，人手一紙，如同閱讀當地報紙一樣。關於廣告，我想另闢蹊徑的招徠，在報館設商品代理部和商品陳列室，凡國內外製成品在本報刊登廣告一年者，它的出品可以免費陳列，並可負責代理。以這種方法來推廣廣告，增加收入，並為工商界服務。盈利所得就可供報館的發展，使報紙能廉價而普及。那時候，飛機在國內還是新奇的事物，在國外則在世界第一次大戰中已到實用的階段了。先下手為強，我所以想用之於理想的報館。

後來輾轉磋商，一時未決，此議終寢。但往後我仍抱有這一種願望和計畫，在粵在滬，也有過這種實行的動念，惜以人事粟六。迄未如願。

第5章

擾攘十年間

一◆護法運動

總理的遠見與警告

中華民國臨時約法一毀於袁世凱毀法造法（民國三年五月間），帝制自為（民國五年一月），再毀於張勳強迫黎總統解散國會。袁張以及當時的一般軍閥，目光只及於最淺顯的現實，一切取捨只以他們自己的現實利害為衡量，而視約法為多餘的裝飾品；玩之毀之，幾同。對此現象，總理以其堅定的遠見，屢予及時針砭。如在討袁聲勢大張之日，各路英雄俱以倒袁護國為號召，而總理的討袁宣言則謂：「文與袁氏，無私人之怨，違反約法則願與國民共棄之；與獨立諸省及反袁諸君子，無私人之惠，尊重約法則願與國民共助之」（民國五年五月九日）。袁氏自斃，總理主張恢復約法，嘗宣言謂：「今若舉國人遵由神聖之約法，泯絕內訌，洵可為百世之模範」（五年六月九日）。其後，為了國會，總理以臨時約法，大總統無解散國會之權，乃通電全國，擁護約法，指斥解散令無效。及段祺瑞驅逐張勳（六年七月十四日），總理特電段氏，剴切以維護約法相勸勉，而段氏置不覆。總理再三作此嚴正的主張，是為了確立國本；卒因玩法、亂法、毀法者推演之不已，於是有往後幾年間的護法運動。

我在張勳兵犯北京的時候南歸上海，旋奉總理之命，端返廣州。舊地重遊，滄桑幾變；那時候，我真是百感交集，主觀的革命前途必然光明，客觀的環境卻是拂逆黯澹。

盤據廣東的軍閥

原來在袁世凱時代，廣東督軍是他的爪牙龍濟光，在廣東作威作福，天怒人怨。討袁軍興，龍濟光因為受了反袁勢力的壓迫，也曾對袁宣布過「獨立」（五年四月六日），參加過肇慶的軍務院（五月八日）。袁死黎繼，軍務院雖撤銷，但粵省的反龍力量已見抬頭，客軍的覬覦粵省者已從四面八方大量入境，其間以廣西陸榮廷的部隊為最多最狠，龍濟光乃陷於四面楚歌之中。北京政府時以段祺瑞任內閣總理而大權在握，派朱慶瀾為廣東省長，勸龍知機退讓，即以陸榮廷為廣東督軍。朱慶瀾字子橋，其先世浙籍而遊幕關外，遂為奉天錦縣人；寬厚識大體，負時望；清末由趙爾豐之羅致，隨往四川，任新軍統制，民初返東北，任黑龍江督軍。及來廣東，厲行賭禁，扶植教育，廉介自持，整飭吏治；其重要幕僚如冷遹，孫璞，張震西，皆國民黨員。時有省警衛軍一百二十營，省長兼總司令，而陳炯明為之總參議。陸榮廷深嫉朱慶瀾之嚴正，陰謀排擠，卻又憚於物議而無可如何；乃請命於段，推薦其舊部陳炳焜為廣東督軍，譚浩明為廣西督軍，而自任兩廣巡閱使。炳焜上臺，悍然以籌餉為名而弛賭禁，以戒嚴為名而奪警衛軍一百營的統屬指揮權，咄咄迫人，不復留餘地。朱氏對在粵國民黨人，多予愛護周濟，及聞總理在滬倡護法大義，即以密使密電表達歡迎之悃忱，並謂所轄省警衛軍尚餘二十營，可供驅使云。嘗招我密語，謂救斯民於水深火熱之中，唯有期待之於孫先生，南北軍閥不足有為云。

總理返粵領導

我到廣州無幾日，知道總理即將首途來粵。原來伍老博士拒絕副署於非法的解散國會令之後，即與海軍總長程璧光回到上海，國會議員亦多襆被南行；會同在上海的唐紹儀，汪兆銘，章太炎等商議，秉承總理，決定以廣東為護法根據地。總理於六年七月二十日乘海琛軍艦抵黃埔。我與孫科同志先在碼頭迎候，省長朱慶瀾，督軍陳炳焜，聞訊亦至。總理在軍樂抑揚聲中登陸，我頓時有國族新生，黎明在望之感。越二日，程璧光與第一艦隊司令林葆懌由吳淞率領艦隊南駛，並發表護法宣言，唐、汪、章諸位，與程、林偕來。

響應護法而到廣州的國會議員，至八月中旬，已有一百五十餘人；八月十八，總理招待全體議員，當時商定即在廣州召開非常會議，次日發表護法宣言。非常會議開會，以林子超先生為參議院議長，吳景濂為眾議院議長，通過軍政府組織案；九月三日，選舉總理為大元帥，陸榮廷、唐繼堯為元帥。九月十日，總理就大元帥職，軍政府於是成立。我的名位是軍政府參軍，職務是軍政府與議會之間的，軍政府與地方政府之間的各方聯繫；這一職位，在「而立」之年的我，覺得極有意義，極感愉快的。最初，大本營因海軍關係而設在黃埔，及軍政府成立，大本營移至廣州河南士敏土（水泥）廠，海軍總司令部則設於海珠。當年的海珠是靠長堤西段的一個小孤島。國會議員及海陸軍將領，暇時多以長堤照霞樓為日常商談譓息之所；議員則分居於長堤的海珠酒店與西濠酒店，朝夕聚首於咫尺間；回首當年，蔚為一時之盛。

軍政府以護法為己任。十月七日，以段祺瑞毀法禍國，下令聲討；西南各省先後宣布脫離北政府關係，響應討伐令。在軍事方面決定了兩個動作：一是打通北伐之路，進兵援湘，由陸榮廷遣其部屬譚浩明為主力，一度攻入長沙。一為鞏固右翼，進兵援閩，以陳炯明為粵軍總司令，率省警衛軍二十營赴之，入閩南，得漳州。其時湖南督軍傅良佐，福建督軍李厚基，均係段祺瑞的親信。

軍政府之下的護法根據地內，情況頗不簡單。我因為職務上的方便，頗有機會直接領略各方面的氣氛味況；我曾將我所見所聞的各種不安與疑慮，向總理陳述。總理說，有些現象是革命過程中所不能避免的；又說，我們要感化他們，勸導他們，說服他們，他們自會放棄褊私，共同走上革命建國的大道的。

我所感覺的不安

我的所見所聞之中，第一覺得各方面的意志相差太遠了。總理有鑑於北洋軍閥控制了政權，禍國殃民，非但了無悔禍之心，並且倒行逆施，變本加厲；於是領導護法，希望奠定國本，長治久安，是國家的百年大計。但是我發見在當時的大人先生之中，有些人以為組設軍政府，只是向北方討價還價的資本；一有機會，便送密函，派密使，向北方暗送秋波；堂皇的說是應由妥協尋求國家的統一，以掩飾他們的勾結勾當。

第二覺得護法陣營裡亦是軍閥囂張。那時候，以廣東來說，客軍麇集，膨脹他們的部隊，至少，擴大他們的編制與番號；沒有地盤的覬覦地盤，搶地盤，有地盤的保守地盤，擴大地盤，至少是刮地盤之皮而無所不用其極。豺狼一群，不聽指揮。廣東省長朱子橋賢明達練，廉介可風，是粵人所愛戴的，備受督軍陳炳焜的脅迫；他也目擊心傷，將省長印信送交省參議會，翩然離職。廣州商會知其廉，破例的自動籌送毫券十萬元，作為程儀，他仍轉贈之於省教育會，一時傳為美談。但如此官吏而為軍閥所不容，軍閥之囂張可知。繼任省長李耀漢，粵人而是陸榮廷陳炳焜的尾巴。

第三覺得軍政府實力單薄，危機四伏。當時各種發言權與發言力量，幾乎全與實力的強弱成正比例。軍政府的基本力量，除海軍第一艦隊之外，只有省警衛軍二十營；而陸榮廷所部的桂軍，除環繞粵省，在桂在湘者不計之外，在粵境之內的桂軍估計有十幾萬。粵政既在桂軍掌握，二十營省警衛軍倘不為桂軍吞噬，亦無從獲得給養；故調往援閩，既因援閩的需要，亦所以策自全。然而軍政府在省垣因此更見其孤單。

第四覺得非常國會議員同床異夢，大多夢想個人如何飛黃騰達。群居終日，只是真真假假的交換些勾結實力派的情報，而視中華革命黨籍的議員為不識時務，不能通權達變；此外呢，也自成門戶，總共一百五六十人亦有五六派系之多；各捧所捧，各鑽前程。不少縱橫捭闔的妙計，悲歡離合的醜事，他們說來似乎動關世運；我聽了，莫名的難過。

我所見聞，所感覺，時常向林子超先生言之；彼此有同感而又無可奈何。幻變又幻變，醞釀又醞釀，即在不久之後，我接受了現實政治的一個悽厲教訓。

多數不堪承教

當時的國會議員之中，高瞻遠矚且能侃侃而談的，富有正義感而守正不阿的，意氣雖消沉而能潔身自好的，綜共不過五六十人，約居總數的三分之一。大多數不堪承教，我對他們的失望，與日俱增，以為那是無用的一群。誰知道響應實力派勾結而成的所謂西南自主各省護法聯合會（七年一月二十日成立）者，決議改組軍政府者，使總理感慨辭去大元帥職（七年五月四日）者，選總理，唐紹儀，伍廷芳，岑春煊，陸榮廷，唐繼堯，林葆懌為軍政府七總裁（五月二十日）者，雖係桂系實力派所頤使策動，然仰承鼻息，甘為工具的，即是大多數議員憑藉非常國會以完成之。國會議員何能如此？只是掮了國會招牌。可見名與器，實是國家的重寶，假借之於匪人，便成為戕賊正義，禍害國家的凶器了。

嗣後，軍政府又推岑春煊為主席總裁。總理是七總裁之一，始終未就；八月七日，向國會辭去這一名義，即往上海，我隨行。到上海之後，總理一面潛心於著書立說，一面研擬黨的組織；如是者約經一年，至民國八年十月十日，中華革命黨正式改名為中國國民黨；再一年，總理始回粵。

我在那二年之間，屢次奉命奔走滬粵，與兩地同志接觸頻繁，患難之餘，發見了更多更厚的革命情誼，發見了人心未死。以桂系軍閥的苛虐，粵人恨之入骨，殷望總理能倒挽狂瀾，發見了入閩粵軍雖羽毛未豐，但同志和諧，軍民相得，局處一隅而壯志淩雲。護法運動雖遭頓挫，我覺得前途艱鉅而曙光在望。

二◆北方軍閥的混戰

兔起鶻落的元首與內閣

偉大的中華民族永遠是一個整體，不會崩潰的，亦不可能分離的。縱使由於人為的因素，呈分裂狀態，必然是暫時的；即在分裂狀態之中，不問東南西北，也還是呼吸相通，休戚相關的。我追隨總理，奔走無寧晷；自民六南歸，至民十三年為止，七八年之間，足跡未嘗逾大江；然北方政軍演變，紛擾殺伐，我從未視為只是他們的內鬨，從未藐之為雞蟲得失之爭；因為南北對峙期間，彼此輒予對方以或輕或重的影響，亦輒關國家的否泰。

那時期舉國騷擾的史實，應該讓歷史家作紀錄；但是一幕一幕的搬演，幕幕印入我的眼底心頭。現在事過境遷，我仍為總理的革命未成，大道未行而痛惜；仍為當年軍閥政客的禍國殃民，兵連禍結，耽誤了中華民國的長成而痛恨。試想想那七八年間，自從張勳嚇走了黎總統之後，有馮國璋，高凌蔚，曹錕，段祺瑞等，或稱代理總統，或稱大總統，或稱臨時執政；儼然其為元首者，自黎到段，先後數易其人；其間「內閣」的進退改組，真是更僕難數；動盪頻繁，該是世界各國政治史上的最高紀錄吧！

肆無忌憚的軍人干政

政潮兔起鶻落，皆跟著暴風雨而來，亦即無不以實力派聲勢消長為背景。當年北方實力派以段祺瑞為巨擘。最早，在復辟之前，有由張勳召集的徐州會議，糾合安徽，江蘇，江西，湖北，河南，山東，直隸，甘肅，奉天，吉林，黑龍江，福建等十數省倡設「省區聯合會」；公開的標揭，鞏固勢力，防止暴亂分子私攬政權，以一致行動對付國會的藉故與各省區為難；為維護國家安寧而聯合作戰時，公推一人總指揮之。軍人毫無忌諱的昌言干政，此是最大規模的創作，往後便有督軍團之類陸續出現。徐州會議出面號召者是張勳，策動之者段祺瑞的軍師徐樹錚。他們覷準了張勳是頭號工具，乃嗾使參加聯合會的各省區公推張為總指揮，有權宜行事之權。那時候的張勳尚留髮辮，故民間渾稱之為辮帥，趨附之者尊之為大帥，張大帥；他也就大搖大擺的，帶了三五千兵馬，直闖北京，發動復辟。不旋踵而誓師馬廠，打垮張勳，蔚為匡復民國之元勛者，還是段祺瑞其人。

軍閥起伏如走馬燈

我想，「悖入悖出」的因果律，不但指錢財，且可應用之於暴力的興衰。先為攘利而勾結，終為分贓而鬩爭，今天東風壓倒西風，明天西風壓倒東風。以當年段祺瑞之聲勢顯赫，亦並不能一帆風順，控制到底；於是北方軍閥逐漸分化而成為所謂直系，所謂奉系；而段氏亦只成為數系中之一系，時人稱之為皖系。直系是馮國璋代理大總統時期所糾合起來的，曹錕，吳佩孚是臺柱子；奉系是張作霖兼併了關外龐雜的地方勢力之後所形成的，逐漸問鼎於中原。其間他們為爭取各省地盤而明爭暗鬥，及今回憶，好似電影中的無數生命相搏的短鏡頭，現在不值數說。大節目有如皖系勾結了奉系，逼走馮國璋，抬出徐世昌上臺為總統。直系的曹吳，又東聯奉系，南結廣西陸榮廷，亦即所謂桂系，先壓迫徐世昌，罷免段祺瑞；繼以直奉交鬨，奉系敗績，而成為直系的天下。乃由直系的孫傳芳出面主張黎總統復職，而使徐世昌下野；再由北京王懷慶馮玉祥的逼宮，天津王承斌的劫車，而成高淩蔚依「法」攝行大總統職務的過渡局面；復賄買議員，選出曹錕做總統。這是直系極盛的巔峰卻也從此走向下坡。張作霖之再入榆關，吳佩孚三路迎戰而馮玉祥倒戈；吳敗，曹錕宣布退職，任黃郛為內閣總理，攝行總統職務，閱二十幾天，成立了臨時執政政府。其時，段祺瑞久已遠離政柄，所部實力早如冰雪之消融，不再為各方所忌憚，乃以「德高望重」，被推為執政。自此以後，北方所謂總統，名實俱亡。

段合肥其人

我與段祺瑞，有泛泛的幾面之緣；清癯矮小，予我以強毅果斷的印象。我從他的出處，從他的忽窮忽通，再仆再起，覘知他胸襟褊狹而不失其質直，愛惜幹才而不辨賢佞，易為群小包圍而不貪鄙，主觀的公忠體國而有北方軍人才是國族中堅的偏見。他一生功罪不一，瑕瑜互見，皆由他剛愎的個性所致。

到段執政的初期，他的親信大多沒落了；奉系勢力已沿津浦鐵路南窺，馮玉祥以國民軍為幟，盤據京漢線北段以及西北各省，直系尚保有長江中下游以迄浙閩。至於革命武力之在廣東，根基漸立，尚未清澄。

三◆當年的粵局

綜合分析各方意態

北方多年混亂之於南方，當然只有壞的影響；即因為中華民族究屬渾然一體，不容局部的偏安獨善。

雖說一體，卻又因為沒有中心信念，而似是一個「心氣失御」，「六神無主」的巨人。綜合分析那時期國內各方的意態：一、總理領導護法，主張以恢復約法為奠定國是的入德之門；有信徒而組織未健全茁壯，有群眾而在亂世只是力不足以自存的弱者；擁有真理正義，方扶植於嶺南。二、各地商人不辨薰蕕，厭聞是非，只是企望「化干戈為玉帛」，動輒「痛哭流淚長嘆息」的呼籲息爭，頗為四民所動容嚮往。三、軍閥營營於擴張地盤，打一次勝仗，便得意忘形而發武力統一的野心。四、不問是文是武一朝風雲際會，躋上了北府的極峰，便標榜妥協而企圖全國向他低頭，此因國際所承認的政權所寄，擁有媚外賣國之便，發號施令，儼然政府，未可因為它們是非法私生（當年曾有人稱徐世昌的總統是私生子，至興文字之獄），遂視如無物。五、地方軍閥為保持所佔有的地盤，高唱聯省自治以掩護其割據；擁兵自重，捭闔縱橫，蔚為實力所在的各個單位。六、無聊政客，齷齪官僚，那時期發生了不小的腐蝕作用，也時常醞釀發酵作用，那是寄生性質，無足齒數；然亦有出入其間的名流賢達，他們在中國社會裡具有潛在的影響力量，他們偶然在時局裡小露頭角，終於匡時有心而回天乏術；在他們的主觀上決不隨波逐流，而客觀上只成其為載浮載沉的好人（當年曾有人倡議所謂「好人政府」，嘗試組織「好人內閣」）；於其接近滅頂的時候，往往發為長嘆一聲，便算了事，卻於是加深了民意的消沉，亦扼殺了積極意念的生長。

總理所憂慮的

全國意態如此之不一，故幾年間大小內戰殆逾百次，兵燹遍野，民不聊生。一幕又一幕，後浪推前浪。只見失意者抱頭鼠竄而去，勝利者趾高氣揚而來，終究沒有一個是成功的，只有千千萬萬的國民是真個失敗者！總理領導的護法運動亦為之磨折頓挫。其間總理最為憂心如擣的，自清季鴉片戰爭以後，中外所訂立種種不平等條約的後果，拘束我主權，削弱我國力者，與年加深；而北方混亂之中，北府又飲鴆止渴，千方百計的舉借外債，毫不顧恤的斷送國權，後患真是不堪設想。而直接影響護法運動者，莫過於屢次的妥協運動，美其名曰和平運動而大多只是勾結的勾當。

不絕如縷的妥協運動

回溯民國七年初，總理方以大元帥主持護法的軍政府（參閱本章第一節），馮國璋在北平以代理大總統主政，段祺瑞任國務總理，段致力於經營四川，湖南，福建幾省，企圖武力統一，馮倡議和平解決。馮段齟齬，一事無成，卻觸動了南方軍閥官僚政客的野心，乃以桂系陸榮廷為主幹，改組軍政府，擁岑春煊為主席總裁，藉以兩廣為對北方妥協的資本。總理為此而慨然赴上海。七年十月，「私生」總統徐世昌上臺，南方固否認徐氏有何合法地位，而在野名流群起呼籲和平；八年二月，南北居然在上海開過所謂和平會議，旋即停頓；但表面上保持了藕斷絲連的狀態，暗中則因南北雙方各有其內在的矛盾與對立，而醞釀了種種幻變。這一次的和平運動，直到九年秋，才煙消雲散。

其時，北方直系的曹錕吳佩孚已抬頭，結合關外張作霖，打垮了段祺瑞。南方因為雲南唐繼堯將留粵滇軍指揮權，自支持桂系的李根源的手裡剝下來，而交給了我黨的李烈鈞；福建督軍李厚基又與久居閩南的粵軍相妥協，粵軍既無後顧之憂，乃作返粵準備。

革命武力回粵

桂軍在革命策源地不但不革命，且漸趨於反革命之途。廣西本為貧瘠之省，在滿清時自給不足，須由別省協助餉款的省份；自桂軍入粵數年，廣西的諸式人等到粵為宦者，多如過江之鯽，以鄰為壑，大事刮噬。據言，廣州幾家著名的百貨公司如先施，大新等所有的銅床，多為廣西人選購一空，運回桂地。廣西軍有一句口頭語曰「無有怕」，蓋謂可任意搶掠無所懼怕也。綱紀廢弛，軍人跋扈，當年地方武力開入異省，大多自視如勝利者，肆意蹂躪，搜括資財而無所忌憚，初不僅桂軍在廣東如此而已。粵人輿論不滿，主張粵人治粵，總理決定將赴閩的粵軍，由閩回師。派朱執信，古應芬，孫科和我，赴港組設機關，預作安排。主要工作為策動各縣民團及軍隊，準備響應；並運用輿論，振奮民心。

朱執信（大符）同志嗣奉總理命為討賊軍總指揮。當粵軍回師之時，朱執信赴虎門調停民軍的衝突，詎知慘遭意外於衝突之中。他為人有學識幹才，而又富有革命熱誠；忠貞廉介，夙為總理所稱許。遇害時，年僅三十六，為我黨一大損失。曾憶胡漢民代執信夫人輓其夫一聯云：「為大事業犧牲，淩厲無前，人盡思君君獨瞑；只十四年伉儷，摧傷中道，孤兒有我我何依」。至為工切。所謂「淩厲無前」，正刻劃了朱執信同志的革命精神。

朱氏殉難，總理臨時電派我繼任其職，我先赴中山，設立指揮部。其時受統率的為鄭潤琦（仰韓）一師，陳得平一旅（原係林虎所部，當時駐防江門，由陳策同志策反歸順），還有李安邦，李綺庵，林警魂等同志所組成之民軍數千人。以陳策（籌碩）為參謀長兼前敵指揮，自中山出虎門，攻下寶安東莞，進至樟木頭。其時粵軍鄧鏗師亦到達其地，乃會師直下廣州。這是我初次參與戎行。

重整軍政府

桂軍在粵四五載，既搞到天怒人怨，且失去了滇軍為夥伴；及粵軍反攻，陸榮廷的嫡系桂軍西退；岑春煊先辭軍政府主席總裁之職，陸榮廷林葆懌等亦聯名宣告解除軍政府職務；這是九年十月下旬之事。總理與伍廷芳唐紹儀回粵，雲南唐繼堯夙崇敬總理，至是，曩由國會選舉的七總裁，以四人的同意，重整軍政府。陳炯明以粵軍總司令兼廣東省長，他是傾向於「聯省自治制」的，亦即我前面所說六種意態中的第五種之流；但初回省垣，追隨總理，明知總理提倡地方自治而反對聯省之說，故未作鮮明主張，卻提出先行縣長民選之議；總理讚許之，並囑我參加中山縣長的競選。這段經過，另紀一章。

非常大總統與北伐

軍政府改組完成之後，國會議員陸續再集廣州者，得二百二十餘人，到十年四月七日，制訂中華民國政府組織大綱，選舉總理為非常大總統，以五月五日就職。我以中山縣長到廣州觀禮，是日總理在永漢路財政廳樓上的前廊，接受民眾祝賀，民眾遊行歡呼，隊伍有十萬人。廣州馬路街道不廣，遊行路線往來，和隊伍聚散之處，均須預為規劃；當時本黨同志推我部署，我試為之，幸得秩序井然。

總統府設在觀音山，即今之中山紀念堂地址，與省政府有一飛橋相通，可往來其間。總理邀在粵的革命老伴楊鶴齡，陳少白，尤列等下榻於總統府內文瀾閣，起居與共，談笑不拘，時人比之嵩山四友。

民十年冬總理以大總統名義北伐，設大本營於桂林，抽調總統府人員前往服務。關於運輸船舶交通籌備事宜，亦頗繁瑣，總理派我負責辦理，我勉力達成任務。嘗伴送孫夫人宋慶齡先往梧州，陳少白同志偕行。時馬君武任廣西省長，及總理到梧州時，馬君武趨迎。尚憶當日帶來許多蛇類，粵人嗜蛇羹，云可袪風痺，活筋絡，是卻病延年妙品；廣西產蛇，梧州一帶所產尤肥碩。但總理不慣吃此，我雖粵人也沒有這種口福，其他同志則大快朵頤。陳少白說：廣州有一著名西醫達保羅，在粵行醫多年，亦嗜食蛇，並證明蛇確為最補品云。

總理每到一地方，輒抽暇遊覽山川，藉覘地理形勢。到梧州後，也和陳少白等同遊北山，登高縱覽，桂江在目；此係廣西川流匯合之地，水陸交通要津，四通八達，尤據廣東西江之上游。

總理俟北伐將領出發完畢，才從梧州定期赴桂林，陳少白同往。我因身任中山縣長，不能隨行，總理遂命我送孫夫人返廣州。這是因為總理在廣州準備出發的時候，幹部多持軍中有婦女將影響士氣的老觀念，進勸總理不必偕夫人同在軍旅；總理接受眾議，故孫夫人小住梧州之後，不再前往桂林大本營，而囑我伴送返粵。

陳炯明叛變

總理北伐，將軍政大權交在粵的陳炯明主持。不料陳蓄意謀叛，乘鄧鏗同志赴廣九車站迎接其老師鄒少懷（四川人）之際，派人暗殺之。並與北方吳佩孚勾結，附和聯省自治之說，竭力反對北伐。總理由桂林至肇慶；派廖仲愷同志勸陳辭職，並召陳赴肇慶；陳不但不應命，竟扣留廖仲愷，竄回惠州西湖；他疑心胡漢民要回廣東做省長，奪去他的地位，謀叛益亟。總理寬大為懷，民十一年四月回師廣州，至韶關，免陳粵軍總司令及省長職，仍留任所兼的陸軍部長，以伍廷芳繼任省長，而陳即在石龍惠州一帶布防，並欲乘虛襲廣州。總理聞訊回廣州。坐鎮於觀音山總統府。乃陳炯明竟命其部將葉舉，楊坤如，洪兆麟等圍攻觀音山，總統府毀於砲火，衛隊傷亡殆盡，總理幸得脫險，倉卒赴海珠，登永豐艦。省長伍廷芳同志年事已高，憂勞過度，數日即逝世，享壽八十有一，總理痛悼，至為淚下。總理在永豐艦率各艦集中黃埔，並出動至白鵝潭，向白雲山，觀音山一帶叛軍發砲轟擊，相持旬日。今總裁蔣先生在滬，聞訊趕至，在永豐艦上輔助總理策劃軍機。其時在贛湘之間的粵軍許崇智（汝為），遣梁鴻楷率部隊回兵救援；總理又命台山縣長李海雲，新會縣長陳永惠，南海縣長郭民發，開平縣長鄧三伯，和其時任中山縣長的我，籌餉組軍援助。卒以梁部在韶關帽子峰遭遇戰一役敗北，形勢逆轉，總理乃離艦赴滬，時為民國十一年八月九日。

陳叛變後，以陳席儒為廣東省長，其子陳永善任兵工廠長兼江防司令。發兵來占中山，我即因此離縣長任。

恢復大元帥制度

至十二年春間，北伐軍及滇桂軍入粵討陳。滇軍楊希閔率范石生，蔣光亮，楊池生等部隊；桂軍劉震寰率劉玉山，沈鴻英，陳天太等部隊；在廣西白馬一地會盟之後，南下梧州入粵，北伐軍許崇智等由汕頭進攻。陳炯明知不能敵，放棄廣州，退走惠州。二月二十一日總理由上海回廣州，恢復大元帥舊制；今總統蔣公，任大本營參謀長。

討陳時，我奉命再到香港組設機關，負聯絡與策動之責，頗見效驗，乃受命為粵軍討賊軍第一路司令。既入粵垣，轉任廣東省警衛軍司令，廣東省警務處處長，兼廣州市公安局長。當時，我是三十六歲的壯年，擔當這一職責繁重的局面，真有臨深履薄之感，朝朝夜夜，提起最高的警覺，戒備一切可能的變故，沒有片刻敢豫怠；深夜就寢，還是無法從緊張的情緒中解放出來。及今回想，我感謝上蒼給我的健康，始能接受這一段有益身心的工作與訓練。

締造艱難的革命基地

桂軍司令沈鴻英是翻覆無常的小軍閥。在陸榮廷聲勢走下坡的時候，他表示歡迎總理返粵；及總理復任大元帥，命之自廣州移駐肇慶，他又與吳佩孚暗通消息。以是年四月，在廣州郊外的白雲農業試驗場及石井兩地發動叛變。總理命令各軍討沈，五月間，沈敗竄南雄。到冬天，吳佩孚又使贛南方本仁犯粵，方部鄧如琢軍侵至重田。總理命各軍迎擊，俘鄧如琢，解交到廣州公安局。我親自審訊，鄧下跪，口稱「報告大人」，其形容之猥鄙，可笑亦可憎。

迎擊贛軍的時候，滇軍派蔣光亮開前線；他的部隊原來駐防廣三鐵路，收益甚肥；奉命開拔，不得不行，乃才到前線，不敢交鋒，即以手槍自擊大腿，藉此遽回原防養傷。滇軍夙稱勇狠善戰，及久駐粵省，軍紀日弛，愛錢愛命，腐化之極，可惜之至。

那時期，敗退惠州的陳炯明，屢次蠢動。有一次，侵及石龍附近；總理在前線軍中，竟被重圍，桂軍劉震寰督戰受傷；陳軍另一部隊同時繞道至石牌，已可望見廣州燈火，幾被攻陷；而湘軍譚延闓，豫軍樊鍾秀來援，始將陳軍擊退，省垣復安。但在粵之滇桂軍又逐漸跋扈，亂政擾民，幾陷粵省於混沌昏暗之中。直至十四年二月的第一次東征，五月的討伐滇桂軍，十月的二次東征，經此三役，先後予以肅清，復為北伐根據地的廣東，至是始告穩定。

第6章

中國國民黨改組前後

一◆初任民選縣長

總理注意地方政事

民國九年，總理回廣東的時候，對於司法和縣政至為重視。他聽到社會上對於司法機關種種不滿，要確知腐敗的情形如何，曾命徐謙，伍朝樞調查法院審判，監獄及拘留所情形。徐伍兩位費兩個月的功夫，做了一個很周詳的報告。裡面有一件可說是司法行政上駭人聽聞的事，就是有因離婚案而竟被拘留八年之久，還未釋放者；即此一點，司法界的黑暗可知。當時的律師可以為當事人賄賂不肖的法官，左右案件，指曲為直，以是作非。賄賂多用港鈔，以五百元港紙當中剪開，先付半張，俟勝訴後再將剪下的半張清付，因港鈔只要號碼相符，即使破爛，亦到處通用，其貪巧有如此者。

總理認縣政為民治的基礎。要建立地方自治，須先考察縣政，研究縣制，訂定可行之方，始易著手，此即後來訂立縣為地方自治單位的由來。遂派徐謙，伍朝樞，和我三人籌設縣政研究委員會，其參加委員會的人選，包括：滿清時代曾為知縣者，民國時期曾為縣長者，在滿清和民國時期做過各縣的刑名錢穀等幕友者，此外，就是近代地方行政專家，並有統計人才在內。由這幾種分子組成委員會，負責新縣制的研討。研究步驟，先由曾任縣長者一一報告其經歷和經驗，由記錄編整成為報告；然後由專家們根據報告為資料，加以研析，權衡利弊得失，體察今昔不同情形，以期制訂出一個適合時代而切實可行的方案。委員會地點求其幽靜，當時定在白雲山，將以數月時間埋頭工作，可惜其後因為戰事影響而停頓，竟未完成。

公開競選以開風氣

其時陳炯明任廣東省長，提倡地方自治，實行縣長民選；並規定選民須服務勞役三天，憑勞役證去換取選舉票；如果不服務勞役，須出資代役，每天毫券四角。這種辦法，第一、在提高民眾勞動服務，第二、如繳勞役代金，省庫亦可增加收入，可謂一舉兩得。當時中山縣同志慫恿我為桑梓服務，參加競選。總理亦以為然，並對我說：當選與否還在其次，最要者在能公開競選，以開風氣。我便決定參加。和本縣同志陳雁聲，黃冷觀研究競選主張，發表一篇競選宣言，印成小冊分發選民。我記得小冊子前面的序言，還是一位湖北同志但燾兄的手筆。但同志留日專研法律，曾任香山縣長，著有政聲。陳雁聲和黃冷觀兩位都是華南名記者，品學俱優。

中山縣分九區，在選舉之前，我親自到過七區，向縣民普遍地演說，只有八九兩區沒有去。

我對縣民發表我如何治理中山縣政的主張，希望贊成我主張的選民投我一票，這種公開競選演講，在當時可真是創舉。

和我競選最烈的，有香港富商陳席儒之姪陳永安。陳席儒就是陳炯明叛變後做過一短期省長的。當時的辦法，前三名當選人仍須由省方圈定一人。結果，陳永安和我都在三名之列，我由省方圈定為中山縣長。

新舊交接

那時我是三十三歲（民國九年），抱著一般熱誠和「初生之犢」的勇勁，要切切實實為本縣做一番事業。縣長舊稱父母官或主公，儼然是一縣統治者；大老爺出巡，坐綠呢轎，皂隸前呼後擁，好不威風。我頗覺這種精神與形態皆要不得，因為縣長雖為一縣行政之主，但應該為縣民服務，他不是縣民的主公，卻是縣民的公僕而已。

接事伊始，因我薄負時譽，本縣人都殷切期望並考驗我，是否會實踐競選時所發表縣政建設的諾言。這在我，既是本縣人，又是民選的第一任縣長，古人說「敬恭桑梓」，真也有臨深履薄，兢兢業業的情緒。

視事之日，即發見了中國官場的一大陋習，就是一切都是包辦制。我到了縣府，竟是一座空衙門，裡面一無所有，不但公文紙張筆墨和辦公椅桌用具等，前任並無「一粟之遺」，甚至連地板門窗，鎖匙都由前任拆走了。這是包辦制的一個小例。而公文卷宗，財物的移交，起碼要費半年功夫才能清楚。新任照例又是人事部署一新，以新手要熟習地方一切情形，快則三月，遲則半載，才能摸清門徑。再加以地方官無任期規定，隨時可能調動，自不免人存「五日京兆」之心；地方官一交一接，政務必然停頓，其影響及於全盤，老百姓何辜而受此窒滯，誠可慨嘆。

縣政府組織與施政

到任後，幫助我的幾位同事是：警察局長陳雁聲，衛生局長郭尚賢，工務局長卓越，財政局長先為黃寶琛，後者楊廣達（檀香山華僑）；楊郭卓諸位都是留美學生，還有教育局長蕭悔塵，係一女性，亦留美學生。當時婦女尚無任行政主管官者，人謂為創格。此外區滌塵，黃仲瑜均任事其間，為我臂助。三十幾年前的縣政府組織，已彷彿如現在縣政府的制度了。

中山縣人口達八十七萬，土地肥腴，沙田二萬七千餘頃，穀米生產多，一年耕可供三年食，四邑及順德廣州等地糧食，多由中山縣供應。粵諺有台山坐十萬，南海跑十萬，中山臥十萬之語，蓋言富庶之「肥缺」也。全縣稅收連「沙捐」，月入可四百餘萬元，縣庫一月所收超過貴州省一年。教育費年約三百餘萬元，超過福建全省。民風勤樸而富創造性，出洋謀生和求學者很多。

我和同僚研究施政方針，應興應革者甚多，但不能百事並舉，只有分別緩急先後，由近及遠。首先在縣城著手幾項工作；當時土地測量尚未開辦，我便限定在六個月之內將縣城（石岐）土地測量完竣，一面登記土地與建築物，申報造價，重新領取地契，使土地和建築物有一明確統計。指定以地稅的收入，作充實衛生交通教育之用。統籌財源，供應北伐軍費。其次，規劃改造市區，放寬街道以利交通，實行拆去城牆，開闢馬路。在拆城之時，地方縉紳曾聯名請求免拆；其理由並非反對拆城，而謂本縣古名「鐵城」，和我的名字相同；所以他們說：「拆去恐與主公不利」，我笑慰之。為時不久，陳炯明叛變，陳永善進兵來攻，我即離任，其後鄉人之迷信者以為果驗云。

中山縣行政區分為九區。每區至少有一初級中學，我們推行新政，非縣民明瞭贊助不為功，所以我指定每區以學校為社會領導中心，宣傳縣政，協助政府一切功令，頗收良效。

教育實驗區

關於教育方面，我也擬有一計畫，就是指定一個區為教育實驗區，想在這區裡，建立一所鄉村職業學校，並且附設農場，鐵廠，工場等，以培植農村幹部人材為目的，同時這區裡的老百姓在農忙之後，可以在農場實習，使吸收新智識，藉以改良農作。我感覺到中國的教育制度不合實際，鄉間中學畢業，能升學深造者，未必有十分之五，其他畢業生幾無用處。在地方機關服務，固不在行，鄉裡田疇之事又非所習，真是百無一用，富家子弟變成上等遊民，貧寒青年亦薄耕耘而不為。倘能以中學改為鄉村職業學校，學習生產技能，灌輸切合本地實際環境的學識，則走出校門，便可致用。可惜我在任時期短促，此一計畫未能著手。時隔十年，「中山模範縣訓政實施委員會」第一次會議在石岐舉行時，我還正式提出這一種教育實驗區的主張。即至今日，我仍以為我的方案是切合需要的。

改革公文

我在任內，還小小改革了一下公文習慣。我鑑於中國官場公文的繁複，遲滯，浪費，而於文件的收發，以及日積月累的檔案，復無科學的管理方法，曾部分的改革一下；原則是簡化格式，節省紙張。例如前蓋大印，公文封套上蓋上頭尾兩個，封內公文又蓋上一個，下行的公文也處處用大印。我改為封套上不用大印，下行公文只蓋私章（上行公文，不便變更體統）。公文紙也分印兩種，不滿五百字者一種，超過五百字者一種，以免浪費紙張。本來對於收發檢查，管卷歸檔，一切都想加以改良，但未能做到。其後我在中央黨部祕書處任內，又指定人員從事改良公文研究，略有改革。我終認為這是一件行政上重要的事。或謂中國公文方面如不改良，政治難上軌道，慨乎言之，亦可見傳統的公文，實是病態。

抱憾離任

以戰事關係，我在中山縣，只短短八九個月；當時所抱的志願和工作計畫，十不逮一，深覺有愧桑梓。但這是我從政之始，縣政繁雜，我於此獲得不少的地方行政經驗。

還有一事，認為平生最大憾事而無可補贖者：便是在陳炯明叛亂之時，我正在中山縣任，總理分電各縣籌餉籌兵；總理命我抽調縣中武力，赴省增援；但當日縣警衛隊只有兩中隊，一中隊在縣城，一中隊分駐各區，倉卒間未能即予集中；及至集中完畢，行將開拔赴援，陳永善已帶兵由江門進襲，縣警衛隊既不足自衛縣境，更何能抽調出動，有負總理之望，內心惶愧，至今慚疚。

中山縣的過去與未來

我任中山縣時，縣名香山。溯自宋代置縣治，歷元明清三朝，以迄民國初年，皆稱香山縣，及民國十四年，國民政府為紀念總理，始改稱中山縣。民國十八年，復經國務會議議決為模範縣，設中山模範縣訓政實施委員會；委員唐紹儀、孫科、鍾榮光、吳鐵城、歐陽駒、張惠長、陳慶雲、李仙根、馬應彪、蔡昌、黃居素、楊子毅，皆本縣籍；別以當時的國民政府主席林森，廣東省政府主席陳銘樞，亦列為委員；指定唐紹儀為委員會主席。民十九，國務會議又決議闢本縣屬的唐家灣為商港，稱中山港。此港深而且闊，可謂天然良港；右望香港，左接澳門。澳門舊名「壕鏡」，亦屬吾邑；遠在四百餘年前（明嘉靖十四年乙未，即一五三五年），租與葡萄牙人營商；至清光緒十三年（丁亥，即一八八七年），中葡訂立修好條約，又許葡人永遠管理。其地有古廟天后宮，供媽祖，鄉人稱之「媽閣」，葡人稱澳門為Macao，像是外國地名，其實是媽閣的譯音。「永遠管理」究竟不是割讓，所以澳門境內還有我國的海關。我想，應該有這麼一天，將中山港（唐家灣），澳門，與總理計劃的南方大港黃埔，打成一片。那才是我國革命成功，揚眉吐氣的時候！

二◆我的軍警生活

陳炯明敗退後之粵垣

陳炯明叛亂之後，我離開中山縣城，指揮團隊，維護南部地方。陳永善率隊由江門壓境，眾寡懸殊，我乃退到唐家灣，在唐紹儀家留宿一夕；次日由唐家灣趁小輪赴香港，逗留數日，然後赴滬。時總理已蒞滬濱，當時全國輿論以陳炯明犯上作亂，一致譴責；黨中同志尤表憤恨，謀有以嚴懲之；總理一面密令在閩許崇智積極準備反攻，一面派人與滇桂軍方面的本黨同志相聯絡。總理隨又令古應芬，孫科和我三人赴港設機關，主持策反及接應討陳的軍事工作。

滇桂軍白馬會盟之後，由梧州東下入粵；許崇智由福建經江西南下，兩路夾擊，陳炯明知不能據守廣州，遂退出省垣，在東江惠州設防。時我糾集地方團隊策應，被任為東路討賊軍第一路司令。

陳炯明敗退東江，各軍絡繹進入廣州。除粵軍外，桂滇軍及地方部隊亦雲集省域，品類不齊，良莠不一，地方時受騷擾，市民頗以為苦。廖仲愷，胡漢民，孫科，陳策等亦相繼來廣州，我們看見當時局面，軍民雜處，易生事端，亟和各軍將領商議如何安定省會事宜，將各軍劃分駐防區域，分駐粵漢路，廣三路，廣九路一帶。

總理於二月二十一日回粵（民十二），以大元帥名義駐節河南士敏士廠。胡漢民，楊庶堪，譚延闓先後任大本營祕書長，徐紹楨，楊庶堪，廖仲愷先後任廣東省長，我任公安局長兼廣東省警務處長。時孫科繼任廣州市長，籌劃市政，採取委員制，仿歐美市政制度，今日特別市的制度，實以廣州為濫觴。廣州市是唯一為中國人自己經營起來的現代都市。

沈鴻英之變

各路軍隊，陸續入廣州。桂軍入粵部隊沈鴻英，心懷叵測，欲消滅魏邦平力量，奪取廣東地盤。某日，在南堤江防司令部召集軍事會議中，突有人發槍，謀狙殺魏邦平，魏機警伏地得免；隨後槍聲四起，欲並諸人置之死地，幸各逃脫，陳策跳樓受微傷。司令部前後早有軍隊埋伏把守，及胡魏等脫逃後，把守路口的軍隊向一汽車亂轟，車中人皆遇害，視之則為沈部一師長劉達慶及參謀長黃鴻猷。魏邦平為廣東中山人，日本士官學生，曾任廣州警察廳長兩年；時為第三師師長，性頗倔強，為客軍所忌，故欲下毒手。自此次會議事變後，裂痕益深；沈部駐在郊外白雲山，石井一帶；未幾竟勾結北方軍閥，並與陳炯明相呼應，在廣州叛變，時為民十二年四月間事，距總理回粵尚不足兩月。這是我就任廣州市公安局長，負起省會治安職責之後，第一次應付事變。

省警衛軍成立

當我任公安局長時，前所轄領的東路討賊軍第一路司令部隊，已集中廣州組訓，奉令改編為廣東省警衛軍，我兼任司令。改編之初，值雲南講武堂畢業軍官來粵投效；其中多屬華僑子弟，但因本省軍隊下級軍官多為行伍出身，故無法安插。總理以警衛軍正在組訓中，將這批人交我位置。我奉編組的命令後，即將警衛軍編為三團，以歐陽駒為參謀長；歐陽字惜白，中山縣人，保定軍校六期畢業；為人精幹篤實，我以後的工作，深資倚畀。第一團長姚觀順，美國陸軍學校學生；第二團長鄧彥華保定畢業；第三團長陳翰譽，保定畢業。並有砲兵一營，騎兵一連，砲兵營長莫希德，雲南講武堂畢業；騎兵連長沈振亞，保定畢業。其後，任團長者有鍾韶，蕭樾，吳道南，文朝籍。另辦一講武堂，以訓練下級幹部；蔣羣任教育長，蔣江西九江人，保定陸軍速成學堂畢業，為辛亥年同在九江起義之同志。未幾講武堂學員併歸黃埔軍校第二期。

平亂、討逆、北伐

民國十三年九月，總理北伐，駐節韶關，胡漢民在廣州代行大元帥職務。本軍奉令派步兵兩團，騎砲各一連，隨同總理進駐韶關，擔任大元帥行營警戒；我隨赴韶關，將警察職務交李朗如代理，兼代大本營參軍長。同年十月，廣州商團企圖叛亂，傾覆政府；我奉命重兼公安局，並奉大元帥手令，將所部由韶關開回省垣，戡定商團之亂。半日之間，達成任務，全市秩序即經恢復。

十四年總理北上後，本軍兩團一砲兵連，奉令參加東征，受東路總指揮蔣校長之指揮；參與河婆水口興寧諸戰役，擊潰林虎殘部於粵贛邊境。同年夏，奉令回師討伐楊劉，七月間改編為國民革命獨立第一師；師長仍由我兼任，參謀長歐陽駒升任副師長，曾則生任參謀長，陳雁聲任黨代表，兼任政治部主任。大部分駐市郊，一部分駐防中山。時陳炯明仍盤踞東江，政府重組東征部隊，再度討伐。本師奉令參加第二次東征。我以廣州方面職務繁重，由歐陽副師長率領部隊向淡水方面前進。在出發前，親自檢閱，並勉勵官兵同志務須達成任務。此次每一戰役，官兵均能發揮戰鬥精神；尤以由鏡平黃崗回師石龍時，在惠陽海豐間大鵬灣附近的大州，鵝埠，赤石一帶，獨力將陳炯明殘餘力量之翁輝騰部消滅為著。至東江叛軍肅清，全師集中石龍整訓。十五年二月，改編為國民革命軍第十七師，隸屬於程潛之第六軍。我和歐陽駒仍分任師長副師長。及五月三十日，我去職，奉命以歐陽升任師長，不久，歐陽亦辭職，以副師長鄧彥華代理師長名義，參加北伐。這是當年廣東省警衛軍一頁前後的歷史，也是我參與戎行的一段回憶。我原非出身於軍校，僅在九江革命工作之時曾受過短期的軍事訓育，略知門徑；但少壯時氣銳膽強，以戎馬生活為樂；

而時勢所需，革命黨人亦多以文士而操武事。曾有一次，我以軍閥縱橫，革命受阻，向總理誇言如撥兩師兵由我統率，我將橫掃津浦路，總理只笑頷而已；現在想來，大言不慚，殊覺可笑。溯自討賊軍總指揮，討賊軍第一路司令，省警衛軍，國民革命獨立第一師，以迄十七師，我均忝長其事，思之至增愧恧。但這些部隊當時的平亂討逆北伐，都著微績，這絕不是我「濫竽」之功，部隊同僚如歐陽諸君多為軍事長才，每一成就，多為他們汗馬辛勞所致。今日追憶，昔日戎馬同袍，已有多人作古，如陳策，鄧彥華，陳雁聲，文鴻恩，曾則生，蕭檝，陳翰譽。其健在者各有前途，偶相聚談，仍津津樂道往事。

公安局與不法軍隊

我在公安局任，賴以維持全市治安者，僅賴警察五千名，和警衛軍兩團，其他一團在香山訓練。而廣州市內各軍林立，全省還在軍事時期，軍隊紀律一時不能整飭，往往藉端滋擾商氏。公安局負保衛安寧維持秩序之責，警察常受到不法軍隊的逞凶阻撓；他們跋扈橫行，不服糾正，所以軍警衝突事件時有發生。公安局所在地維新路左右兩端，須經常警戒，以防不法軍人的襲擊。我日常工作繁劇而緊張。即入寐仍多所罣慮。

當時大元帥有鑑於此，為整飭軍風紀，維持省會安寧起見，特授權我代執行軍法。對於無兵司令，散兵游勇，及不法軍兵嚴為拘禁。猶憶有一次，我派兵一連，將調查所得的全省無兵司令部，一夕之間封閉五十餘處，予以根本肅清，翌日市民大為稱快。

革命時期財政與捐稅

當時政府開支浩繁，軍餉支出至大，而全省稅收短缺，東江一帶阻於陳炯明勢力範圍，其他各地多為駐防軍隊截留抵餉，不足之數更向大本營索領，索領不得，便就地開賭。政府一切開支，除關稅（見本章第五節）外幾乎全靠廣州一隅，三四年間，廣州市徵借房捐，已預徵至二十餘月（業主與房客各納半數）。全市一百二十餘萬人口，其負擔之重可想。其他籌款之途，為標賣官產廟宇，各省軍隊亦多變賣其本省在廣州的會館及公產。徵借房捐及其他籌款，多賴公安局警察為之執行，我不啻兼負籌款事務。我記得有一年舊曆除夕，廣東省財政廳庫空如洗，無法應付年關軍政費開支，廳長鄭洪年約同我到市商會召集各行商公會籌款應急；眾人以歲聿云暮，倉卒何能籌措現款；想來想去，結果，臨時用普通白紙，寫上五元毫券字樣，加蓋公安局及商會印信，即作為現鈔行使，擔保此票可作抵繳房捐警費之用。這個既簡單而又迅速的籌款辦法，真可說是「點墨成金」。幸而以此勉度年關，否則軍隊無餉可發，必更「窮」凶。窮而變，而通，這亦是當時財政支絀所反映出的苦趣。

這種臨時鈔票，當晚交與各軍隊之後，還出了一樁岔子。有一滇兵，持票到永漢南路一商店，要找換現金，商店自然不允，彼此衝突；滇軍動武起來，商店有一商團團員，為自衛起見拔槍打死兩人。警察到場，一面拘傳肇事之人，一面移驗屍體。軍隊方面惡作劇，要在商店門前入殮停棺，否則不肯罷休。正是新年，而兩棺赫然在戶，這是中國人最大禁忌的事，商店莫可奈何。

滇軍的跋扈與滋擾

其後，進行黃埔開港，發行黃埔公債，十五年北伐軍費，多藉此挹注，廣東民眾在革命高潮下情緒熱烈，雖負擔綦重也所樂為。但在十年至十四年間，迭為各省跋扈軍隊滋擾所苦，不無人懷怨心。桂軍之後，滇軍最稱暴橫，魚肉民眾，無惡不作；總理有一次正色對滇軍楊希閔，范石生，說：「廣東是我桑梓之邦，各人隨我來粵是為革命，非為擾民害民；你們這等行為，即為反革命，我何以對粵中父老子弟！」言時憤怒之極，甚至以首碰壁。辦公室內法文祕書韋玉見狀，惶急勸阻，並電話告我。范石生，為滇軍中之尤跋扈者，時楊庶堪為省長，與范友善，總理更囑楊警告范石生。

及進剿楊劉之役，各路部隊包圍廣州，甫經接觸，滇桂軍即潰敗瓦解，如湯沃雪。所以然者，民眾恨之入骨，積怨已深；從來未有一種軍隊，失去民心還能立足的。粵人當時有「打田雞」之語，田滇音通，當其潰散之時，民眾有以竹竿木屐，迎頭痛擊散兵敗將者。這是在粵暴虐跋扈所收的惡果。當楊劉事急時，曾赴港求孫科為之斡旋，時孫剛「由滬奉使奉天」歸港，峻拒之。

在此一段時間，是粵局多事之秋，也是我半生中的緊張的軍警生活一個階段。複雜的環境與複雜的工作，磨練了我，使能應付各種事變，增加不易獲取的經驗，為我以後做事的一點基礎，所以我至今仍很珍視那一段時間。

三◆中國國民黨的改組

第一次全國代表大會

民國十三年一月二十日，中國國民黨在廣州由省議會地址舉行第一次全國代表大會，這次大會是具有劃時代的意義的，不但是黨的一件大事，也是中國歷史上的新頁。

我的記憶之中，還非常明晰的保留著當時的一切情形；總理誠懇的談話，同志興奮的情緒，大家面對現實，要使黨自強不息地負起時代的任務，踏上一個新的階段。

到會的代表一百七十餘人，除國內各地代表外，還有海外美洲，南洋，和職業團體，聯義社（海員）的同志代表。濟濟一堂，範圍之廣為從來所未有。

總理在開幕的一天以嚴肅而又懇切的語調，發表他的開幕詞：

「過去四十年的革命，是靠我個人領導著同志奮鬥，從今以後，我把這個革命責任交給全黨同志，和全國民眾；如何使這十三年的中華民國幼兒教育支持，長大成人，能夠獨立發展，這要靠全國的同志了。」

隨後他說明黨需要改組的原因，今後政策的方向，和提出與蘇聯合作容納共產黨員個人加入本黨為三民主義革命而共同奮鬥的主張。

會期一共十天，大會中發表了一篇現在成為時代文獻的「改組宣言」；並確定對內對外政綱，通過中國國民黨黨章，產生了總理提名的第一屆中央執監委員。社會人士和國際上對我們這次改組給予密切的注意。

黨的環境素質與時代使命

我在此無須贅述已見諸史載的許多事實，但須要述及者，總理這次決心改組本黨，包涵有好幾個原因：健全黨的內部是其一。擴大黨的社會基礎是其二。針對現實訂定政策是其三。黨內採取民主集權制是其四。由於這幾個新的方向，國民黨總章的釐訂，農工政策暨聯俄容共政策的實施，執監委員的產生等，胥由此而來。一個政黨必須把握現實，政綱政策隨時代而改進，然後去腐生新，才能適應時代和民眾的要求。總理高瞻遠矚，內外形勢，瞭然於胸。他領導國民革命，屢次改革本黨，其用心即在此。今日我們來看黨的沿革，由民前十八年成立興中會而至民前七年擴大組織改為同盟會，民元稱為國民黨，民國三年七月改組為中華革命黨，民國八年十月十日正式改名為中國國民黨。至民國十三年改組內部，舉行第一次全國代表大會，名凡數易，內容亦多所更張，皆由適應時勢使然。我們從各個時期的黨員成分觀之，可發現一個顯明的比較。在興中會時期，處於滿清專制淫威之下，輸財輸力，咸資海外，因而黨員多為華僑同志。同盟會時期，以清政窳敗，覆亡無日；同時，歸國的留學生，多已滲入政府機關，新軍組織，及社會活動，因而吸收同志多以留學生為主；如一九〇八年（光緒三十四年戊申）熊承基安慶之役，及辛亥年廣州黃花崗七十二烈士之役，不少是留學生策動和參加的。在民元國民黨時期，以民國業告成立，為促進民主政治，實現責任內閣，必須建立一大政黨，以穩定政局推行政策；因而以國會議員為中心，側重政界人物。民三年中華革命黨時期，淘汰信念不堅同志，黨員多舊昔同盟會革命分子和軍人中進步分子，紀律較嚴，民八年改名中國國民黨，張師北伐，同志以軍人為多。至十三年改組，總理鑑於中國現狀，已陷於軍閥與帝國主義互相勾結蹂躪之下，黨的基礎，非深植於廣大群眾上面，實不足荷負這艱巨的重責，以是號召全國智識分子，及農工革命分子，積極參加本黨領導下的革命運動，俾能完成北伐，統一全國，奠定民主共和國的基礎。

當民十二年陳炯明敗退，總理回粵後，本其多年經驗，決心一完成三民主義理論，二改組本黨，三建設黨的武力，四完成北伐，這是四件歷史性的大事。十三年五月，建立黨軍的計畫實現，今總裁蔣中正主持其事，成立黃埔軍官學校。當時全國青年不遠千里，絡繹不絕來廣州參加；有一位貴州貧苦青年，身懷二十銀元，由貴州步行經廣西來粵，沿途歷盡艱辛，其對於革命的狂熱，真有如宗教徒之朝聖地。

聯俄的由來

當改組之前，蘇俄代表馬丁越飛兩人曾先後來華，會晤總理；他們表示蘇聯對中國革命有合作的需要，並宣示可以取消中俄間不平等條約的意願。他們說：共產主義不適合於中國國情，中國需要三民主義，中國共產黨應該在三民主義旗幟領導之下，共同努力。

其時中國的現狀雖名為獨立國家，但受列強不平等條約的束縛，實際已淪為帝國主義者的次殖民地。所謂門戶開放，機會均等，只是苟延殘喘的一種局面。而北洋政府自袁世凱以次的軍閥政客，無不舉外債，結外援以自重，至使次殖民地的情況愈陷愈深。總理蒿目時艱，有感於蘇俄率先廢棄帝俄時代的各種中俄條約，且承認蘇維埃制度不適合於中國。並聲明對外蒙古沒有染指之野心，這與總理「聯合世界上以平等待我的民族，共同奮鬥」的意念相合，便接受合作建議。但只允許中國共黨以個人名義參加本黨，這是民十二年總理和越飛發表聯合宣言的由來。

世界上任何偉大的政治家，主要的是把握現實，以及可由理性推測與判斷的將來。至於那些軼出人性與歷史常軌，乃至違反道德與信義的演變，那是無從顧慮的。從今日來看這段歷史，蘇聯的陰謀，共匪的滋長，皆屬不可預料之局。今日赤焰高張，大陸淪陷，倘以歸咎於當初聯俄容共，則其因果絕非如此簡單。但看本黨進行改組之際，俄顧問參與其間，而第一次全國代表大會宣言詞義鮮明，未受聯俄容共絲毫影響，可見當時我們把握自己的主義之堅定了。

一屆中委的產生

籌備改組之初，總理派廖仲愷孫科和我三人為籌備工作小組委員。時蘇俄已先後派鮑羅庭及其他軍事顧問到廣州協助總理。籌備小組並以鮑羅庭為顧問，參加策劃。先後在市政府財政廳暢觀樓開會十數次，擬就草案，分改組程序及總章兩部分，費時幾達兩月。其中所更張者，一為參酌蘇俄共產黨的組織；一為採用委員制。當核定後，即由總理派胡漢民、汪兆銘、廖仲愷、林森、楊庶堪、張繼、鄧澤如、孫科和我等為臨時中央執行委員；審查改組草案，決定召開全國代表大會日期，並布置一切。中間曾經一段波折，即張繼、劉成禺、馮自由等同志，對容共與改組，都表示反對的意見；馮反對最力，隨即開除黨籍，對張繼同志等亦予以警告。

關於總理提名中央執監委員一事，我還記得在提出大會的前一夕，曾由總理約集全體臨時中央委員在士敏土大本營內舉行會商。由總理主席，顧問鮑羅庭也列席參預。當時對於如何產生第一屆中央執監委員，有兩種不同的主張，一方面主張由出席代表自由選舉。另一方面主張由總理提名，再提交代表大會通過；如代表大會不予通過或通過一部分人選，再由總理提出第二次名單。

結果採取第二個主張。提出大會時，獲得全部通過。是晚會議時，列席者還有由美洲回國不久的江西劉蘆隱和四川黃季陸兩同志。

第一屆中央執行委員會中，有不少是共產黨分子。當時擔任組織部和農民部的就是共產黨員。廖仲愷同志則擔任了工人部部長。

廣州市是當年革命政府的所在地，因有這樣重要的關係，我和孫科、馬超俊、黃季陸等同志，均由廣州市黨員代表大會選出為市黨部執行委員，分別擔任組織，宣傳，工人，運動的責任。

鮮明的政策

改組後，中國國民黨的政策是更鮮明了。對外的主張是廢除不平等條約，爭取國家的獨立自由平等。對內主張中央與地方均權，實行普遍選舉，增進農工生活，實現平均地權節制資本，和確定人民有集會結社言論出版居住信仰的自由。概括言之，中國國民黨所代表者是整個國家的利益，它所領導的是國民革命。但當年因廖仲愷同志曾譯英人栢萊士所著《美國共和政體》(James Price, *American Commonwealth*) 一書，譯名為「全民政治」，一時使人誤會國民黨為代表全民利益的黨，所以有全民利益和資產階級利益的聚訟，並認為共產黨是代表無產階級利益的。其實所謂國家利益，則無產階級的利益即已包括在內。總理說過中國只有大貧小貧之分，在次殖民地落後的中國，受到不平等條約的束縛和列強的榨取，民族資本家根本便無法產生出來。當時對外打倒帝國主義的口號，就為代表國家利益和民族獨立而提出的。

改組後半年間，共產黨的潛滋暗長，已露端倪。他們憑藉公開的地位活動，幕後則另具異謀。廣州市已發現共黨到處滲透的顯著跡象。共產黨對於廣州市黨部由孫科、馬超俊、黃季陸和我主持內部，最懷嫉忌。於是有跨黨的中央執委于樹德向中央執委會對我們提出彈劾，說我等有反革命的傾向。他所謂反革命傾向，就是說：純粹的國民黨同志掌握了廣州市主要的民眾團體，妨礙了共產黨的滲透活動。我當時尚負有廣州市公安局的責任。

總理在北平逝世之後，共產黨的陰謀益加顯露，共產黨徒澎湃，在廣東東江一帶，積極進行農民運動，企圖釀成喧賓奪主之局。在廣東和廣東以外的國民黨同志，咸懷戒備不虞之心。

容共與反共

在這種形勢之下，當年同志間對付共產黨便有兩種不同的主張。一些同志以為總理逝世不久，廣東內部初告統一，並正在積極籌備北伐，不如對共產黨採勸告預防方法，仍維持相容局面，以待來茲。另一些同志，則以共產黨已有異圖，本黨應該即時整肅，予以開除，廓清內部，免使日後滋蔓難圖。前者主張，多為在粵同志，後者主張多為在粵以外的同志。蓋當年總理病在北京，一部分同志隨侍入京；及總理逝世，集會於北京西山總理靈前，其時參加者有福建的林森，湖北的居正，張知本，廣東的鄒魯，江蘇的葉楚傖，河北的張繼，四川的謝持，浙江的戴傳賢，邵元冲和沈定一等同志。開會時戴傳賢痛哭流涕慷慨陳詞，意謂非清除共產分子，不足以救黨。遂決議開除共產黨員在本黨的黨籍，取消政治委員會，解除鮑羅庭顧問職務。時人稱這一次會議為「西山會議」。

當時中央政治委員會由汪兆銘，廖仲愷等五人主持。鮑羅庭任顧問。會址在廣州市東皐大道。鮑羅庭所居即在會址隔壁。汪兆銘等受鮑羅庭挾持操縱，一切黨政大計，悉聽命於鮑羅庭。一般同志咸目政治委員會為蘇俄的政治局，表示憤懣。對汪廖時加抨擊。有一天，在廣東大學內（後改名國立中山大學）發現有以鄒魯同志名義發出的反共傳單，內容對聯俄容共加以抨擊，並有涉及總理者。僉以為係他人冒名散發，但事後不見鄒聲明辯正，同志對鄒一時頗有誤會。

自西山會議後，國民黨內部因對共產黨問題，引起分裂；同時國民黨與共產黨間的鬥爭，也已表面化了。當西山會議時，孫科同志適在上海未赴北平，我當時受廣東同志囑託，赴滬促其回粵，轉達意見謂：黨內不可分裂，免得為共產黨所乘；對付共產黨乃整個問題，應該從長計議，我到滬後，除在大夏大學，復旦大學演講黨的改組經過外（到復旦演講係在夜間，避人注意），赴杭州蘇州一遊，即偕孫科回返廣州。

在局面紛擾之際，最使人悲慟者為廖仲愷同志為人刺殺於廣州東關惠州會館中央黨部門內。廖案真相，至今莫明所以。但共產黨當時又利用此事，大事發揮，排除異己，並多以軍事委員會汪兆銘名義行文；而國民黨內部也因廖案而益形錯綜複雜，如胡漢民同志的遣赴俄國，事實上等於「遠謫」。

汪精衛反覆無常

汪兆銘真是一個反覆無常，宗旨不定的人。時而親共，時而反共，令人無可捉摸。當其親共時，唯鮑羅庭馬首是瞻。記得在上海清黨時，他剛從法回國到滬，今總統時任國民革命軍總司令，託吳稚暉，張靜江，李石曾等同志到滬，勸他到南京實行清黨。不料他一面唯唯諾諾，卻與陳獨秀發表聯合宣言。內容與清黨相反。並祕密赴漢口，時鮑羅庭，加侖等正在漢口執行由第三國際中央委員雷夷(Roy)（印度籍）從莫斯科帶來煽動國民革命軍叛變的命令，造成漢口與南京——寧漢分裂的局面。到漢後，汪又公開演講有「革命的向左轉，不革命的滾開去」之語。其後，民十六年，共產黨在廣州暴動，中蘇邦交斷絕，汪又一變而為反共人士。那時他曾對我說：「國民黨的容共，好像吞下一顆孫悟空變成的丸子，他在國民黨的肚裡翻跟斗。」這句話總算譬喻頗恰當。但他的作偽善變，欺世盜名，可作定論。其時他有一綽號為「汪聖人」，因而有「聖人不死，大盜不止」的流行語。

從黨改組至十六年北伐軍到達南京上海前，國民黨與共產黨間雖經過若干次浪潮的沖擊，但國民黨仍維持相容的局面。直至共產黨陰謀畢露，咄咄逼人，才實行清黨。蘇俄當年所說中國不適宜共產主義，叫中國共產黨員參加在三民主義旗幟下來共同努力，證明是一種欺騙與誑言。蘇俄對侵略世界的野心，那時已在中國下了一著陰險的棋子。

四◆商團叛亂

革命力量遭內外嫉視

民國初期，廣東雖因驕兵悍將，叛亂迭起，但革命運動激進，革命情緒熱烈。至民國十三年，黨的改組完成，開始訓練黨軍，積極布置北伐，革命根據地已日形鞏固。廣東民性剛強，富革命精神，黃花崗碧血忠魂的烈士墓，是中國革命第一個里程碑，當年有「革命須先取粵」的口號，蓋亦基於地利和民氣的可用。但這個革命根據地，亦為一切反革命勢力爭取的目標。道高魔長，總理自民六年，至十三年進出廣州凡六次，兩次整師北伐未果，都由於反革命力量阻撓所致。當時帝國主義者眼看中國革命的大後方已具基礎，國民黨改組以後提出的口號又是對外打倒帝國主義，對內打倒軍閥，他們嫉視廣東革命勢力，要設法加以破壞，於是暗中勾結指使平日為他們利用做工具的一些人，作搗亂革命根據地的暴動。十三年十月十四日演出一幕緊張的武戲，那就是「商團叛亂」。

「商團叛亂」的主角，是英商匯豐銀行買辦陳廉伯，和南洋兄弟煙草公司南方經理陳恭綬等；

他們幕後的導演，除了帝國主義者，還有國內北洋軍閥和陳炯明等反革命分子。

對壘在西關

叛變的那一天，商團的主力隊伍分布在城西一帶，負隅守險，和政府軍隊對壘，整個廣州市陷入軍事狀態中，若干地區進行激烈的巷戰。

當年的廣州城西西關一帶，尚未開闢馬路，街道輻輳，商店櫛比，又為富室住宅區，乃廣州最富庶之區。過去數年，因討莫討陳之變亂，商民苦於散兵游勇之滋擾，平時又為了防範盜竊，所有路口和小街窄巷，都築有堅強木柵；晚間一二時後，即予關閉，由人巡守。商團亂作時，據作防塹；他們在街道之間，搭起天橋，來往交通；在商店的屋頂天臺，置備磚石和石灰，還煮熟滾燙的糯米粥；街道上則遍布鐵三角；這些都是他們的防守武器。他們還有很犀利的槍枝，全副武裝，布防在天橋以至屋頂，布防在街道路口，布防在每一處可資防守的角落。

西關和城南的交通，一時完全斷絕了，他們居高臨下，嚴陣以待。政府命令他們恢復交通，撤除武裝，置之不理；相持多日，政府不得已始採用武力鎮壓。政府軍警在西堤太平路西瓜園以至豐寧路以北，布防警戒。粵軍許崇智之一團，在豐寧路，擔任右翼。福軍李福林部，由太平南路至西堤之線擔任左翼。我所統轄的警衛軍，則在西瓜園，居間作中鋒。黃埔學生軍一部在城北一帶。那時在粵的客軍，不但袖手旁觀，甚至還有和商團密契者；而滇軍則準備乘商團潰敗之時，再來動手，好虜繳一批新式的槍械；桂軍劉震寰部，也打算有所染指，發一點橫財。

巷戰致勝

十五日拂曉，商團還沒有悔過撤防之意，政府軍便開始攻擊。我警衛軍於開始攻擊時，一面佔領西瓜園一帶之高樓，用機關槍射掃商團團丁所利用之天橋與屋頂，一面進入西關之各路口木柵衝鋒；同時配以警察消防隊，利用刀斧，拆除木柵；我軍與許部均於中午時分，進入西關，黃埔學生軍亦來會合。最後為了減少犧牲和糜爛地方，我乃在西關太平戲院的天臺上，用砲擊毀該處木柵，福軍始得進入，完成合圍。下午商團抵抗終止，遵令繳械，其所藏的全部軍火，也全部繳出。這一場叛亂，遂告平息。是役，政府軍警為槍彈傷害的很少，但為鐵三角，磚石，石灰和煮沸的糯米粥所傷者頗多，也是火器時代中的一個奇觀。

商團及其軍火

初，廣州商民，以連年動亂，客軍雲集，部隊既龐雜，軍風紀亦敗壞，散兵游勇，彳亍街頭，或則強買強賣，或則藉端滋擾，商民苦之。因此七十二行商，有加強自衛之議，組織商團，以安闤闠。陳廉伯，陳恭綏等，以為有機可乘，便聳動一般商人，籌資購械，擴充商團，大部分商人只以安居樂業為重，不知陳等受帝國主義者和陳炯明及北方反動勢力所利用，致被欺騙。陳等暗中自外選購槍械，希圖蒙混運進廣州；卒為政府所悉，加以嚴密注視，檢查進出口外輪。在八月十日那一天，果然發現一艘丹麥商輪哈佛號運來大宗槍械，究其來歷，知是陳廉伯等以商團名義非法購入。陳等曾向政府請領護照，其所請領日期，在那丹麥輪進口前僅數日，槍械數目也超出很多，不相符合；且還偵知將繼續有第二三批陸續運來。政府當將槍械扣留，一面和英國總領事交涉；一面向商民宣布陳廉伯等假借商團名義私運軍火。商民聞知，莫不駭汗。即商團中人，也多不直陳等所為。其先，各行商因反對政府征收一項「鋪底捐」，醞釀罷市，至是，表面上雖實行罷市要挾，但各商人實不欲多生事端，暗中託李福林軍長出面婉轉向政府接洽，並由李向政府保證商民並無他意。最後由總理核准發還一部分槍械，計槍枝四千，子彈二十萬發。交由李福林轉給商團，作為商民自衛之用。時適為十月十日——雙十國慶。

商團收到槍械之後，分發團丁。但陳廉伯等以為詭計得售，武器在握，又肆其煽動手段，造謠謂政府發還的槍械，事前已將硝強水傾入槍膛，子彈並已入水浸濕不可用。以此荷槍實彈的團丁，都在屋頂的天臺上試放槍彈，一時槍聲卜卜，市民驚駭奔走，以為禍亂臨頭。

那天是國慶紀念，各機關和民眾列隊遊行慶祝，警衛軍講武堂學生也徒手參加遊行隊伍到達西堤路口時，商團突向遊行群眾開槍轟射，一時傷者不少。我警衛軍講武堂學生領隊教官湖北人李式珍中彈殞命。其時胡漢民同志方在長堤西濠酒店天臺為邵元冲證婚，頗受虛驚。

平亂的部署

當時商團的團丁，不是在各商店抽調店員來服務的，多數是由各行商用錢僱募而來；成分全是些散兵游勇，儼然成為一支不受政府統轄的私人軍隊。政府以此，乃更證明陳廉伯等的心懷叵測，圖謀不軌。為維持治安，恢復秩序，不得已決心籌謀斷然處置方法。

那時，總理駐節韶關，指揮北伐，我兼大本營參軍長，追隨在韶；我所部的警衛軍，也已奉調赴韶，準備出發，適有蘇聯軍艦一艘，自海參威來粵訪問，艦長率同大部官兵乘車赴韶向總理致敬，參加雙十國慶閱兵典禮；蘇聯軍艦官兵，同時檢閱。十一日總理囑我送渠等回廣州，至軍田，接廣州電話，知商團亂起。我即趕到廣州西瓜園司令部，聽取各方報告後，往見省長廖仲愷，始悉廖偕俄顧問鮑羅庭亦於是日赴韶報告總理，行車相左，彼此參商。次日下午總理命我警衛軍星夜趕回廣州鎮壓，廖鮑二人亦同趁軍車趕回廣州。十四日決定我仍回任廣州公安局長，會同許崇智李福林等部隊，鎮壓叛亂。

警衛軍十四日由參謀長歐陽駒率領由韶關開到廣州，沿途火車，用雙車頭，一推一挽，加速行駛。抵達廣州後，即集中於維新路公安局前，時已深夜二時。

我在公安局內，正擬對集合出發的部隊檢閱訓話，突然在我辦公室隔馬路的斜對面，一當押店的騎樓內發來槍聲，向我狙擊，那裡有團丁埋伏。幸而雖在明耀的電燈光下，也未為所命中。

叛亂前後

在一個月以前我以任職公安局長，對於陳廉伯暗中鼓動商團之事，早有戒心，預料事態將有嚴重發展；為顧及市區遼闊，防範突變起見，事先即訂了一臨時緊急措施辦法：對於保護電燈電話，自來水，防火，和在交通斷絕時，如何通訊聯絡，維持交通，一一規定。密封加上火漆印信，分送全市各警察分局所，寫明非到緊急事變時不得開拆，如經過相當時期，地方平靖無事，即將原件送回總局註銷。當時遍傳「吳鐵城錦囊授計」，即指此事。比及亂作，各警察分局照規定指示行事，廣州秩序，得以維持，收到相當效果，所謂「有備無患」，蓋可信然。

在沒有發還槍械給商團之前，某一天，商團在西瓜園舉行懇親大會，當時省長廖仲愷擬殲此主逆，消弭後患。曾約陳廉伯陳恭綬於是日下午四時到其東山公館談話，並命我帶同衛士四名，事前在公館守候，俟陳廉伯等到達，即擬將其就地處決；乃候至五時，尚未見來。事後查悉，渠等在數日前已匿居沙面。當時倘陳等入彀，群龍無首，或不致釀成叛變；此機密手令，我還藏了相當時日，後始毀棄。

商團失敗後，陳等逃避香港；至第二次世界大戰，日軍襲港，陳廉伯由港逃澳門，航輪為水雷命中，葬身海中。陳恭綬則於抗戰期間，回佛山縣原籍，近為共匪囚禁，瘐死獄中。

追憶當日事件，開火不過竟日，叛亂即平，地方所受軍事破壞範圍和市民損失甚少，實得力於廣州西區警察與軍隊的同心協力。此一斷然處置，當時的反革命分子，故意說政府用武力摧殘商民；有些上海報紙，將平亂的警衛軍謂赤衛軍，只因當時警衛軍軍中聘有一名俄國顧問。孰知我在公安局亦延聘德國顧問一人，當年為防禦東江陳炯明，在石碑一帶所築工事，就是德國顧問所設計監造的。尤甚者，有些反革命報紙，竟在我的名字上加上「屠戶」的惡名，盡誣衊的能事。

曾記某天，在大本營討論應付商團異動辦法時，俄顧問鮑羅庭對我說：據廖仲愷報告，香山縣有武裝民眾甚多，三日內即可集中八九千人到廣州。我告以此種地方自衛武裝，是「人不離槍，槍不離鄉」的，調來廣州無此可能。鮑在廣州陰圖赤化中國，攫取國民黨的地位，這一陰險的用心，我們早已覷破了的。

商團叛變時，孫科同志適在奉天報聘。張作霖問孫科：商團是一種什麼組織，「廣東商民為何會有武裝？」對此甚表詫異。在廣州的俄國顧問，稱有槍械的商團為「老虎」。總理決心斷然處置時曾說：「在同一地方，有不受政府統轄和不受政府命令的武裝團體，就等於有兩個政府存在。」

中外各國，地方自衛力量，沒有不受政府統轄的；廣州的商團，背後有反動力量支撐，團丁成分又為散兵游勇，在行動上已與政府為敵。若不及時處置，適足滋長亂萌。我受命負責粵局治安，事前不能消禍於無形，幾釀巨變；事發雖迅速解決，禍害不大，但有忝職守，亦懷疚仄。至於反革命派的侮衊，當時只一笑置之。

五◆反帝運動——沙基慘案省港大罷工

帝國主義的猙獰面目

中國近百餘年來受帝國主義的禍害，至深且鉅。由於列強在華的經濟剝削和不平等條約的桎梏，總理曾沉痛地說過中國已成為「次殖民地」，而不平等條約就是「淪中國於殖民地的賣身契」！

民國成立以來，帝國主義雖略修正其一向藐視中國的態度，但正因為害怕中國革命力量的發展，更千方百計加緊其對中國的壓迫。他們的基本政策，是將中國分裂而治(Divide and Rule)，破壞中國的圖強與統一。

帝國主義中圖謀侵略中國最力者，要算俄國，英國，和日本。俄國為推展其疆土的野心，積極在外蒙，西北，東北，侵佔中國領土。英國為要保持其外府——東方寶島的香港，和上海公共租界的特權，以中國為其商品市場，為其經濟侵略的對象。日本以鞏固其在東北四省及旅順大連的特殊權利為梯階，肆其逐步蠶食的野心。都在積極利用中國的軍閥官僚，暗中撐腰慫恿，資以借款，助長其惡勢力，使中國陷於紛擾內亂的局面，以便各就所便，攫取利益。當中國民眾激於愛國熱情起而與帝國主義相抗時，它們就凶暴地伸出血腥的魔掌，肆行屠殺政策；許多血跡斑斕的慘案，就是帝國主義猙獰面目的寫真。

總理於民國九、十年間，盱衡局勢，即認定中國革命和帝國主義無妥協的餘地。因而鮮明地主張對內打倒軍閥，對外打倒帝國主義；良以兩者互相勾結利用，狼狽為奸，為禍害中國的根源。

總理不為外艦所屈

記得民國十二年冬，曹錕、吳佩孚等北方軍閥，不獨幫助陳炯明叛軍，牽制北伐，並收我粵海關關餘藉以用兵西南。總理鑑於「齎盜以糧」，又以北伐軍需孔亟，籌措維艱，遂決定截留關餘。以護法政府大元帥名義，令當時外交部長伍朝樞一面通知各國使團，一面通知粵海關稅務司，將所有關稅解交廣東護法政府。同時令我通知當年代收關稅的中國銀行廣東分行經理貝淞蓀，凡所代收粵海關關稅，不得再繳匯北京政府，我其時正任警衛軍司令兼廣州公安局長之職。

各國在北京的使團，不但不允許護法政府的要求，反令英日美法兵艦二十餘艘集中廣州河面白鵝潭，藉以示威恐嚇。總理毫不為動，於十二月一日發表強硬對外宣言，申述截留關稅理由，並強調如不接受所請，即撤換總稅務司，改廣東為自由商埠，態度至為堅決。一時南方各省輿論沸騰，人民咸願為護法政府後盾。到了最後，北京使團知道示威恐嚇無濟於事，便託美國公使蘇門(Jacob G. Schurman)出面調停，終於獲得合理解決，將關餘部分交給廣州護法政府。事後，蘇門公使曾親到廣州訪問，和總理及外交部長伍朝樞作了一次長談。其時美國駐廣州的總領事是曾秦斯君(Dosglas Jenkins)，領事是韓米頓君(Maxwell M. Hamilton)，這是民國以來反帝運動的第一次具體表現。

從上海五卅慘案開始

在民國十四年(一九二五年)五月間，上海日人所辦的內外棉織會社壓迫中國工人，演出槍殺工人領袖顧正洪的慘劇。這事激動了國人的公憤，上海工人和各大學學生為顧正洪被殺事，沿途演講示威，為上海公共租界捕去演講學生工人數名，群眾情緒益加激動。延至五月三十日，工人學生及群眾集合向英捕房要求釋放被捕的人，乃英捕頭愛活孫竟召集巡捕下令向群眾開槍轟擊，當場擊斃七八人，受傷者十餘人，並捕去學生四十餘人。這種殘暴的屠殺，使全滬和全國為之震動。於是上海全市工人罷工，學生罷課，商人罷市，一致抗議這種暴行。當時中國外交部向駐京領袖公使意公使提出的抗議書，這樣寫著：「查學生均係青年子弟，熱心愛國，並不攜帶武器，斷不能以暴徒待之，遽用最激手段，實為人道及公理所不容，自應由租界官吏完全負責」。五卅以後，六月一日，租界當局又復槍殺三人，擊傷十一人，對中國抗議，置之不理。這是帝國主義屠殺中國愛國民眾「五卅慘案」的一幕。

接著，瘋狂地在中國各地進行同樣的殘殺。同年六月十一日，漢口工人和英商太古公司船員發生衝突，漢口工人集合二千餘人罷工遊行，至英租界地段，又為英義勇軍開槍射擊，當場死八人，傷數十人。是為「漢口慘案」。接著長江一帶的九江、鎮江、長沙、萬縣等地相繼激成反帝示威運動，有如風起雲湧。

沙基血肉橫飛

同年六月二十三日那一天，廣州市的工農商學和一般市民，聽到了上海和漢口慘案的消息，激起了無比的怒濤。富有革命性的南方民眾，自鴉片戰爭以來，對英帝國主義的血腥仇恨，顯得特別激昂；各界自動集合成偉大的行列，向英帝國主義遊行示威。當群眾出發之前，我因任廣東省警衛軍司令兼廣州市公安局長關係，為防範進行群眾的越軌行動，和其他軍政負責同志，作了縝密的部置。隊伍由黃埔軍官學校的學生領先，當時總領隊是何應欽同志。我警衛軍講武堂的學生殿後。我當時曾下令所有參加進行的隊伍，不得攜帶武器。他們都是徒手參加。其餘的群眾則夾在黃埔軍校學生和講武堂學生的中間。

沙面的英兵和法兵，事前即在橋頭閘口布防，堆起沙包，鐵絲網，在東西橋的建築物上架起機關槍。

遊行隊伍原定到達沙基（沙面對面）即折入十三行散隊。但當前頭隊伍行至附近沙面的西橋時，群眾情緒激昂，打倒帝國主義的怒吼，響徹雲霄，行列如浪潮動盪。防守橋頭的英兵睹狀，即用輕機槍向密集徒手的遊行群眾轟射，停泊在省河的英法葡軍艦也為應援；一時槍聲大作，血肉橫飛。結果黃埔軍校學生死三十餘人，工人死二十餘人，學生死三人，講武堂學生死五人，重傷達七八十人。是謂「沙基慘案」。至今廣州市稱那條馬路為「六二三路」，並樹立紀念碑，以紀念這些為愛國而喋血的犧牲者。

由於沙基慘案的發生，更激動廣東民眾對英帝國主義的憤怒；海樣的深仇，不旬日終於掀起了震動中外的偉大反帝運動——省港大罷工的怒潮。把英人所視為外府的香港整個陷於癱瘓。

罷工、罷工、罷工

首先發動的，是港九屠宰公會，決定放下屠刀，停屠歸國，一時香港九龍都有「食無肉」之嘆。當時屠宰公會的主席是黃金源君。接著的，是海員和碼頭工人大罷工，所有在掛英國旗，及在香港政府的輪船輪渡服務的華籍工人，均罷工返國；斷絕了港九間的交通往來，更斷絕了香港對外的水上交通線。當時泊碇於香港的輪船，多有不是懸掛英國旗者，但因碼頭工人的罷工，無法起卸貨物，滯留在香港灣內的達百數十艘之多。當時海員工會的主席是蘇兆徵君。繼起罷工的，有電車工人，巴士工人，電燈工人，煤氣工人，自來水工人，廣九鐵路工人，旅館酒樓工人，清潔工人，洋行工人，在英國人住宅僱用的男工女工，在英國海軍服務的工人，和在香港政府做警察的，都相率罷工歸國。將十丈紅塵繁榮熱鬧的港九，頓時冷寂如廢墟。

沙面是廣州英法租界的所在地，外國的領事館均設於此。居留在廣州市的外國人，除少數教會中人住在廣州東山外，多住在沙面。這時在沙面英國洋行和英國人住宅的男女雇工，也自動起來參加港九大罷工運動，一齊退工，跑回廣州市區。沙面和廣州市區的交通也受到阻礙。各國的領事雖曾託美領事曾秦斯向廣東政府提出抗議，但因群眾愛國運動，也無可如何，隨後我為便利因公來往廣州市區的外籍人士，由公安局製配一種布質臂章，用資識別。當初他們頗表不願，但為他們自身的安全，還是接受了我的辦法。

在大罷工期間，主持罷工的機構，是由各罷工歸國的團體共同組織了一個罷工委員會。會址設在廣州市東關的東園，並組織了工人糾察隊，防止破壞罷工運動，維持工人紀律。當時的委員會主席是海員工會主席蘇兆徵。其後給共產黨吸收為共產黨員。民國十六年共產黨在廣州暴動，國民革命軍第四軍的共產黨員葉劍英任教導團兼軍官團長，串同黃埔軍官學校特務營同時作亂，竊據廣州，蘇兆徵竟做了廣東蘇維埃政府主席。

罷工一直繼續到民國十五年（一九二六年）的春間，才告終結。全國各地都成立後援會，籌款救濟工人生活，一致聲援，表現了高度的同胞愛與團結力，海外華僑亦然。

香港原為自由港，是英國在遠東的一個最大商埠市場；但在罷工期間，商業停頓，有貨無市，且因清潔衛生工人罷工的緣故，糞溺垃圾無人清理，致香港有「臭港」之稱。其所受損失，至民國三十年太平洋戰爭前，尚未恢復舊觀，同時英政府對香港的中國人也增加了敏感。

省港大罷工的收穫

在罷工期間，愛國工人集中廣州，為數眾多，他們對祖國曾貢獻一件集體勞動的工作；那就是修築由廣州到達黃埔的軍工路，至今仍名為工人路。在二次東征時，罷工回國的愛國工人，也擔任著革命軍的運輸工作，為「革命武力與國民相結合」投下一塊堅實的基石，奠下二次東征勝利的基礎。

省港大罷工雖在民國十五年春間結束，但民間反英帝國主義運動仍繼續在伏流中進行，其影響所及，上海公廨交回中國，改組為臨時法院。民十六年春間，英國也簽訂協定將漢口和九江英租界交還中國。

漢口和九江兩地英租界，中國已喪失主權六十六年。當民十五年革命軍克服武漢時，漢口民眾像潮水一般湧進英租界，形勢混亂，英領事因請我政府保護，遂有英租界臨時管理委員會之設，藉以維持治安；在此案尚未了結，九江方面也發生同樣事件。我政府當即召英領事聲明接防英租界。英國的外交，是以現實主義者著稱的，因而當時的駐華公使藍普森爵士 (Sir Miles W. Lampson) 便派了參贊阿瑪利 (Sir Owen St. Clair O'Malley) 到漢口交涉，往還磋商。卒由陳友仁和阿瑪利聯合聲明，再由藍普森與國民政府外交部長王正廷先後於民國十六年二月十九、二十兩天，在漢口和九江分別簽訂交收漢口和九江兩租界的協定，這是收回外國租界的開始。

蘇俄的滲透和利用

當時國際中立的觀察家認為蘇俄於中國反帝的大運動中，在國際政治上，獲得了重大的收穫。因當時西方國家對蘇俄採取封鎖政策，而蘇俄對西方正在無法介入之際，他一眼瞥見中國在東方號召打倒帝國主義，取消不平等條約，民族革命的高潮，有如萬馬奔騰，他便利用時機，不說他利用中國革命，而說國民黨的反帝運動，是他所策動造成的。西方國家為所困惑，為保持其在遠東的權益，遂緩和了對蘇聯西方的封鎖，致蘇聯在國際政治舞臺上，成功了一次空頭買賣。

香港和廣東相隔一衣帶水，九龍和廣東更見接壤，交通頻繁，香港政府對於廣東地方政府，一向是採取現地交涉主義；無論倫敦政府對中國政府外交關係如何，香港政府事實上都不能不和廣東地方政府來往。但在省港大罷工期間，我政府並未與英國和香港斷絕外交關係，英領事也仍留駐沙面，和廣東政府保持接觸；不過實際上卻已陷於停頓狀態，直至罷工終結，才恢復了正常關係。

「六二三」反英帝國主義的示威運動，可以說完全是民族意識的反映，為民眾愛國熱忱的表現。而沙基慘案的發生，有人謂係共產黨利用群眾運動的機會，故意造成群眾遭受到對方的摧殘，達成他擴大事件的陰謀；事後曾有人傳說，當遊行隊伍到達沙面的時候，在理髮工會的一群中，有人以白朗林手槍向沙面發射；證以共產黨向來不擇手段，製造慘案的一貫作風，或亦可信。

當省港罷工期間，我負廣州治安之責，為保護中外居民生命財產，防範共產黨的乘機滲透和搗亂活動，免致事件擴大複雜，自問已克盡己職；雖周章顧慮，日夕不遑，尚幸無意外不幸事件繼續發生。唯其時適有上海英商沙遜氏來廣州訪問，我和孫科，伍朝樞三人不得不盡地主之誼，招待於市區內的南堤小憩；因而共產黨大造謠言，謂我們勾結英帝國主義，破壞罷工運動。但民眾並未受他的煽動，我們也一笑置之。

六◆總理北上與逝世

當時的南北情勢

總理在民國十三年改組國民黨之際，曾對各同志說：「本黨以前是由我個人負責，這次改組以後，要大家共負責任了。」當時總理這番說話，是表示他對黨的民主作風；不料十三年杪，總理北上，竟永遠離開我們，使我們失卻了偉大的革命導師；沉重的革命大責，果真落在各同志肩上。這種預兆，或者是由於我們事後有意的感覺，但在他逝世以後的沉痛縈念中，這幾句遺訓卻特別使人記憶深刻。

總理北上逝世之前，兩廣已告統一；尤其是廣東局勢，除了陳炯明尚以殘餘力量盤據東江之外，革命力量已控制全局。在民國十三年第二次北伐時，總理在韶關設大本營，檄調湘軍譚延闓，滇軍朱培德，豫軍樊鍾秀及警衛軍全部，準備出發。總理盱衡當時局勢，認為大有可為；因為北方自曹錕賄選告成以後，奉天張作霖，浙江盧永祥已經聯合反對曹吳；而吳佩孚也妄想以武力統一，命齊燮元調兵南下江浙，北方軍閥又成內爭之局。至於廣東內部，滇桂軍固無遠志，粵軍許崇智部亦不振作。總理一面派兵肅清東江陳炯明殘部，一面命譚延闓的湘軍，樊鍾秀的豫軍取道江西北上。事先又命伍朝樞孫科，先後赴瀋陽天津聯絡張作霖，段祺瑞馮玉祥等在北方舉事。那時因為黃埔革命軍校剛剛成立，總理曾慨然對各人說：「那位有革命精神不以地盤為念的，都可跟我去北伐。」

後來，直奉江浙之戰，孫傳芳雖得勝入浙，但北方直軍，卻因奉軍入關及馮玉祥突然回京，前後夾攻，曹吳一敗塗地。吳佩孚倉惶逃到岳陽，曹錕也就塌了臺。曹吳既倒，局勢轉移，段祺瑞便做了臨時執政。他提出共商國是主張，企圖緩和南方的革命力量。

總理其時仍在韶關，北方段張（作霖）合作局面下，派了許世英到粵敦邀總理北上，藉以共商統一和平。陳炯明那時在東江負嵎困守，似乎也有悔意；有一天，鄒魯同志陪同吳稚暉先生到韶關大本營，面懇總理赦免陳炯明過去罪行，吳稚老幾至雙膝下跪。總理最後說：「陳不親來請罪，起碼也要有親筆悔過書，才能寬恕。」

當時黨內許多人以為總理這樣的容忍寬大，革命是不會成功的。對於北上和段氏商談，有些同志，力表反對；並且顧慮到總理北上後的安全問題。但總理以容忍寬大精神，和大公無私與人為善的襟懷，終於決定北上。

革命的政治藍圖

民國十三年十一月十三日總理離粵，同時發表「北上宣言」。在那一歷史性的文件中，提出解決時局辦法，主張召開國民會議，以謀中國的統一和建設。民國以後，國內政潮起伏，動亂不安，每次總理都有宣言發表，表示他對國是大公無私的精神和意見。北上宣言裡扼要地說明本黨的政治目的：「在造成獨立自由之國家，以擁護國家及民眾之利益。」「對外政策，一方在取消一切不平等之條約及特權；一方在變更外債之性質，使列強不能利用此種外債，以致中國坐困於次殖民地之地位。對內政策，在劃分中央與省之權限，使國家統一與省自治各遂其發達而不相妨礙，同時確定縣為自治單位，以深植民權之基礎。」這正是總理所領導的國民革命的一幅鮮明的政治藍圖。

總理動程北上時，命胡漢民為大元帥府留守。在韶關設置大本營時，古應芬為文官長，我為代理參軍長。大本營的經費除軍費外，是每天向韶關鐵路局領取五百元，以供職工的伙食。

最後一次的談話

總理北上的行程，是決定由香港赴上海，再由上海經日本神戶赴天津。當我們在省港輪船送行的時候，總理的精神很好，他和同志一一交談，最後問及我關於他北上的意見如何。我說：「先生這次北上，如果能以政治方法，真正得到全國和平統一，那是國家前途之福。」他又問及我將來打算怎樣？我答：「如有適當人選接替我的職務，我也希望離開廣東。」因為我覺得在粵負責已久，削平商團之亂後，廣州當局如能換一新人以改變局勢，於公私上均屬有益。

從這一次送別的談話，也是總理對我最後一次的談話。之後，他按著他的旅程次序，不久也就到達日本神戶。他之所以道經日本，是有著國民外交的意義，為使日本了解東亞的繁榮與安全，有賴於中國的統一和中日邦交的敦睦。所以在神戶受到歡迎時，他以誠懇的情意發表了他的「大亞洲主義」演辭。說明中國統一和平對於日本有利，藉以打消日本帝國主義的野心。

總理扶病而行

我們一直關心他旅途上的一切。後來知道他在滬日海航途中，風浪很大，備受海輪顛簸之苦，使胃臟大受刺激。在民十二三年間，總理固常患胃病，有一次在廣州臥病兩三星期之久，因此，北方一帶，曾盛傳其病篤。

總理於十二月四日自日本抵天津，民眾盛大歡迎，但他身體已感不適。我們看到他穿長袍馬褂所攝的照片已有病容，和在省港輪船上穿中山裝與夫人合影的相對照，顯然憔悴得多。

三十一日總理扶病到北京，段祺瑞那時竟主張先開善後會議，違背諾言，不接納總理所提以人民團體為主的國民會議主張。總理當感鬱懣，病勢益增；醫生診斷的結果，知為肝癌。十四年一月二十六日入協和醫院受手術，由德醫開刀，發現肝已硬化，病勢嚴重。留院多日，多方救治，終無起色。十八日便從協和醫院移居鐵獅子胡同行轅。消息傳布，全國震驚，國際人士也極表關注。我記得當時曾發一英文電，經孫夫人請其讀給總理聽，我的電文是：「上帝佑您，以您的精神來抵抗病魔，敬祝早癒」。

二十四日總理病篤，遺囑已由汪精衛執筆定稿，但躊躇著未給總理看。有一次給他過目，他不作聲，直至三月十一日再給他看時，才簽上字。翌日，十二日上午九時三十分，總理結束了他四十餘年的革命辛勞，留下他偉大的主義，留下他光耀千古而尚未償願的功業，離別我們，到了天國。

中外震悼

當他彌留之際，有一個時間忽然精神轉好，他關心問及廣東的情況，在旁的人告訴他：東征很順利，許崇智總司令蔣校長都到了汕頭，陳炯明已經敗逃了。後來廖仲愷夫人和馬湘對我說，總理當時也問起我，並知道我所部軍隊也到了汕頭。我聽著心裡更覺酸楚。

噩耗到了廣州，蔣校長剛從汕頭回來，那時胡漢民召集我們告訴總理已經逝世，各人在無可言達的悲痛下，對於治喪大典事宜，及如何鞏固廣東革命策源地工作，彼此交換了意見。後來，許崇智從汕頭來電建議每星期舉行總理紀念週，議決照辦。以後紀念週便經常舉行了。

段祺瑞政府當時通令全國誌哀，全國各地民眾無論窮鄉僻壤，都舉行追悼會。可見總理遺愛在人，他的救國救民的主張深入人心；全國國民，無不衷心敬戴。有人說：十五年北伐，以少數的兵力，獲迅速的成功，義師所指，勢如破竹，對北方軍閥，如掃枯枝殘葉者，莫非總理一死，人心益加振奮所致。因為總理逝世，人民知道喪失了革命導師，如果不奮起從事革命，不但對不起這位開國的偉人，國運前途，也將日趨黯淡。

奉安紫金山

總理遺體於十五日大殮，十九日移柩中央公園，民眾及青年沿途護靈致哀者數逾十萬人。四月二日移靈於西山碧雲寺，送殯者十餘萬人，由河北省主席商震領導，靈柩緩緩經由西直門一直到車站的一段路上，兩旁民眾萬頭湧擠，連屋頂上樹枝上都滿布了觀禮的人，但態度至為肅穆。中國的慶弔儀式，原很隨便，但這次移靈大典卻鄭重將事。幾經擘劃，一切儀式布置，都以嚴肅整齊為尚，這也是一種社會教育。

民國十七年，中央派我和林森為迎櫬專使，和鄭洪年等北上。於民國十八年六月一日移葬於南京紫金山。靈柩到南京時，停放在中央黨部禮堂，分日由人民致敬，民元各省代表選舉總理為大總統，改朔建元，亦在此地。那時北伐已竟全功，中國統一，正是中國光輝初耀的一段黃金時代。我們中華民國的創造者便永遠安息於風景幽美，氣象萬千的紫金山下（西山碧雲寺留一衣冠冢）。負責指導建築總理陵的是林子超，他就是當年指導建築廣州黃花崗的負責人。

北伐成功

總理從民元到南京就任臨時大總統，以至逝世後安葬南京，時隔十八年，人民智識程度已大不相同。民元時，民眾歡迎總理尚有擺設香案者，經十餘年革命主義的薰陶，民眾參加南京安葬典禮，意識上顯然是完全不同。在那典禮中，並且有各國使節參加；日本老友如頭山滿，犬養毅，萱野長知等都躬親遠道來南京參加。總理逝世之後，本黨決定積極準備北伐。其初，唐繼堯聞總理死訊，忽領兵由雲南來粵就副元帥職，蓋前者軍政府時期，唐氏固被推為副元帥而遲遲未就；現在以為有機可乘，心存覬覦，但其時粵局鞏固，唐軍抵達南寧時，即遭擊潰。

民十五年七月，今總統蔣公以總司令繼承革命精神，誓師北伐。革命軍所至各地，民眾簞食壺漿相迎。那時軍隊待遇只領伙食不支薪餉而士氣旺盛，真如總理所說：「革命軍一以當十。」

不久即平定華中，揮戈直搗燕京，掃穴犁庭，北方軍閥終於全體崩潰了。北伐之所以迅速成功，固由於蔣總司令軍事上的卓越領導，但總理之死和人心的歸嚮是最大的致勝原因。人民歡迎革命軍，即等於歡迎三民主義，並以堅決的行動來敬戴這一位時代的偉人。

七◆虎門幽居

免職與逮捕

民國十五年自夏徂秋的一段時間，我曾經歷一種意外的生活。回憶這一次事件和這一段時間，可說是我生活史中的一點波瀾。我暫時喪失了身體的自由，在一個珠江口岸寥寂的橫檔砲臺孤島裡，度過那為時不久而卻感覺悠長的四個多月的幽羈的生活。

五月三十日清晨七點多鐘，那正是「五卅慘案」一週年紀念之日。一位憲兵營長沈毅，突然到來我廣大路半園的寓所，掏出一紙軍事委員會免去我國民革命軍第十七師師長職和逮捕我的命令，之後，我便被送到虎門橫檔砲臺，開始我的幽居。

橫檔砲臺是屬於虎門砲臺的一個單位，距廣州水程約兩小時，因其位在珠江接海的中流，橫檔內外往來，故名橫檔。虎門砲臺是前清張之洞督粵時所建，地形險要，有虎踞之勢。當年李鴻章南巡，舟次虎門，訝其地勢奇雄，暗謂廣東將為清室的大患；迨船進口，李回首顧盼，見虎口朝內，心始釋然；乃徐語同行的唐紹儀說：「虎勢威猛，但虎口向內，他年地運屆臨，廣東其無寧歲乎？」廣東自民元以還，頻年俶擾，迷信風水者以為果如李語。實覺可哂之至。

我在那裡幽居了四個多月，直至同年雙十節，北伐軍克復了南昌和武漢，才恢復了自由。在幽居之初，意亂心煩，環境孤寂，未免惴慮於將來不可知的命運。每晚聽著島外的潮聲，和遠遠聽著來往航輪的汽笛聲，頓感人生自由的可貴；及後能靜坐如禪，心境即復恬然。那時追隨我的一個學生周旭東君入獄相侍，至為可感。難中的同伴，還有四川的熊克武等數人，黃埔軍校每星期輪派入伍學生一排到臺監視，多為第五六期學生。我所住的是一間不大光亮的小屋子，魚珠砲臺總臺長派來的周君和黃埔軍校學生，經常對我監護，但彼此相處至為和善。

我被捕的頭一天，在晨光熹微中，先到東較場的憲兵營。當日宋子文和褚民誼兩人即來探視，他們也莫明究竟，只有對我加以安慰。到了橫檔砲臺，除了我的妻子前來探視數次之外，蔣鼎文同志曾因巡視砲臺之便，來看過我一次，並相饋食品。其時他正負防護虎門砲臺之責。我日中以讀書自遣，曾讀完三本心理學的書。幽居真是一個讀書的最好機會，後來孫哲生常調侃我，謂此為「強逼的休息」——Forced Vacation。

我任廣東警衛軍司令——後改為獨立第一師，再改為國民革命軍第十七師師長，兼廣州市公安局長，有四年多時間，和廣州市民相處日久，感情融洽。當我被捕的消息傳出以後，同志，僚屬，親友和一般市民，都寄予很大的關懷。廣東的外省同志，由於這一連串事件，以為廣東內部會發生事變，也極表關切。我的被捕是在我交卸公安局長半月之後，其時廣州市長伍朝樞奉到命令，要限於二十四小時內離境，遺市長缺由孫科接充；如孫不允接受，即照胡漢民例，遣送至莫斯科。這一連串出人意外的命令，在準備北伐大後方的廣東人看來，至覺驚異，頗有山雨欲來的預感；更因我的失去自由，揣測多端，群疑莫釋。

共產黨與李濟琛

在我幽居的時間，我也曾仔細的思索過被捕的原因何在。依我敏感的判斷，那是由於共產黨的毒計和李濟琛的私心攘奪廣東地盤，兩者匯流而成的結果，我恰巧做了當時的箭靶。共產黨老早就認定我和孫科伍朝樞都是積極的反共分子，是他們的障礙；李濟琛要攘奪廣東地盤，也視我們為眼中釘。事實很顯然，把我幽禁起來，伍朝樞放逐出去，以威逼利誘脅持著孫科，共產黨和李濟琛就可各償所欲了。其後，我知道共產黨曾密報軍事委員會，說我和孫科伍朝樞三人圖謀不軌，危害共產黨，破壞國共合作；甚至還誣衊我們勾結英帝國主義，破壞省港罷工運動，擾亂後方金融等罪名。

滲透與分化

由於今總統蔣先生以總司令領導黨軍，肅清了陳炯明殘部及楊希閔的滇軍，劉震寰的桂軍，廣東革命基地已形鞏固，軍隊的軍風紀良好，博得民眾的敬戴，充分表現了革命武力和民眾結合的精神，氣象為之一新。但在另一方面的表現，無論在黨政軍學和社會團體中，卻發生了可憂的暗影。尤其廖仲愷被刺以後，黨內意見漸趨分歧；共產黨從中挑撥分化，意志薄弱或利祿薰心的人，便上了共產黨的鈞鉤；而共產黨藉勢向各方面滲透發展，國民黨的堅貞之士，感受到很大的威脅。

當時，在黃埔軍官學校方面，共產黨也滲入組織了一個「革命軍人聯合會」。國民黨則有「孫文主義學會」，主其事者為潘佑強，葛武棨，和楊引之（楊後隨軍北伐，到了武漢，為共產黨所殺）。在公私立學校方面，屬共產黨的有「新學生社」，屬國民黨的有「士的」派，主持者是謝瀛洲同志，時任廣東中山大學法學院長。粵語稱手杖為「司的」(Stick) 亦稱「打狗棒」，派以「士的」為名，意謂共產黨不可理喻，只有以木棍迎頭痛擊。其他社團方面，在省港大罷工期間，駐在廣州的各工會，也多為共產黨滲透。在黨和政方面，則盛行左派右派之稱。這些都足證明共產黨正在積極而明顯地發展他們的組織。鄧彥華在民十七年任公安局長時，發現以前我公安局內的偵緝科長何海屏有掩護共黨楊殷工作嫌疑；廣州暴動後，將何海屏拘捕訊供不諱，鄧彥華即將之槍決。可見當年楊殷已滲入公安機關，我亦愧失察。

中山艦事件前後

使人不能忘記的一件事，就是中山艦事件的一幕。那是民國十五年三月十八日的傍晚，共產黨李之龍，以代理海軍局長名義，矯令中山艦駛泊黃埔（俄國人李微 Lemey 任航空局長，俄顧問來華，向例不用真名）。十九日深夜，復又開回廣州，移動很為閃鑠。後來知道他們是由俄顧問季山嘉設計，布下陰謀，欲待蔣校長於二十日由廣州回黃埔的途中，劫持上中山艦，直駛海參威，以便奪取國民黨的武力，僭竊國民黨的地位。蔣校長早已洞燭其奸，為防止政局變化，乃在二十日宣布戒嚴，並即斷然處置，將李之龍和與共產黨有關的各軍黨代表多人加以逮捕，繳去俄顧問衛隊的槍械，奪回中山艦。限令俄顧問主任季山嘉即日辭職離境。其時汪兆銘也因有預謀的關係，離開了廣東。

在中山艦事件發生前不久，有一天清晨，我和孫科伍朝樞三人到黃埔謁見蔣校長，陳說我們所獲知的共產黨種種陰謀不軌的情形，我們並表示：假如不及時制裁，誠恐變生肘腋，貽患無窮。蔣校長當時靜聽我們的意見，答覆我們：「讓我考慮再說。」當我們謁見蔣校長的時候，蔣校長正和李濟琛談話，李見我們入座，即行離開跑到距我們有二三十步遠的客廳中去，我知道他在那裡一定還可以瞧著我們和聽著我們的談話的。我們說完之後也就告辭而去。

我還記得在中山艦事件前，有一次蔣校長曾囑咐我，在廣州東山寺貝底廣東皮革廠附近，加意警戒。因為那是通黃埔的突出河面的一條窄路，蔣校長每天往還於廣州黃埔所必經之地，我想他那時恐怕已感覺到共產黨會有危害他的可能。

李濟琛搗的鬼

李濟琛當時任國民革命軍總參謀長，兼第四軍軍長，但當部隊出發時，又奉命留守後方。他原是第一師師長梁鴻楷的參謀長（鄧鏗死後梁鴻楷繼任第一師師長）。在革命的陣營中，原也有頗長久的歷史，在我們心目中看來，總是自己人。但他覬覦北伐軍出發後的廣東地盤，以我和孫科伍朝樞都是廣東人，我且操有廣州軍警的實權，以為我們有地方主義和地盤的觀念，會擁兵自衛的。他以不肖之心度人，更為清除達成他願望的阻礙，乃投下辣手。有人謂李濟琛生相「腦後見腮，久後必反」，信耶？

我和孫科伍朝樞同去黃埔那一天，原來有一個主意，就是：倘若蔣校長同意我們對共產黨制裁的主張，我們準備將首要的共產黨員十數人，僱用一艘輪船，把他們送到中山縣附近一小島或送到上海去；次要分子，暫時加以拘禁。因為當時所有知名的共產黨員，他們的地址，公安局都有特別戶籍的登記；他們的活動，我隨時得有報告，無所遁形。當時我們的談話，大概給李濟琛向共產黨做投機買賣的好資本。而我即於數日後，奉到軍事委員會免廣州公安局長職，專任第十七師師長令。接長公安局長的，卻正是和共產黨有密切關係而為李濟琛的親信爪牙李章達。民國十八年李濟琛被開除國民黨籍，幽閉南京；譚延闓同志有一天和古應芬談話，提到李濟琛時，譚同志說：「哪！那一次吳鐵城的事件，就是由他一手攬成的。」這句話，揭穿了一個謎。當年李濟琛這種「勳績」，當成為今日投靠秧歌毛朝丑表功的一宗紀錄吧！

當我接到免去公安局長命令時，新任李章達已即到局找我，限我即日交代。這種咄咄逼人的氣焰，就因為他受了共產黨的指使，急於要奪取公安機關，防制我們的計畫行動。當時，對這突兀的事件，許多親友同志，都感到其中有異，勸我連第十七師師長職也一併辭去，離開廣東。我為了要負責辦理我三年多公安局長任內的交代，費了兩星期的時間；隨後乘車赴廣九鐵路的石龍鎮檢閱所部十七師，時值二次東征勝利凱歸，集中該鎮整訓，我在石龍防地逗留了一天；回到廣州，正擬辭去師長職務，離粵赴滬，表示來去光明，但五月三十的那天就被捕了。

當時俄顧問鮑羅庭，權傾內外。他表面是幫助國民黨，暗地裡卻在指使共產黨僭竊強侵。一時國民黨內的投機分子和動搖分子，和他暗通款曲，奔走於鮑羅庭之門，有如鬧市。其中世故較深的，明哲保身，緘口不言；我被捕時，有為我請託人情者，但對方卻多避不見面，可見當時在共產黨捉弄下的恐怖場面，也是我第一次嘗到社會上人情冷暖的滋味。

服從組織、循規蹈矩

作為一個國民黨黨員的我，一向是以服從組織，循規蹈矩自勵的，當時我和孫科伍朝樞所商定的主張，因為要得到負責當局的允許，所以不肯先發制人，妄自舉動。否則後來的中山艦事件以及武漢的反叛，南昌和廣州的暴動，或不致發生。但也有人會說，倘若如此，馬上就要引起聯俄容共的破裂，妨礙了北伐的進行。不過這種說法，我是不以為然的。因為當年蔣校長積極的建軍和整軍已有兩三年；肅清反側，統一了廣東，已為十五年北伐奠定了勝利的基礎；同時全國人民所歡迎的，是三民主義的北伐，而不是共產主義的北伐。蔣校長當年為應付現實，以臨淵履冰的心情，容忍拂逆，以求北伐後方的安定，使革命前途順利進展，個人毀譽有所不計，是他對革命事業的忠誠處。實際他所領導的北伐的號召，已得到廣大民眾的熱烈擁護，不需要任何力量的相助。

十月我被釋放，離開了廣東到達上海。有人告訴我，當時美國華南艦隊司令官對我極為關切。曾設法營救，甚至願出資以恢復我的自由；他本是一富家子弟，我出獄後，他已離職他調，但這一份友誼是足感謝的。使我感到安慰和榮耀的，是我一手訓練出來的十七師，能夠參與北伐，建立戰功，打到北方的天津馬廠，才被改編。尤其使我不能忘懷的，協助我訓練軍隊的同僚，多有為革命而傷亡犧牲，每一見及他們的嗣裔，除盡我的力量予以賙濟外，對他們的先人，只有表示永久的銘感。

我自此以後，每年都以此日為反省日。

鐵城先生回憶錄，因病中輟於此。以下各篇文字尚未撰寫。

附錄

前塵重拾・十載人天

張羣

鐵城先生之生平業績，與中國國民革命共其波瀾。羣忝託素交，心儀盛德，襟期相許，憂患同經。自播越來臺，蹤跡愈密。不圖貞痼，奪此賢豪。其所撰四十年回憶錄，除身視之重大經歷外，於當時之政治社會情況，敘述亦詳，允為珍貴之史料。惜篇章未半，而年壽已迫。茲值其逝世十年之期，友識為編行此集，藉誌景念，兼備將來國史之蒐採。披卷懷往，前跡如新，敬題兩絕，實不足盡其胸臆也。

大心雄略兩崢嶸，歷盡艱危志愈貞，一事九天遺憾在，餘生不及見收京。

風義生平重久要，每從槃錯見高標，前塵重拾殘篇裡，十載人天嘆寂寥。

我思古人俾無尤矣

張羣

政府播遷到臺灣以後，鐵老與我的往還更親密，朋友們談到鐵老便說到我，看到我就聯想到鐵老，把我倆看成永遠離不開的形與影似的。其實我何敢與鐵老並稱，我和鐵老的「交情老更親」是事實，而我的不及鐵老處，使我衷心願意把鐵老作為最親切的益友，則為很少人能夠體會得到的一宗更真實的事。

鐵老自去年十一月十九日逝世至今，愈使我常時想到鐵老的所長，恰能補足我的所短。過去雖也覺到鐵老對我個人及對黨國社會在某種環境或某些方面他會發生某種作用，但並未感覺他怎樣的重要，總以為他所能發生的某種作用，別的人也許可以同樣發生，及鐵老一朝長逝，忽忽四顧，才突然感到他的重要性。尤其當國家局勢正在大開大闔大轉變的今日，這類典型人的重要性更甚。

國父在本黨第一次全國代表大會集會中，不是說到團結本黨同志，不能像蘇俄共產黨那樣的完全靠紀律去約束，更須著重情誼的交融麼？鐵老在這點上，確能充分做到，而且誠於中，形於外，表現得很自然。他無論在造次顛沛之頃，或勳望隆顯之時，黨內外任何人去見他，他總一例接見，有什麼事去求他，他總給他指示，助他解決，為他推轂，絲毫不感覺厭煩。他對本黨同志，一切可以寬容假借，唯對於革命的主義和行動，絕不放鬆。他的取人，不拘一格，於黨務政務財務警務軍事吏事文事有一長的，無不善善從長，優加獎進。即令其人蕩檢踰閑，至於妨礙公事，除招入密室婉予規勸外，不肯遽爾棄絕。其憐才的盛意與陶成的殷摯，常使受責者心悅誠服，蒙獎者愈思自效。不論誰，都可以向他盡言，有時爭辯至面紅耳赤，聲達戶外，他亦不以為忤。只要他人所說的比他更有理由，他可以立即改變自己的意見，信任部屬放手做去，但須如期辦竣。因要是結果失敗了，或引起別的枝節，他仍能代負最後責任，並鼓勵經辦的人要愈失敗愈奮勉。因此，他的幕中，跅弛之材，狷介之士，淩厲剛愎之輩，規行矩步之人，縱衡捭闔之才，好高騖遠之流，偃蹇傲兀之徒，可以交進並馳，這些人聚在一處，幾如前明宣德之爐，斑駁陸離，不可方物。在他則因材器使，以配合辦理各事的需要，而在被用的人，則如群魚跳龍門，且樂受裁成，韓退之所說的「玉札丹砂，赤箭青芝，牛溲馬勃，敗鼓之皮，俱收並蓄，待用無遺」。他確實做到此點。倘遇疑難，尤喜約宴僚佐聚談，時出幽默語，靜觀各人的了悟。或長身嶽立，耳提面命黨國大事，或龍拏虎躑於一室中，對世道人心作獅子吼，或發凡起例，引而不發，誘使各人願意發表各種不同的意見，總想在宴談中察知各人的反應與器識，作為匡直輔翼之本。像他這種和易豁達，包羅萬象的氣度，正是治國辦黨的基本條件，僅在這一點上，就自愧趕不上他。我的喜歡與他往還，並不全在志同道合，也實在存著一種見賢思齊的嚮慕之情，不時掀振在心的深處呵！

他生就這副恢宏寬厚的風度，磅礡叱咤的才氣，他就很自然的成為調協各方歧見，促進各種運動的能手。辛亥武昌起義，九江首先響應；袁世凱摧殘國會，贛寧皖粵聯兵討逆；陳炯明叛變，沿海民軍群起問罪；粵軍二次回粵後，雜集廣州的滇湘豫皖贛各部隊悉遵約束；廣州商團作亂，使軍警敉平於一朝；寧漢分裂，復歸於合作；東北易幟，統一完成；汪馮叛亂，東北出師聲討；「一、二八」戰事爆發，淞滬軍民同仇敵愾；「七、七」抗戰展開後，粵省各界戮力禦敵，海外僑胞輸財參軍，後方青年投筆從戎；像這些有關黨國安危的重大問題，無一不有鐵老的血汗沖刷其間，不惜身當其衝，或為細針密縷的安排，或為大刀闊斧的處理，或為平心靜氣的疏導，雖然一切問題的解決，非他一人之力，然機勢的轉捩，僵局的打開，往往靠他篤厚俊爽的態度，莊諧並發的詞令，及交歡各階層人士的本領，卒使局中人言下頓悟，相悅以解，則為常有的現象。正因為他有此能耐，人緣又極好，所以黨內外人如遇紛爭不決的事，只要鐵老的居住處不過遠，當事人總會不約而同，脫口而出的齊說：「我們找鐵老去。」亦正因為他到處得人和，所以不分何種集會中，只要鐵老到，就萬頭攢動，各人好像頓時得到一種溫暖，報以熱烈的鼓掌。

他這種調和各方，肆應無礙的外交長才，在他初露頭角時，就顯露出來，到了晚年，便更顯得波瀾壯闊而又老成了。九江起義，他擔任了軍政府的參謀次長兼外交部長，是他脫穎而出的時期，長江艦隊竟在他曉以大義，指揮若定之下，先後反正了。當他離去上海市長轉任廣東省主席之時，各國使領齊集黃浦江邊送行，依依惜別，如果說忠信篤敬是政通人和攸往咸宜的要素，那麼鐵老就是一個具此要素的人。抗戰初期，他擔任中央海外部長，遵海而南，宣慰各地僑胞，足跡所至，向心力立即加強，使日方煽惑離間的技倆，不能得逞。如果認定明季鄭和有開通南洋之功，能使聲教迄於四海朔南暨，那麼鐵老的所為，也許可以媲美。日本投降後，他奉命遍訪日本、南韓、印尼、菲律賓、宣揚國策，上下其議論，以戮力反共為務，如果說東南亞各國的聯盟，始終是反共的要著，那麼鐵老早已於此一行中發其端了。他的策動機構，則為華僑協會，國民外交協會，中韓文化協會，中日文化經濟協會，在他逝世前十小時，還在華僑協會與佐理人員商談進行方略，且親筆寫出二十一日上午約請某一歸國僑領晤談一紙條，交祕書函約，雖然這一親筆約客的便條，竟在旦暮之間，變成幽明異路永難把晤的空文，然他始終關切僑胞，薄暮始離協會的鞠躬盡瘁精神，也真堪說得上「死而後已」的了。

他一生事業的成就，除得力於他的休休有容，諤諤善言，能擘劃肯負責的學養以外，還靠他具備一種犧牲自己幫助朋友的一貫風格，及獎掖後進為國儲才的遠大襟期。前者如終徇孫哲生先生的苦邀，捨棄眾望所歸的立法院院長，完成行政院的組織，即其一證。後者如他在各機關所用的人，不問親疏派系，只要其人才能可以重用，便密薦於領袖，或推介到其他方面，俾各翱翔而去凡可以振拔幽滯宏獎人才之處，總是不遺餘力，已為人所共知的事實。在他死後，我的感觸雖不到「人之云亡邦國殄瘁」的程度，卻突然提高了我「今日根本大事，莫大於培植後進」的警覺。我已深深感到，凡像我這把年紀的人，能供黨國馳驅的精力，究已有限，所有四十歲以上的人，經過八年的艱苦抗戰，接著又經過六七年顛沛播遷的生活，今已都在五十以上了，由於局促一隅，愈不易使他們都能得到歇歷中外的機會；俯視今日正在大學中學讀書的青年，大都只有二十歲上下；尚留在國外的學生，年齡雖較大，但又說不上有什麼辦事經驗，人數又少得可憐；回顧大陸，則老弱的十之四五鬥死餓死了，少壯的或正被迫接受毒化教育，或已被迫參軍，命運已注定他們必然傷亡，幸而未傷亡的，日後亦必須經過一番淘磨，才能回復他固有的人性；每一想到這些情形，讀陳子昂所賦的「前不見古人，後不見來者，念天地之悠悠，獨愴然而涕下」這首詩，就情不自禁的直從心靈深處漸漸洋溢乎喉舌間而不能自已，而且使我真想不出如何才是補救現階段內及今後一階段內人才青黃不接的真正有效辦法。今日及今後國家所最需要亦最感不足的人才，自然是有猷有為有守的民主政治人物，而這種人物又絕不能專在書本中養成，當前養成這種人物的必要機會及基本條件，卻又不易多得，如何使我們不焦慮！自鐵老逝世後，我的無心再去看電影聽國劇，並非全由於我的這位老伙伴已離我而去，預防勾起人琴俱亡之痛；我的專心一志，朝作夜思，用盡我每日最後一分的精力，絞盡我每日最後剩餘的腦汁，說盡我所要說的話，接見我每日尚有一些時間接見的人，把革命實踐研究院當作我盡忠補過的最佳場所，孜孜兀兀，戰戰兢兢，以崇實明理，隨分報國為自勉勉人之本，以取人為善，與人為善，為自立立人之道，切己反求，無行不與，其他則匪我思存。無他，只想借此縮短人才間斷的距離而已。

我撰這篇感慨萬端的文章，固在悼念鐵老，但同時也在鞭策我自己，古詩說：「我思古人，俾無尤矣」。今日的我，就是這副心願。過去我在培植後進方面，自愧不如亡友，但今日一念之轉，一志之立，竊期毋負生平，九原有知，哀此戚思。

鐵城先生與我

悼念華僑協會吳故理事長

馬超俊

予獲締交於吳鐵城先生，肇自辛亥舉義之後，彈指駒光，四十三載。歷國運之邅迍，話酸辛於顛沛，追懷往事，彌有餘恫。茲應本會同人之囑，略述如次：

憶辛亥武漢義旗既舉，黃克強密電見召，予在港赴上海與馬伯麟糾合海外歸僑百〇四人，購械裹糧，自備資斧，偽裝海員經滬、潯、溯江至漢，揭番號曰：廣東敢死隊，予被推為隊長，伯麟為副，初戰於漢口大智門，繼奉調守漢陽兵工廠，清軍數倍於我，苦戰四日，死傷過半，奉命退武昌，增援黃陂，遇敵於洋蘆，背水而陣，鏖戰經旬，彈盡援絕，全隊僅餘七人，奪小舟突圍循江而下，被九江水上警察廳長何子奇警隊截獲，初視為俘虜，繼知為歸僑，九江都督馬毓寶，乃派員撫慰，來員操粵語，風度軒昂，則吳先生鐵城也。先生語至溫和，傳督意，擬廁吾儕於衛士，予憤然告予吾儕志在革命，並非求官，清社既屋，願賦遂初。先生聞言，亟趨握手詢余家世，知為同盟，曰：諸君志極佳，我當有以壯行色。翌日，攜贈銀幣百元曰：區區非公帑，乃僕與林子超同志醵以奉贐者。又明日，先生親送登江永輪，殷殷慰勉，復切囑江永輪買辦香山吳寶輝君，沿途妥為招待，珍重道別，予等俘虜餘生，短裎奇寒，得先生贐乃獲備衣履，雪中送炭，至足感矣。

民五，予因籌辦民間飛行學校至北平，訪胡展堂，林子超，而先生適至胡、林寓，乃得面謝前贐。先生與予暢敘五年之別，民物滄桑，宛如隔世，傾談益洽，過從以密，時作西山三海之遊，或為評劇醵飲之約，先生談笑風生，莊諧雜作，而譏評時政，臧否人物，燭照先機，微言多中，以是知其政治之天才。明年春，政潮澎湃，醞釀解散國會，先生憤而南返。國會既告解散，參眾兩院議員，南下護法，國父組大元帥府於穗，先生任參軍。予受命主持工運，奔走滬粵間，每返穗，先生輒約詢工運概況，多為規劃，關注至殷。先生繼調軍職，予亦奉國父委充粵第一路司令，同參軍旅，聯繫至密。迨先生膺選宰香山，音問略簡，而事涉工運，亦多見助。民十一，陳炯明之亂既靖，孫哲生復長穗市，市屬公安局長一職，議者初擬畀予，以不諳警務辭。嗣以先生膺茲任，兼警衛司令。時各省軍隊數十萬，雲集省垣，番號殊夥，軍紀失嚴，索餉索糧，不時滋擾，先生以薄弱警力，平亭其間，應付之艱，得未曾有。予旋奉命長廣東兵工廠，滇桂軍需索械彈，日肆欺淩，與先生乃感同一命運，以電話相問訊，殆無虛日，解紛排難，亦交互之。民十三年，本黨因容共改組，先生與予同膺選穗市黨部執委，先生兼常委、宣傳部長，予兼長工人部。共匪既滲入本黨，掀動工潮，社會震撼，公安工運，牽連益甚，先生與予，日坐愁城，相依彌切。是年夏，陳廉伯以商團叛，襲擊黨政機關，本黨黨員奉命總動員，率軍警與商團戰，先生司指揮，迅予撲滅，地方秩序，即日恢復，眾以是稱先生能。是年冬，國父北上，予獲准解兵工廠長職隨行，先生揮淚道別曰：君行我留，若失車輔，赤匪滋蔓，將奈之何？予亦為之泣下。十四年春，國父逝世於平，既移靈碧雲寺，孫哲生與予南下至滬，痛感共匪盜吾黨名，滲透各階層，為患日厲，乃邀集忠貞同志，商對策，決定聯合黃埔軍校同學及南北各公私立大學優秀青年，組織孫文主義學會，宣揚主義，作反共有力團體，函商先生，深得贊助。唯先生堅主本黨先進應集中粵省共同奮鬥。迨孫文主義學會於是年十一月二十五日在滬創立，先生於十二月中旬，即親來滬，設宴於杏花樓，苦勸在滬同志返粵，團結一致，協贊蔣公北伐大計。是時，西山會議，護黨於北，孫文主義學會，反共於南，遙相呼應，聲勢浩大。先生復返粵，俄奸鮑羅庭，謀篡黨權愈急，十五年春，乃有嗾使李之龍在永豐艦暗殺今總裁蔣公之陰謀，案發，本黨老同志益駭，古應芬，鄧澤如急電見召，予乃返粵，甫抵穗，即往黃埔謁今總裁蔣公請示機宜，乘汽艇返穗途中，遭匪小艇十餘艘之襲擊，幸予所乘汽艇馬力較速，疾馳脫險。先生聞訊，立來探視，偕訪諸先進，共籌剿匪之策，訂期三月某日，逮捕穗共，予以一網打盡。詎事機不密，為鮑羅庭偵知，先發制人，強我中央免穗市長伍朝樞職，拘先生於虎門砲臺，並將肆毒於予，古應芬亟密囑伍朝樞與予潛赴港出國，暫避凶焰。先生幽於虎門要塞，予不克營救，乃囑內子沈慧蓮，協助先生夫人馬鳳岐女士及親屬奔走呼籲，久而獲釋，此為自民五以還十載之間，先生與予艱辛勞瘁左提右挈之梗概也。

民十六年國民革命軍既奠江左，先生自粵抵滬，予亦從北美歸，重敘於上海白克路，參與清黨工作，克申素志。已而予忝長國府勞工局，主持勞動法起草事宜，先生往來京滬，良晤為多，於勞動法亦多以卓見相告，嗣共匪暴動，焚擄羊城，民眾團體，紛電先生及予促歸，李濟琛適主粵政，以建設廳畀先生，以農工廳畀予，再三敦聘，先生因與予偕返，兵燹之後，瘡痍滿目，先生釐定建設方案，予整理農工組訓，所事雖殊，關連綦切，隨時商討，至稱和諧。先生局量恢宏，包涵者廣，而虛懷若谷，察納群言，遇事作深邃之鑽研，客觀之審究，極為同僚推服，顧招李濟琛之忌。十七年，粵省府奉令改組，以農工廳併建設廳。予方慶釋重負，詎李以予代先生職，予悚然懼外間不察，謂予奪先生位，向李堅辭。先生時在港亟馳歸，召予與張惠長陳慶雲聚於陳策寓所。先生懇摯謂予曰，星樵，君與我患難至交，肝膽與共，寧不知彼此心跡，我與李，齟齬久，求去而無替人，今李以君代我，既孚眾望，亦愜我衷，倘君引嫌不就，轉使人疑我與君有裂痕，萬萬不可，在席諸君，亦諄諄相勸，予始勉允。接事之日，先生又自港趕回，親為交代，當時官廳更替，前後任多不相見，先生乃獨開前任親為授印之風，其度量偉大，於斯可見。

民十八年，予於出席國際勞工大會中，卸粵建廳任。復膺選第一屆立法委員，先生亦同此選，議壇駢坐，時有清談。十九年春，汪兆銘倡擴大會議於北平，鼓動閻、馮之變，中央慮東北附逆，遣先生出關，協助張岳軍先生勸導張學良之歸向，予亦奉中央派赴天津，主持華北九省市鐵路黨務，加強敵後工作，與先生密電聯絡，大收犄角之效。是年秋，閻、馮軍潰，擴大會議亦解體，予事既畢，出關漫遊，訪先生於瀋陽，至則正雙十國慶，東北已易幟，先生之功志竟矣。二十年冬，孫哲生長行政院。同日，院會決議以先生長滬市，予長京市，先生履新甫一月，而「一、二八」之難作，予適因事至滬，車阻不克返京，乃謀助抗日方略。先生處茲劇變，誓以身殉。當國軍與日寇鏖戰方酣，某夕，予接林煥庭同志告密，謂陳友仁，陳羣，王亞樵等，與日軍部勾結，擬組中華救國軍，由日軍供給械彈，占據滬市，生俘吳市長。予聞訊，星夜訪孫哲生，邀陳羣，陳中孚等至孫寓，責以大義，陳等初尚鼓其邪說，經孫哲生與予，直呼彼等為吳三桂、張邦昌，痛斥至拂曉，陳等始允寢其謀。事聞於先生，謝予曰：我不懼外寇，而懼禍起蕭牆，此次非君留滬，弭此內變，則我危矣。二十五年，先生調主粵政，入京造訪予，詳商治粵方略，虛心問計，其目標在獎勵僑胞回粵投資，興辦實業，建設新廣東。「七、七」難作，滬戰繼起，首都震動，先生每日自粵以長途電話致予，詢京市情況，八、一三日空軍首炸京市，先生立來電慰問，良友厚誼，感人至深。首都撤守，予奉命揮涕離京之日，曾接先生一再電邀返粵小住，共適大計，予因奉命赴渝，辭不克返。二十七年十月，廣州撤守，省府遷連縣，予奉命回粵宣慰，經廣州灣、韶關、翁源，間關萬里，乃至北江。先生聞予至，握手汎瀾，淚承於睫。翌日，集官兵民眾三萬人於星子操場，介予演講，敵機聞訊趕至，彈下如雨。予宿連縣之日，空襲三日未已，先生與予在警報聲中，亦暢談未輟，此為民十六至二十七年十二載間，先生與予之萍蹤聚散，仍多在艱虞中也。

先生嗣奉調至渝，供職中樞，初長海外部，復膺本黨中央祕書長重寄，以迄勝利還都，選任立法，行政兩院副院長，予奉職歷在畿輔，與先生晤對乃頻，先生碩劃藎籌，陳謨樞府，大經大猷，待彰國史，無假予之稱述。茲述其一二軼聞如下：日軍寇黔將及筑市，中央發動知識青年從軍，先生號召同志，投筆從戎，以為倡導，集合中央同志，曉釋大義，聲淚俱下。予聞之感動，首先簽名入伍，胡庶華繼予簽名，先生見而破涕為笑，號於眾曰：返老還童之馬星樵第一名，長髯過胸之胡庶華第二名，此足為青年表率矣。聞者歡騰，掌聲雷動。先生以調侃之詞，結束嚴肅之局，亦足見其感人者深。先生兩任制憲，行憲中央提名候選委員會召集人，在區域職業提名中，本黨同志，各不相讓，爭執滋多，往往舌敝脣焦，深夜莫決，此一研討，恆歷時兩三月，張溥泉先生，即因此項勞瘁作古，予亦躬參其役，倍感疲憊。先生則大公至誠，協調眾議，折衷其間，克允克諧，足徵其堅定過人，然其體健之損，於斯為甚。三十八年春，中樞遷穗，先生以粵為革命發源地，民族性堅強，反共最早，亟思號召全粵子弟，保衛桑梓，以屏障西南，日召中樞黨政人員，及粵省府同人共籌禦匪之策，辛勞彌甚，及粵撤守，茹痛至深。來臺，又日與李君佩及予，朝夕會商，作亡救之計，恆謂：吾儕如不能解救大陸同胞之倒懸，實不免為黨國之罪人，蓋先生之痛憤深矣。

至於僑務之關切，為先生素志，民二，本黨二次革命失敗，先生奉國父命主持檀香山黨務，兼任《自由報》主筆，即與海外華僑，多所聯繫。迨主粵政，謀以僑資建設粵省，抗戰軍興，未克其志。洎長海外部，關注僑情，倍加懇摯。三十一年，先生奉命訪問南洋，宣慰僑胞，歸而謀發展華僑事業益亟，乃擬創建南洋華僑協會，邀予為發起人，予力贊其議。是年五月，開成立會於渝，在太平洋戰爭，日占南洋期間，所以謀歸僑之安置與僑鄉之救濟者，悉力以赴。日既投降，規劃僑胞事業，戰後恢復，所裨亦多。三十六年秋，在南京召開大會，擴業務於全球，始更今名為華僑協會總會。先生在京，政務倥傯，而事關本會之業務，未嘗不撥冗措理。匪占大陸，先生來臺，復國紓籌，繁憂總集，而對本會業務之拓展，規劃益勤，曾於三十九年赴菲律賓、印尼、日本、韓國，宣慰僑胞，聯繫僑領，為大陸淪陷後中樞對海外僑胞作懇摯之款洽。年來全球僑務，大呈蓬勃之觀，雖黨政方面，主持得力，而協贊僑務，鼓舞僑情，本會亦輒有所貢獻，實先生有以領導之。此歲先生以宿疾時發，體力稍遜，每以會務，屬予庖代，自撰棉薄，愧未敢承，先生上月歸道山，本會同人，推予繼其事，眾議難拂，乃勉承之。

嗚呼！以先生遠大之襟期，著手猷於黨國，其嘉謨偉劃，有待後死之繼志述事者，不知凡幾，而本會為先生所手創，尤其生平志事所最重視之一環，本會同人，自知益加淬勵，努力前修，以慰先生之靈，而盡吾黨之責。茲以本會編印四十二年度年會特刊，同人囑予為文以紀念先生，用拉雜書此，以紓其悲而明其志云。

鐵老逝矣

李大超

鐵老竟於中華民國四十二年十一月十九日上午八時，逝世於臺北市仁愛路一段三十八巷五號寓所，噩耗傳出，驚動了海內外各界，在哀悼之餘，大家都認為在反共抗俄的鬥爭進程中，有鐵老的重要性，如今實在是一個最大的損失。在鐵老逝世的時候，友好登門弔喪，痛哭於寢門者不知多少。在治喪之期，往弔流淚者也不知多少。海內外各方電唁和送輓聯章花圈者數以千計。鐵老的逝世，予以我們的哀悼和追思最大。友好們在一年中，都認為鐵老的健康較去年進步，最近數月來，精神飽滿，興趣濃厚，想不到遽爾逝世。在鐵老逝世前夕，即十一月十八日下午五時，尚到華僑協會總會和國民外交協會處理會務，為華僑會館的籌建及時政的檢討，商談到六時五分，才於樓梯口話別，晚間八時五十分，尚有電話交辦各事，決料想不到一夕之隔，竟離我們永訣了！

鐵老雖逝，而他的對人做事處世特出的地方，確有他的特點。他所貢獻於三民主義的國民革命進程，黨的團結和清黨反共的統一和建設，抗戰時期的任務，實行憲政的應付，以及反共抗俄的奔走，呼籲亞洲組織人民反共陣線，展開國民外交，維護艱苦奮鬥的僑胞，都是他畢生努力奮鬥的成就，值得給人們永久懷念的。

鐵老在十三年，為了總理改組國民黨的時候，為了革命的工作已和北方的青年學生們有了聯絡，那時候，我在北平求學已有了精神上的交往。十六年，在上海的時候，常在海格路望廬談黨的問題，給我們很多的正確指導，有了感情上維繫和當前革命工作的認識。十九年，為東北黨務的活動，為易幟的爭取，在瀋陽的期間，更多的啟示和做法，給我們徹底的了解。二十一年，滬市的追隨，乃我在滬市教育局服務的時候，得鐵老的召見，在海格路公館談了很久，要我到市政府去服務，不容我再有所考慮。並且說明，青年同志應該在本黨執政的時候，為社會為國家多一點的努力，是為了實行主義，奉行政策，要發揚本黨的革命精神，要為國家多一點的貢獻。所以在上海市五年多的服務期間，最了解鐵老的政治風度，建設特長，實行主義，與愛護同志的作法和毅力。

鐵老接長上海市後不久，即逢「一、二八」事變，三十餘日的戰爭是在苦鬥，他的決心保護上海市的市民和領土主權，即寫下了遺囑。在周旋於戰事當中和停戰的協定，戰後的善後，都有他的決策和做法，奠定了以後抗戰準備和訓練公民的基礎，擴充保安團隊的實力，平民福利和新村的提倡，也表現中華民族不可汙的精神，給世界上有了深切的認識和同情，這是值得永念的功績和偉大的成就。建設大上海的實行，是奉行總理建國方略的開始。有了上海市中心區的建設計畫，以六百萬元的公債，就開展大上海的建設，上海市政府的堂皇偉大的建築，有：圖書館、博物館、運動場、體育館、游泳池、醫院、虬江碼頭的建築，時代化的水電、馬路、市場、公園、學校、衛生所、輪渡等等的設備，表現了我們革命黨人的建設工程，給國際上人士的良好印象和讚佩，確是偉大無比的事功。在社會上複雜環境中，改造社會，應付各國人士的交往，配合黨政關係，扶植黨的革命力量，在上海確有他的特殊作為，給人們永久不能忘記的功績。

尚有實行總理航空救國運動的號召，發起成立中國航空協會，普遍提高國人航空知識和興趣，有飛行社的設立，訓練人才。發動為蔣委員長五十壽的獻機祝壽運動，上海市首先提倡即有十八架飛機的呈獻，在元首五十壽辰之日，中正兩字的飛行陣容，引起了海內外同胞的熱烈情緒，不斷的為航空建設的有力貢獻，也是不能忘的功績。

記得在二十四年雙十節之日，舉行第六屆全國運動會於大上海市中心區的運動場，全國各省市和海外的選手都踴躍熱烈的參加，不但轟動了全國，且為世界上所特別注目。運動大會期間各地和全市市民每日在十萬以上的來往於市中心區的運動場，表現了偉大建設的成績，給人們最興奮難忘的運動。

鐵老於二十六年四月，奉命回粵主政的時候，派我和孫仲瑛兄四月初先行洽辦交接，以後隨鐵老同住於東山梅花村，為了粵政措施，早晚必作最詳細周密的商討，要配合黨政軍的合作，發揚廣東革命策源地的精神，整飭吏治清除貪汙的風氣，提攜本黨的同志，發展國民軍訓，充實保安團隊，加強警政訓練，調節軍民糧食，改進工業生產，計劃農村建設，實行土地政策，維護僑胞產業，一切為抗戰的準備，都是鐵老為桑梓服務，為革命建設作有計畫的措施。在接任不久就解決了追隨總理的老同志生活和工作，栽培了多少有為的青年，改進了全省地方自治的制度，可惜抗戰軍興，二十七年十月戰禍臨頭，不能完成施政方針而覺得遺憾的。

鐵老於抗戰緊張嚴重局勢變化當中，為海外宣傳和黨務僑務的工作，在香港建立起港澳總支部的組織，宣慰僑胞，在東南亞各地加強了黨的組織，團結起僑胞抗戰的力量，訓練青年幹部為反侵略的鬥爭，在東南亞起了極大的作用。至今海外僑胞認為最了解僑情，最愛護僑胞，最肯為僑胞出力的領導者。在中央黨部祕書長任內，為輔弼總裁，為愛護同志，團結同志，事無大小必為之解決，也有鐵老特出的貢獻。鐵老的溫情熱愛，使同志們都在懸念他，愛戴他，確為最可寶貴的。

在抗戰勝利復員之後，為對共黨的政治協商，各黨派的和協，勞苦特多。行憲以後，為選舉指導，友黨的商洽，本黨同志的競選，增加了不少麻煩和紛擾。鐵老在黨內不分彼此，真誠應付，蘄求黨的團結，已盡了最大的努力。也因此，影響了健康，這種忠黨愛同志的精神，也是永不能忘的。

尤於共匪擴大暴亂，全國騷動，國際環境不利於我政府，而我政府在戡亂軍事失利的時候，黨內又發生紛亂，在岌岌不安的局勢下，輔佐總裁應付危局，也是最憂勞的一個期間，傷害健康甚大。在總統為促進和平統一的苦心要中共翻然覺悟，趨向和平，乃毅然退休，期能達到和談的成功的時候，要鐵老與孫哲生先生組閣來應付當時的危難，同時，要堅強反共鬥爭的力量，而鐵老在維護總裁，支持政府，不顧一切促成舉黨一致的責任內閣，也足以證明，鐵老沒有個人的私見，確有勇以負責的革命黨人的氣度。

大陸陷敵，赤焰滔天，生民塗炭，山河變色的時候，鐵老在憂憤之餘，奔走於日本、韓國、菲律賓和印尼各國間，為促進國民外交的關係，維繫各地的僑胞，增強反共鬥爭的力量，已有他卓越的見解和特殊的做法，也為韓國反共反侵略戰爭有了特別影響的。

鐵老的一生，是為三民主義而革命的，在追隨總理推翻滿清專制，建立民國有了貢獻；在改組國民黨，鞏固廣州革命策源地，貢獻特多。在反對帝國主義，打倒軍閥，統一全國，也有了功績；在輔佐總裁領導抗戰，為國家至上，民族至上，軍事第一，有了抗戰的勝利，也有特殊貢獻。在今日反共鬥爭中，為反攻大陸，為拯救同胞，爭取民主自由的勝利，實在少不得鐵老的關係。從今後在這個大時代的艱苦鬥爭中，任何一個時期，有了某一種的問題的時候，就要想起了鐵老，這也是我們共同的想念罷。

從小事中看吳先生

陶百川

我認識吳鐵城先生，是在他任上海市長的時候。我們相識不久，他適奉命兼任淞滬警備司令。大出我的意料之外，他請那時市政府的俞祕書長鴻鈞到我家去邀我擔任司令部的軍法處長。我當時頗感躊躇，因為我和吳先生前後見面還不滿十次，彼此了解不夠真切，將來未必能有好結果；而且我怕吳先生將來多所干涉，以致軍法處長不能依法執法。我問俞先生：「這是誰的主意？」俞先生說：「沒有人推薦你。這是吳先生自己的主意。」我對吳先生於是發生了知己之感。所以，那個職務雖很艱危，親友都不贊成我去幹，我還是硬著頭皮接下來。在我後來任職的兩年中，吳先生一直讓我依法行事，不加絲毫法外的干涉。有人去為案件說情，他總是回答：「陶處長的信條是『速辦速結，毋枉毋縱』。不會冤枉人，說情也沒有用。」像他這樣獎掖後進，信任同事的長官，任何幸運的人，一生中也難遇見一、二位。知音云亡，能不泫然！

吳先生雖在官場多年，但他毫無官僚習氣。他很有擔當，勇於負責。在上海保安處截獲大批嗎啡後，司令部的參謀長知照我：「保安處今天就要把嗎啡案中的罪犯二十一名移解過來，中央的命令：是要把他們一律槍斃。你去準備一下，最好今晚就執行。」但經我和幾位軍法官審訊結果，只有三名應處死刑。原來保安處張大其辭，逕向中央報告，所以中央才來這個命令。但參謀長卻說：「二十一名中只槍斃三人，我們不好交代，應該多殺幾個。」於是我們當夜去看吳先生。吳先生說：「中央的命令是說『一律移解淞滬警備司令部軍法處依法槍決』。這『依法』二字很有意思。依法如不該槍斃，我們不好冤枉人。我看還是把案情詳報中央聽候發落。」軍人以服從為天職，把上級命令像這樣的頂回去，這在軍旅中是很少看到的。電發後三日，中央覆示：尚有一人應一併槍決。於是一共只殺了四人。幸靠吳先生的精細，在夾縫中找到了「依法」二字，也靠他的勇於負責，把上峰的命令頂了上去，這才在槍口下保留了十七條性命。

一般人只知道吳先生是功業中人，那知他也是學問中人。他不吸菸，不喝酒，不打牌，公餘之暇，一卷在手，勤於求知。他很重視學術，也常獎勵別人讀書。我在任事之初，就想赴美留學，他最初不肯放我走，後來看我求學心切，不獨准我辭職，而且還給我經濟上的幫助。可惜，我因家累很重，不得不中途輟學，迄今學問事功，一無所成，實覺愧對故人！

臺灣這隻救生艇要在驚濤駭浪中駛登大陸，極有賴於吳先生這樣有肝膽，有經驗，有學問的老航海家來共同努力，方克有濟。吳先生也常以自勉，從不因老自餒。「人之云亡，邦國殄瘁」。可見我們哀悼吳先生，並不僅是為了區區私情而已。

悼述鐵老生平二三事

祝秀俠

一、新聞記者出身的「吳丹」

人向稱鐵老為將軍，後輩多不知鐵老早年還是新聞記者出身。在民國三年杪，他由東京赴檀香山，身分是檀島《自由新報》的主筆。那時當二次革命失敗以後，國內不能安身，為黨務宣傳起見，便遠赴檀島。他當時是用著「吳丹」的假名，《自由新報》是黨部辦的報紙，該報總編輯為吳永生。鐵老一面做報館主筆，一面負責黨務和籌款的工作。檀島另有一《中興報》，為康梁憲政黨所辦，言論與《自由新報》各樹一幟，筆槍墨陣，時相對壘，鐵老也時常執筆。未幾，駐華盛頓中國公使夏偕復和檀島總領事伍璜竟向華府指控鐵老為無政府黨，要求驅逐他出境，夏公使的指控自然是受命於袁氏政府，袁對革命黨人之在海外活動者，還是一步不肯放鬆，二次革命失敗後，袁曾以二萬元賞格通緝鐵老。有一天，檀島檢察官給他一個電話說：中國政府指控你為無政府黨人，定期傳問，請準備覓保候訊。他到庭後，才知道被指控的理由，原來是吳丹曾在《自由新報》發表過一篇文字，裡面有「口誅筆伐」一句話，誅伐兩字即作為無政府黨暗殺的一證據，華盛頓政府勞工部發出拘捕令，交檀島移民局執行驅逐出境，所以檢察官要傳訊他。他請了兩位律師答辯，告訴委託的律師說：「口誅筆伐」一詞，在中文是以口舌筆墨作武器之意，誅字從「言」旁，並非真刀真槍可比。辯論時，律師錄取他的意見致辯詞說：「我並非一個無政府黨人，恰恰相反，我是一個為孫逸仙博士所領導的革命黨的黨員。孫博士如世人所知，他是推翻中國帝制主張民主共和的政黨領袖，他建立了中華民國，袁世凱破壞憲法，要撲滅革命黨人，因此以莫須有之事指控。」當時，朝鮮的幾位朋友也到庭作證，證明中國文字「口誅筆伐」一詞的解釋。經過幾次的詢辯，法官終於瞭然。最後，華盛頓審查結果，判決了使中國公使認為失敗的不起訴處分，取消逮捕驅逐令，時為一九一六年三月二十四日，這場官司打下來，也糾纏了一年多。

二、與林子超先生締交經過

鐵老早年參加革命，最先是由於和林子超先生發生友誼關係。據鐵老平日言，他少年求學時代，歡喜運動和結交朋友。那時他才二十二歲，在江西九江同文書院快要畢業，他在學校寄宿，課完之後，以生性好動，常請假外出，到晚上照規定時間返校，他之出外，多半是結交朋友。九江附近不少風景之區，每逢假日，結伴遨遊，交遊漸廣。牯嶺為避暑勝地，每年暑期，少不了他的行蹤。就在那年的一個夏天，他在牯嶺遇到一個陌生人。那人的服裝，頗與眾不同，短袍短袖，腳底下一雙短靴。他覺得這人的打扮很別緻，楞著眼去注視，同時，那個人也在注意他，四目交投，彼此交談起來。他問那陌生人的姓名，來牯嶺多久？那人答道：「敝姓林，以前在上海江海關做事，才調到江西九江關來。」鐵老細看他的相貌：紫棠色略帶方形的臉龐，一雙清朗具有英氣的眼睛，似乎蘊藏著智慧之光，唇上長著兩撇向下垂的鬍子，很是濃黑，年紀大約是四十過外。這當下談得十分投契，大家都很健談，從風景說到上下古今，滔滔不絕，真個是一見如故。——這位陌生人就是後來做了十年國府主席，鐵老認為「生平風義兼師友」的林森先生。以後，過從甚密，結為良友。那時子超先生年長鐵老二十歲，也可說是忘年之交。鐵老之獲交林子超先生，影響於他的思想和以後的事業很大。他曾說過：「古人之益者三友，子超先生可說是我生平知己，他的遠大的懷抱和智慧的識見，給我很大的影響，我的參加革命工作，是受著他當時切磋啟發的益處。從他的雍容風度和慈藹可親的態度看來，初不知其為一蘊藏熱烈革命思想的革命黨人，日久之後，大家披露心曲，才知道他的胸懷大志。」其後不久，他們在九江設立了一所規模頗大的潯陽閱書報社，公開的宗旨為開通民智，改良風俗，訂閱各地報紙和新出版書刊供人覽讀。實則為一政治活動機關，藉改革社會運動來吸收有革命思想分子。當時，新軍的許多官長，也參加了他們這一個社。宣傳革命的書報，如《民吁》《民立》等，都居然陳列社中，官廳還沒有發覺干涉，就是因為他們藉著新軍官長的掩護。鐵老在未結交林主席之先，原想畢業後赴美國或日本深造的，其後，書報社組織起來，又眼看清廷腐敗的現象，非積極從事革命不足以救亡圖存，他便放棄出國之行，以書報社作為參加革命起點，選擇了革命。他們創辦起商團來，並先成立了一個軍事訓練班，拉攏當地五十三標新軍的軍官做教練，鐵老也親自參加了訓練班，受軍訓六個月，畢業後，開始辦商團，訓練一批商人，作為革命的武力。及至辛亥革命號角吹動，武漢光復，九江隨即準備起義響應。鐵老和林主席是當時策動革命的領導人，召集各方面聯絡的同志，分頭向軍警、砲臺、民眾團體各方面策動反正。五十三標標統馬毓寶和砲臺司令徐公度（世法）都給鐵老說服了，準備發動向道府進攻，當時九江道保恆知府璞良聞風化裝早遁，九江便兵不血刃首先反正。九江軍政府成立，林主席是民政部長，鐵老是總參議官。過了幾天，武昌失利，漢陽軍事吃緊，九江扼大江中流，湖口馬當砲臺對於截斷清兵水路接濟至具作用，他們為確保九江起見，決定出兵南昌和安徽，使九江不致孤立江表。突然薩鎮冰所屬的兵艦從上游開到九江，有海籌、海容等四艦，但只拋錨駐泊，不見動靜。林主席和鐵老被公推為代表赴艦探詢來意，他們坐了小汽船駛近兵艦，艦上升旗吹號，排隊相迎，原來薩鎮冰知道大勢無可挽回，已悄然出走，四艦由黃鍾瑛做臨時艦隊司令，是來歸順的。九江的海陸軍力量既充，後此援皖援鄂，聲威將敵人攝伏，影響整個革命頗大。林子超先生在重慶去世時，鐵老緬懷往事，不勝愴悼，多少年來，屢次提起欲為林主席撰一傳記，來臺後擬寫完回憶錄後，即著手寫林子超先生傳，今則老友天國重逢，良晤亦足共慰了。

三、但開風氣不為師

在早年參加同盟的革命黨人，自然個性上都是富於創造性和革命性的，他們不畏艱阻開創局面，所表現的就是大氣磅礴的創造精神。鐵老是開國人物之一，他的個性自屬於這一氣質。他以經營九江瓷器商人之子，捨棄優裕的家庭生活投身革命，憑他的赤手空拳，開創自己的功業，無論對國家的貢獻和他自己的人生，都是基於這種革命創造精神。他一生的工作，屬於創造性開風氣之先的很多，例如在警察方面：他建樹了許多以前未有的規模，在民國十年，他首任香山（今之中山）縣民選縣長時，即注意警政的改進，舉辦警察訓練班，那時還是一種創舉。其後，他在廣東公安局任內，對警察的質素和編制有了極大的改革，可以說中國的警政是他最先樹立了規範的。又如在縣政方面：他做了全國首次民選的香山縣長，當時參加競選，一切方式，都是首開風氣的，在香山縣內，又首先提倡兩件事：一是公文改革。他鑑於中國官場公文的繁雜、遲滯、浪費而又無科學管理方法（指檔案，卷宗和收發文件而言），曾致力於改革，原則是簡化格式，節省紙張。譬如：從前公文封套上例須頭尾蓋上大印，封內公文又要蓋上大印，下行的公文更處處用大印。他改為封套上不用大印，下行公文只蓋私章；公文紙也印成兩種，不滿五百字者一種，超過五百字者一種，以免浪費紙張。其他連收發程序，管卷歸檔的處理都訂有一種檢查管理方法，合於科學管理原則。後來，他在重慶中央黨部做祕書長，復指定人員從事改良公文研究，有所改進。若說改革公文主張，他可說是中國最早的一人。一是擬辦教育實驗區。當時，他計劃在縣內指定一區為實驗區，在這區內建立一所鄉村職業學校，並且附設農場、鐵廠、工場等，以培植農村幹部人材為目的。同時，這裡的老百姓在農忙以後，可以在農場見習，使能吸收新智識，藉以改良農作。他這種辦法是使社會與學校打成一片，學習與實用不致脫節，是鄉村職業教育的良好方案，雖計劃以環境關係尚未付實施，但在農村教育上已是一種創造性的設計。又當時香山縣的教育局長蕭悔塵係一女性（留美學生），時舉國尚無任婦女為行政主管官者，人多謂創格。其後，他到東北致力統一工作時，提出兩句名言說：「不到東北，不知中國之博大；不到東北，不知中國之危機。」此語傳誦一時，亦屬具有創見。他對於改良社會風尚，也至為關心，常欲有以改進，他很慨嘆中國數十年來婚喪大禮尚未規定禮式，所奏音樂，無哀樂之分，甚至坊間樂隊，於殯喪時奏「毛毛雨」之類歌曲者，他主張婚喪儀式都須嚴肅，因此，他為人證婚時，必聲明行禮時新郎新娘交換指環須新人親自為之，不能假手儐相，介紹人及來賓致詞，尤不能作自以為風趣的近於猥褻的言辭。他認為結婚是人生大事，亦民族延續所關，儀式務須莊重，對於慣例上來賓或介紹人的謔浪致詞，極不謂然。他在上海市長任內，努力建設大上海，手自經營，欲使上海成為一中國人自建的現代都市，其籌建規模，至為宏大，處處表現他的魄力，也表現他的創造精神。有一年，他提倡獻機祝壽，集慶祝獻金以購買飛機，亦為全國開風氣之舉。

四、他的一本未完成的回憶錄

在十年前，鐵老便有意寫回憶錄。那時，他正任中央黨部祕書長，工作繁忙。有一天，找我去公館，說：「我打算寫一本自傳，你可為我擔任記錄。這本傳記將記述我三十年來身與目睹耳聞之事，你以為叫做自傳好還是回憶錄好？」我說：「似可用回憶錄方式去寫。祕書長數十年來生活在生活核心裡面，其中足以反映出中國社會這些年來的演變過程，這將是中國歷史的珍貴史料。」當時，我認為：以他半生歷經中國大事，對於人物接觸，事物見聞，都極廣博，若用時代作背景，從他的體驗來記錄出中國數十年的史實，而不作個人生活流水賬式的瑣記，則編寫此書是一件極有意思的工作，我之承命頗引為榮。但那時，他的職務繁重之至，日夕難有暇晷，那有時候做這些不急之務，我懷疑他或早有積存日記筆記一類材料，但當我問及時，他指指腦袋說：「都在這裡，材料早已散失，只憑記憶。」過後，又約了公弼、公紀，自約諸兄談過一次。我後來僅將辛亥以來的中國大事和他的經歷糅合編排了一份初步綱目。勝利以後，他返南京，我回廣州任事，一別數年。及我前年來臺，拜見的第二天，他就舊事重提，問我能否不做別事，一心一意，為他完成此願，他還打趣要和我訂立合同。這若干年來，顯然他對外國出版的傳記和回憶錄一類的書籍看得很多，關於他的這本著作已經決定了很好的寫作原則和範圍。經過幾次詳細討論之後，他和我決定了幾項編寫上的原則，經過一兩個星期，我們草擬了一個綱目，共分十二章。後來，依據綱目開始撰寫，自四十年八月至四十一年五月，他差不多全副精神都放在上面，每星期我為他筆錄兩次，然後整理。他做事的認真，成了習慣，這本書每一章節的結構，措詞，費去他許多心血，可說是一字不苟，每有不妥貼的調句，修改再三再四。同時，我發現他記憶力極強，相隔數十年的事仍然絲毫不錯，他可以念得出九江甘棠湖上烟水亭的楹聯，記得起少年時代普通朋友的別號。他平日沒有日記，偶或隨手記下來的筆記也早已散失，書中的事實都是憑他的記憶口述出來。當工作開始，他對於回憶錄的書名也研討了很久，起初擬定名為：「一個未完成工作的革命者」，後來覺得書名太長，擬改為：「四十年滄桑錄」。又覺得感慨的意味太重，不適合內容。最後一次改正為：「四十年的中國與我」。他並打算完成以後，翻譯英文、日文。他生怕我不用心整理，完成第一章以後，他對我說：「像這種格式和文詞，是否已臻於完善，將來出版，別人的批評會怎樣？」我對他說：「就材料言，已是山珍海錯。至於我這個廚子，工作只是調味，我們作為一個讀者來批評，這本書將是一本有價值的書。」可是，這八九個月的時間，他為這書苦費思索，日夕構思，常致失眠。我起初只要求他口述事實的材料，結構措詞可由我安排，但工作開始時，我即覺得他連結構詞句都有了腹稿，但他近年來血壓增高，實在不宜勞思過度。那時相助這種工作的還有標慶兄，在寫完第五章以後，他竟害了一場大病，愈後，我們不敢再為他繼續工作，他幾次提起續寫，我和標慶兄要求他改變寫作方式，只要每星期一次口述片斷事跡，由我們整理，口述過後，其他時間不再縈思，否則，我們不願再工作，以免損害他老人家健康。他的太太平時對他日常生活極為用心照料，知道他凡事都認真緊張，也勸他不宜再寫。此後，零碎寫了一、二節，便暫時擱筆，現在的積稿約有十二、三萬字，僅至第五章為止。他的忽然撒手人寰，未能完成此作，使後人獲讀許多珍貴史料，也是一樁大損失。

敬悼鐵公

閔石麟

吳公鐵老於中國黨國之貢獻，自有史家秉筆，無庸余有所贅述。但不能已於言者，乃鐵公與石麟之公誼私交，以及對我韓獨立運動，暨我韓僑民皆感鐵老協助扶掖之恩，特拉雜為文，聊表追思敬佩之意。

一、鐵公嘗語石麟曰：余對韓國人士之接觸，始自辛亥年韓國革命領袖申公圭植來華參加老同盟會，並參與武漢起義諸役時起，嗣申公組新亞同濟社，聯合中、韓革命同志，發刊《震壇報》鼓吹革命，設立博達學院，培養人才等，凡申公有所需余助力者，莫不盡力協助之。

二、一九一九年三月一日，我韓全國興起抗日示威運動，同時，籌組臨時政府於上海，推選三十三人代表全韓人民，宣布獨立宣言，並公推李承晚博士為臨時大總統，李東寧、李始榮、申圭植、盧伯麟、安昌浩等為其內閣；未幾，李總統以歐、美外交重要，親自赴美主持，並提申公為我韓臨時政府國務總理，於上海主持一切。當時，除中國朝野盡力協助外，鐵公之助力尤甚於一般。

三、孫總理在廣東組織護法政府時，申公以專使赴粵訪問，並承孫總理面允於北伐告成後，決予協助韓國復國運動之一切助力；所以，當北伐軍事受陳炯明叛變影響而告失敗時，申公聞悉之餘，痛恨交集，蓋恐北伐無成，復國受障礙，乃舊病復發，藥石罔效，未幾，賫志以亡。旋即上海虹口事變發生，臨時政府乃由金九先生領導，我韓臨時政府乃移南京，嗣即由中國當局指定鐵公、何敬之、朱騮先三先生協助一切事宜，該時鐵公因膺祕書長職，故出力尤多。

四、抗日戰事發生，我韓臨時政府，隨國民政府自南京、武漢、長沙、廣州、桂林而重慶，尤以，廣州陷敵頃刻，如無鐵公指撥車箱數節，我韓國滯穗革命人士難以脫險，至今思之，我韓民蒙受鐵公撫掖濟危之惠，無時或忘也。

五、抗戰期間，凡我韓臨時政府有求於中國政府當局者，事無巨細，統由鐵公協助，鐵公之與我韓臨時政府，雖無顧問之名，而有顧問之實也。

六、迨抗日勝利，我韓臨時政府之一切歸國事宜，亦由鐵公協助，頗為便利，是以我韓於一九四八年，在漢城成立正式政府時，特電專邀鐵公，中國政府亦派鐵公為特使赴臨漢城，參與我韓政府成立大典，鐵公蒞韓之時，曾受我韓人士之熱烈歡迎。

七、抗日勝利後，尚有滯渝僑民三百餘人，並承鐵公囑張壽賢、馮宗蕚二位先生，負責協助一切歸國事宜。

八、綜上所述，凡我韓國在華僑民，無所不受其恩惠，致聞鐵公逝世之噩耗，莫不痛哭失聲。

九、不論在重慶與臺灣，鐵公籌組之中韓文化協會，促進吾中、韓兩國之間之國民外交亦不遺餘力。

十、追憶石麟於南京主持我韓駐華代表團時，亦受鐵公一切協助，所有留華僑民，亦得鐵公之助力不少。

十一、近三年來，石麟輾轉於病榻與藥石為伍，尤蒙鐵公特煩張、馮二位先生，時來慰問，感愧尤甚。

十二、石麟之與鐵公，可謂教我如師，愛我如弟，惜當鐵公病逝之日，石麟亦厄於病榻之上，未能親自祭奠，實深遺憾也。

鐵城堂記

張其昀

吳鐵城先生於民國四十二年十一月十九日，歿於臺北寓廬，今天適為其逝世十週年紀念。中國文化研究所同人為追懷這一位革命元老，於本所大成館之四樓，闢室曰鐵城堂。以誌景仰。

鐵城先生血性男子，古道熱腸，海內外識與不識，皆以「鐵老」稱之。前輩如吳稚暉、于右任諸先生亦稱為「吳鐵老」。鐵老之名遍天下，這實在是他肯做事、肯服務、肯負責、敢作敢為所換得來的美稱。

外國人常稱鐵老為將軍，因為他曾經數度以文人治兵的緣故。民國五年，他從海外回國，參加討袁之役，當過革命軍的師長。其後歷任大元帥府參軍，討賊軍總指揮，廣東省警務處長，淞滬警備司令等職。

鐵老致力革命，為開國名人。辛亥革命的時候，他以年僅二十三歲的青年，代表江西省出席南京會議，與十七省區代表議定臨時約法，組織臨時政府，選舉臨時大總統，而中華民國於焉肇造。

鐵老一生經歷，則為黨、為政、為軍、辦報、辦警、辦外交，幾乎無一不涉，無一不通。而在文人關係上，北與東北及韓國人士相結納，南為南洋各地華僑所信賴，他可以說是中國國民黨交遊最廣的人物。

鐵老是民國成立以來第一位民選縣長。廣東香山（今之中山）有全國模範縣之稱，民國十年實行民選縣長，開地方自治之先聲。鐵老以桑梓碩望，公開競選，得人民一致擁護，獲膺首任民選縣長。

北伐成功以後，鐵老經常往來於關內外，以其敏活的政治手腕，促成東北易幟，歸向政府，達成全國統一之目的。十八年元旦，青天白日旗幟遂飄揚於東北各地了。

民國十八年十月十一月間，東北吉黑二省，先後發生中俄戰爭，當時鐵老馳驅於冰天雪地，冒零下四十度之嚴寒，遍歷東北，直至哈爾濱，宣慰前方，鼓勵士氣。

民國二十年冬，鐵老就任上海市長，在他任內，努力於大上海的建設，草創經營，使其成為中國人自建的現代都市，規模宏遠，處處表現出他的魄力和創造精神。

大上海計畫，從市中心區之建設開始，以六百萬元公債，著手興工，包括市政府大廈、圖書館、博物館、運動場、體育館、游泳池、醫院、虬江碼頭等建築，以及水電、馬路、市場、公園、學校、衛生所、輪渡等設備，二十三年元旦，各項建設，大體完成，市府各機關遷入新址，中外人士觀感一新，祛除以往重視外國租界之自卑心理。

民國二十四年，第六屆全國運動大會在上海舉行，運動員來自邊疆各省區及南洋各地，表現全民族的大團結，尤以東北四省青年，在領土淪陷之後，敵軍深入之際，仍能踴躍參加，故最受歡迎。此次大會，人數達十萬以上，其交通秩序，與表演節目，布置周詳，有條不紊，論者謂鐵老有政治家之頭腦，兼具軍事家之組織能力，洵為不可多得云。

鐵老為廣東省中山縣人，乃華僑之故鄉。他曾幾度出洋，宣慰華僑，他發起並主持華僑協會總會，臨歿前夕，還在該會處理會務，真有「鞠躬盡瘁，死而後已」之概。他最了解僑情，最愛護僑胞；他傾其心力，加強了政府和華僑間的橋樑。

鐵老一生坦白真摯，待人誠懇，處事公允。凡是和他共過事的人，莫不稱道其豁達大度。他有磅礴的胸襟，堅強的意志，和藹可親的風度，軒昂奮發的氣宇，和不恥下問的精神，令人永遠不能忘懷。

鐵老久居於樞機的地位，對盤根錯節的事情，或為細針密縷的安排，或為大刀闊斧的處理，或為平心靜氣的疏導，雖然一切問題的解決，非他一人之力，然機勢的轉捩，僵局的打開，往往靠他篤厚俊爽的態度，莊諧並發的詞令，及交歡各階層人士的本領，卒使局中人言下頓悟，相悅以解，則為常有的現象。鐵老為協調各方歧見、促進各種運動的能手。當茲國家正處於大開大闔大轉變的時候，像這類典型的人物，需要倍感殷切。

鐵老生平愛惜人材，喜獎掖後進。今日政府中很多幹練大員，為鐵老當年所識拔者；他對人從不以此居功。在臨終數小時前，他對友人說過這樣一段話：「黨內不能人才輩出，黨外人才不能虛心羅致，所以才有大陸沉淪的一幕。而我本人也該負責任的。」這寥寥數語，是著眼於教育與文化，可以窺見他的氣度與抱負。

舉世皆知之鐵老名言：「不到東北，不知中國之博大；不到東北，不知中國之危機。」此乃民國十八年鐵老視察東北在長春車站所發表的談話。當時中外報紙，爭先刊載，予全國同胞以極深刻的認識與警覺。

鐵城堂為大成館第四層東面的樓閣，其用意既在紀念此一革命元老，亦使國人深念鐵老名言，而以光復錦繡河山，重睹祖國風光，為神聖之使命也。

懷念韓國之友——吳鐵城先生

金信

吳公鐵老離開塵世到現在已經十年了，但他的聲名和德意永遠留在我們韓國人的心底裡。從個人的立場講，吳公是我的長輩，因為先父生前在中國大陸從事革命運動即和他有著深厚的公誼和私交，而在抗日戰爭期間，他們合作得更為密切。從國家的關係上說，他是我們韓國人最敬仰的人物之一，是我們在患難中的一位良師益友。吳公對韓國在華人士的接觸，開始於辛亥年，那是我們韓國革命元老們前來中國參加老同盟會的時候，隨後就一直協助我們在中國進行抗日獨立運動。

在任職上海市市長期間，吳公不避自身的一切困難，不畏日本的干涉阻撓，毅然盡一切力量暗中協助韓國在華的臨時政府，使革命運動得以前仆後繼的進行。

上海虹口事變發生，臨時政府改由先父領導遷往南京。吳公不久亦改任中國國民黨中央黨部祕書長職務，而對韓國事務出力之處就更多了。

在抗日戰爭期間，凡我臨時政府有求於中華民國政府當局的事，無分巨細，均由吳公熱誠協助，而最令人難忘的是當廣州陷敵，吳公指撥車輛數節，供給我臨時政府隨國民政府撤退，使滯留在廣州的韓國革命志士得以脫險，他那急公好義，撫掖濟危的精神，永將遺留在韓國人的記憶裡。

抗日勝利後，吳公更協助韓國在華臨時政府及旅華僑民的一切歸國事宜，這些史實，儘管那時我還是弱冠之年，如今不能一一道其詳，但已是我們從事獨立革命的韓國人和我們的家族所念念不忘的事，同時也是一般熟悉革命運動經過的韓國人所不能忘懷的，因為韓國今天所以能獨立自主，雖然是先烈們拋頭顱，灑熱血和不屈不撓的革命精神以及全國人民上下一致所努力的結果，但是中國朝野的全力協助亦是重要的原因之一，而吳公就是那時在蔣總統領導下中國官員中支援韓國獨立革命最直接最得力的一位。

所以，我們韓國人對吳公鐵老的崇敬正如貴國人士敬愛他對中華民國所貢獻的豐功偉績一樣。我韓國政府為酬謝吳公對韓國的勛勞特追贈勳章一座，由外交部長崔德新將軍在本年初訪華時親自頒給他的遺族吳幼林先生，這也正表示了我們韓國人對他的敬愛。

今天當我們韓中兩國再度攜手合作來對付一個歷史上最頑強的敵人——國際共產主義，尤其在貴國反共號角即將響起，正義之師整裝待發的時候，中華民國人民一定有聞鼙鼓而思良將之感，而我們韓國在努力於統一建國的現在，也愈益使我們懷念當初協助我們獨立建國的一位良師益友——吳公鐵老了。

在這吳公逝世十週年紀念，我抱愧寫不出十分生動的紀念文字，但是我極願意借這個機會重申我個人以及我大韓民國人民對吳公由衷的敬意和真摯的懷念。

鐵老在上海

沈　怡

鐵老逝世十週年紀念集徵文，我早誠心寫文應徵，初以為我在上海市政府十年，鐵老是市長中我所追隨最久的一位，隨手拈來，可寫的材料必然很多，尤其看到鐵老的回憶錄《四十年來之中國與我》，雖自第七章以下，未及撰寫，但目錄已備，如第八章「在上海」，那就是我從鐵老工作的開始，因思何不即依鐵老手定回目，作一點補充，但甫一嘗試，便發覺並不如想像之簡單。大致寫紀念文字，最大的困難，亦即最易犯的毛病，就是無法不牽涉到自己和被紀念者的關係；講多了自己，便不是回憶他人，而變成寫自己的回憶錄，雖然提到自己是無法避免的，但必須注意筆端到處，無一字不是為回憶的人，這樣便不致犯賓主倒置之病。

當國民政府定都南京以後，即宣布上海為特別市，第一任市長黃膺白先生，第二任張伯璇先生，第三任張岳軍先生，鐵老是第四任。二十年冬，在他接任之前，上海各校學生因學生失蹤案包圍市府一日一夜，風潮過後，岳軍先生立即辭職，中央遂任命鐵老繼任。

鐵老的音容，我每一念及，即宛然在目。還記得二十一年正月七日鐵老就上海市長職，那天他穿的是藍袍黑褂，西褲革履，服裝修整，風度瀟灑，確是不同凡俗。他說話的音調似乎較人為高，普通官話說得極為流利，但多少總帶點鄉音，有時他還故意講幾句廣東官話來博人腆顏。鐵老有一特點，極少作冗長演說，他的就職辭即非常簡短。那時上海市政府還在滬南楓林橋，連一個禮堂都沒有，市長就職典禮就在樓下走廊前舉行，所有來賓和觀禮的人，全都站在露天院子裡，那天他的精練簡短的演說，確是大受人的歡迎。

上海市政府自成立時起，就奠下了一個良好的人事制度，從此市長縱有更易，人事幾乎沒有變動。鐵老到任，除將代理祕書長職務已久的俞鴻鈞先生真除以外，就是把公安局長換了溫應星先生，財政局長換了蔡增基，此外則祕書處的祕書科長稍有些微更動而已。鐵老在上海，可以說完全和過去幾位市長一樣作風，使這個人事上的優良傳統，得以維持不墮。

鐵老在上海就職不到一月，即發生「一二八」事變，他的回憶錄第八章第一節手定題目「倉卒應付滬戰」，指的就是這個。在戰爭進行期間，市政府各局已無事可辦，但為配合軍事，須緊急處理的事情卻著實不少。最初數日，大家都在鐵老家集合，這是一所兼中西格調極其精美的別墅，地點在滬西海格路，但天天在這樣一個所在聚會，畢竟不甚方便，不久就在法租界租到了一座花園洋房，對外稱「聯社」，實即市政府的臨時辦事處。當時鐵老和俞祕書長日以繼夜的忙著對外，內部的事由各局少數幾個人分負責任，人數不多，但辦事效率頗高。未幾淞滬停戰，上海四周規定不得駐兵，即使有軍隊過境，亦須向對方報告，當時政府的委曲求全，不僅不能邀民眾諒解，而對方的無理可喻，咄咄逼人，這種忍辱負重的滋味，真是虧鐵老受的，可惜他沒有把「日人交涉的困擾」那一節寫下來，否則其中必有許多珍貴史料，可以垂諸久遠。

鐵老有渾厚的賦性，爽直的胸懷，又能從善如流，和他做事甚是容易。鐵老最使我心折，亦即他最偉大之處，就是對人不問過去有無關係，是否認識，一概推心置腹，絕不加以牽掣束縛，至少我個人有這親身經驗。他尤有人所難能之雅量，凡是歷任市長對建設上所制定的方案，已付實施而尚未完成的工作，無不照舊維持，積極推動。例如新市區的市府大廈，在岳軍先生任內奠的基，開工不及三月，即發生「一二八」戰事，新屋適在戰區之內，工程完全停頓，其時大家都很擔心，這一停頓，不知何年何月，方能繼續。那知戰事一經結束，鐵老立即指示，不但市府大廈應即復工，還要發行公債，從事博物館圖書館體育場醫院等一連串建築物的推動。上海新市區建設，能在短短數年內，粗具規模，不能不歸功於鐵老這一勇往直前，大刀闊斧的作風。

上海市體育場即在今日看來，都還是一個規模宏大具有國際標準的建築物。體育場係由運動場、體育館、游泳池三部分，合組而成，占地二千餘公畝。單以運動場而論，長三百三十公尺，寬一百七十五公尺，四周都是看臺，可容觀眾八萬，看臺高十公尺，其下為運動員宿舍，可容運動員二千五百人住宿。這樣一時無兩的建築，在瘡痍滿目，戰事甫告結束之際，設無鐵老的魄力，恐是很不容易實現的。運動場落成以後，全國運動會即於二十四年雙十節在此舉行，鐵老回憶錄稱這次的全國運動會為第四屆，實係第六屆之誤。當運動會舉行之日，人山人海，把整個看臺擠得滿滿的，真是盛況空前，怪不得鐵老要在回憶錄專為它寫一節了。

在上海市政府時代，常替鐵老寫文章的是章淵若先生，寫應酬文字的是張震西先生，專司交際的則為唐士煊祕書。鐵老在上海，對於交際確是非常鄭重認真，凡是人請請人，都由唐祕書專司其事，但在事前，事無鉅細，仍是要不厭其煩的親自指示一切。中菜一向由杏花樓承辦，西菜則是鐵老府上自己的廚子，無論中菜或西菜，都經過他自己精細的鑑定。在上海，特別是西人社會，後來凡是聽到吳市長請客，無不異常歡迎。鐵老對於各方交際，不分國籍、不問界限、從不稍有偏頗，甚至對自己的部屬亦然。有一個時期，每星期五中午，各局局長必在鐵老家中聚餐一次，雖僅一菜一湯，每次都吃得很有滋味，所費時間不多，又可兼收有吃有談之效，許多事情就在這吃談之間，交換意見，得到解決。這是講普通的餐敘；至於大規模的招待，多數在市中心市府大禮堂舉行，那氣魄之大，布置之美，迎送應接之有條不紊，都經過仔細研究，我敢說，這一切在當時，確是稱得上全國無兩。因此上海市長的地位，無形中為之大大提高，聲譽益見響亮，至少使市長在上海成為一位中外所重視的人物，這是鐵老以前幾位市長所不及的。在抗戰前數年，滬市呈現一種欣欣向榮的局面，是無可爭議的事實，鐵老雖把它歸功於「官民合作」，但若不是他這樣一位舵手，又何能致此！

在「七七」和「八一三」以前，鐵老已調任廣東省政府主席，有一次他由廣州來上海訪問，還親自檢閱了他任內一手建立的保安隊。這一支以保安隊為名，而正規軍其實的精壯隊伍，曾在「八一三」一役中，為捍衛國家盡了很大的責任。「八一三」之戰，國軍在上海苦撐三月，便逐漸退向後方，上海市政府於二十六年十一月間，亦即無形解體。自此以後，凡是由上海到內地的市府同人，經過廣州，沒有不受到鐵老的親切招待，那時他仍是省主席。上海市政府成立於十六年七月七日，抗戰初期市府旅港同人發起「七七月會」，其時鐵老亦在香港，這「七七月會」由香港、而重慶、而臺北，至今存在，過去每逢聚餐，借鐵老家舉行是常事，而且總是鐵老請客的回數居多。

大陸淪陷，政府遷臺，當我每次由國外休假歸來，必往訪鐵老，傾談今昔。鐵老在講得起勁時，常喜把手在你身上輕輕一拍，意思之間，你以為他說的對不對。這種藹然可親的神情，加上他那贛粵兩種方言混合的口音，如今回憶起來，令人仍有音容宛在之感。

教人長憶的吳鐵老

鄭彥棻

民國初年，當我在國立廣東高等師範附屬學校讀書的時候，便熟聞鐵老的大名。到現在我還記得很清楚的，是民國九年鐵老當選為香山縣的第一任民選縣長時，在報上先後看到他的政見和各項改革的措施，使正在讀書的我，不勝仰慕。至於我和鐵老的第一次見面，則是民國十二、三年間，他掌領廣東全省警務兼省會公安局局長的時候。當時我是以甚麼身分和為了甚麼事情去公安局拜訪他，現已不復記憶；但他接見我時，身穿獵裝，腳著皮靴，氣宇軒昂，談吐爽朗的神態和氣度，卻永留在我的腦海。

其後，我在高師畢業，赴法留學，直到民國十八年回國參加本黨第三次全國代表大會，才又有機會見到鐵老。記得有一次當著他和我交換黨務意見的時候，還在我的記事簿用鋼筆親自寫上他的姓名和通訊地址，一筆不苟的每個字都寫得非常整秀有力，給我留下永不能忘的印象！他還囑我回法國後常常和他通訊。到了民國二十四年，我應國立中山大學鄒校長之聘，辭了日內瓦國際聯合會的職務，由瑞士回到廣州，在母校法學院服務，民國二十六年，鐵老也回粵主持省政，因此我們也曾晤面。迨至抗戰軍興，我先後在武漢，重慶和粵北參加抗戰工作，鐵老則宣勤海外，直到民國三十二年，我辭去廣東省政府祕書長職務，回渝服務於三民主義青年團中央團部，鐵老當時任本黨中央黨部祕書長，我才有機會多聆教益。至於我追隨鐵老工作，則由民國三十四年調任中央黨部副祕書長開始；我曾兩任中央黨部副祕書長，都是在鐵老領導下工作。行憲後鐵老和我都在粵省同選區當選為第一屆立法委員，其後鐵老應孫哲生先生之邀出任行政院副院長兼外交部長，所遺中央黨部祕書長的職務，也是由我繼任；所以，一直都有很多機會得到鐵老的指導和指點，對鐵老的思想言行和為人處事的風采態度，也有更深切的體認。

我追隨鐵老工作的時間雖然不很長，但鐵老給我的指導啟示和影響卻很大，他值得我們效法和學習的地方的確太多了！對我印象尤深的有下列四點：

第一是顧全大體。鐵老那種恢宏寬厚的風度和渾重磅礴的才氣，使他很自然地成為協調各方促進團結的能手；他那坦純軒爽的態度和莊諧並發的詞令，更是他使人悅服和翕從的本領。所以他不論到什麼地方，在什麼場合都受到大家的歡迎和尊重。而更重要的，就是他無論對什麼事，都能顧全大體，都能為人而不顧自己；而且隨時隨地都表現出一種有主張而無成見，有抱負而無野心的風格。他之能融和大眾，善結人緣，多半是得力於此，而絕不是偶然的。單拿東北易幟一事來說，當時奉使前往說服張學良的要不是鐵老，怕未必能夠這麼容易達成任務呢！又他在中央黨部祕書長任內，兩度擔任制憲和行憲的中央提名候選委員會召集人之一，當時同志之間並不是沒有歧見和糾紛的，有時，對某一問題開會至深夜，互相爭辯，仍僵持不決。我在旁邊常常看到鐵老怎樣一本大公至誠的態度和顧全大體的精神，運用他的長才，來斡旋肆應，協調各方意見，解決各項糾紛。這樣的才能和襟懷，真非平常人所能及的。

第二是重視情誼。鐵老常引國父在本黨第一次全國代表大會的話說：「本黨的團結，不能像蘇俄共產黨一樣全賴紀律的約束，必須著重情誼的交融。」所以他很重視情誼。例如他到過東北，有過「不到東北，不知中國的偉大，不到東北，不知中國的危機」的名言，嗣後即注重東北人才的培養和提拔。他對僑胞和老同志，更是殷殷眷顧，無時或已。對部屬，更是知人善用，推心置腹，信任無間；所以，曾追隨鐵老的人，無不深受感召，奮發效力。民國三十七年，鐵老徇哲生先生之邀，捨棄眾望所歸的立法院院長，參加孫閣，更充分表露他對情誼的重視。

第三是愛護人才。鐵老對於用人，不但有兼收並蓄的長處，更有提拔後進為國儲才的抱負。他的幕下，常羅致各方各樣的人才，無論黨務、政治、財政、經濟、軍事，只要有一學之專或一技之長，他無不優加獎進。他對部屬不同的意見，更樂於聽取和採納。他在各機關所用的人，只要其才可用，他都樂於收錄或推介，使能各展所長。他那愛才若渴的熱情，無所不容的海量，軒昂磊落的氣宇，和易豁達的風度，凡曾隨鐵老工作的人，無不留下難忘的印象。

第四是熱心僑務。鐵老一生對僑胞的愛護和對僑務的熱心，是有目共睹的。他曾任海外部長，曾主持港澳黨務，曾創立華僑協會和國民外交協會，他曾為了抗戰和反共，兩度訪問東南亞各地，聯絡僑胞，爭取友邦。他那軒昂磊落的氣宇和和易豁達的風度，贏得僑胞一致的敬愛。這一點對我印象尤深，因為本黨改造後，我先後奉命主持海外黨務和僑務，在這一段期間，我是經常向鐵老請教的。我每一次見到鐵老，他和我談到僑務，常有許多寶貴的意見和指示，也充分表露他對僑胞的關切和愛護。他最了解華僑的艱困和僑務的重要，常說對華僑應注意「與」而不能僅計劃「取」。對我更多勉勵和期許，給我印象最深的，是在鐵老逝世前數日，本黨舉行七屆三中全會，我在會中檢討過去海外工作的得失，提出今後加強海外工作方案；鐵老看了，非常讚許，認為是一個很完備的方案，並在審查會中，慷慨陳辭，要大家重視海外工作，力主通過此案，更勉勵我要全力執行，切實推進。不料這案通過後五日，鐵老即歸道山，每一念及，便越覺後死者責任的重大。

鐵老離開我們已經十年了，我這個曾追隨鐵老工作受教良多的人，卻一直沒有寫過紀念文字，這固然是因為在鐵老逝世時，由我擔任治喪委員會總幹事，事繁心亂，無從執筆，也是因為自知拙劣的文筆無法寫出我心中的哀悼，更無法寫出鐵老的偉大；但一直耿耿於懷，無時或已！現在，當鐵老逝世十週年紀念，我終於寫成這篇短文，雖然仍無法表達我心中的哀悼和鐵老的偉大於萬一，只是藉此警策自己，要和大家一樣地更懍於後死者責任的重大，益勵忠貞，以慰鐵老在天之靈而已。

最了解華僑的鐵老

戴愧生

駒光迅速，鐵老離開我們已經十年。回想他在辛亥、北伐、抗戰、剿匪諸役的偉大貢獻，豐功偉績，長留在中國每一個人的心版上，永不磨滅。

抗戰期間，他在重慶任中央海外部長及中央黨部祕書長時，倡議海外僑胞獻機運動，曾約我們到李子壩公館數度會商，日夜計議，因此在總裁五十華誕及抗戰時期，華僑有數百架飛機捐獻，當然是總裁的精神感召，而鐵老的設計籌劃，平時聯絡華僑，愛護華僑，以及革命同志向海外無孔不入的奔走，不無影響。鐵老常說我們不應以為華僑都是有錢的，其實華僑裡富翁並不多，而且捐獻的多是窮人，這是他對華僑深切的了解。

鐵老的真誠氣度非尋常人所能學到，凡與共事者靡不佩服，抗戰時期，各被壓迫民族都有代表駐重慶，皆由鐵老與張壽賢同志招呼，他因對人友愛誠摯，國際人士和他都一見如故，所以能盡到國民外交的責任。

他曾說僑務重要性在東南亞而不在歐美，故此命愧生在東南亞致力，民國三十年命愧生往菲律賓、馬來亞、印尼整理黨報，臨行時對愧生說：「太平洋戰爭醞釀時期已過，一觸即發，而戰事發生是日本人先動手。」果然不到二星期就珍珠港事變，菲律賓、越南、星加坡、緬甸、泰國、香港、印尼先後被占，愧生淪陷在菲三年八個月，痛苦不堪，終於能脫險無恙者，皆鐵老精神支持的結果。

民國三十六年，中央命愧生往東南亞宣慰華僑，他問愧生此行有什麼準備？愧生反問總理扶助弱小民族口號可以使用否？他答覆恐怕時間還未到。愧生所到的地方對各民族的領袖都去拜訪，只有印尼蘇卡諾總統在日惹，因戰事交通阻塞，荷蘭政府不發護照未達目的。

鐵老因大上海建設計畫成功而引起更大的抱負，本擬集中華僑資力，建設廣東福建為模範省，並逐步準備經兩三年之久。同時創立華僑協會，以往華僑社團的組織，多由海外部僑務委員會發起，但華僑協會則是由華僑自己發起，一切經費由會員負擔，不用公款，上海中興，華僑，廣東各銀行及先施、永安、大新、新新四公司，華菲、南洋兄弟二煙草公司，虎標永安堂皆加入上海分會，會址設在永安公司六樓。會務正在展開之際，不幸共匪猖獗，大陸淪陷，一切理想皆歸幻夢，否則因東南亞狹義民族主義之發展，華僑飽受迫害，倘有家鄉可以投資建設，何樂不為？香港亦無今日畸形發展之機會，由此可見鐵老眼光之遠大。

當我們撤退到臺灣的時候，鐵老奉命往菲律賓召集南洋各地同志開座談會，並領菲律賓華僑來臺慰勞三軍，士氣因之極為振奮，此皆鐵老無時無地不忘革命，不忘救國的明證，鐵老偉大的革命精神及對人的誠懇，是我們永遠不能忘記的。

文采風流想像中

張九如

一

十年來，一個修頎的身材，軒寬的頭額，順勢後掠的斑白密髮，廣厚的耳輪、近鬢的眉角、秀深的目眥烱烱逼人的瞳光，從玳瑁色的眼鏡框裡直射出來，威儀總像莊嚴不可侵犯，其實愷悌慈祥，和易近人，更不立崖岸，眼鏡梁下，穩垂著準隆而豐，下更廣平，幾如三角形的鼻子。遙埶著上下停勻，兩端尖直的雙脣，啟齒時聲朗氣堅，間以氣管炎似的喉音和片刻的停頓，越顯得語調不驟，謦欬可親，抑揚頓挫，金聲玉振；有時雖也發出一陣喑啞咄叱之聲，卻並不令人震慴，反使人對他越加愛敬，加上他的起坐從容步趨昂然詞令莊諧，舉止瀟灑，更使人樂與往還。肩臂闊長，又使人想像他擔得起艱鉅使命，確能拉攏各色人等齊作黨國干城。這樣豐儀的一個人物，往往在落月屋梁之時，暮雲春樹之下，特別是在十一月十九日這天，活現在我的心頭眼底。他就是離世倏已十稔，人家都稱他鐵老的吳鐵城先生。

二

當民國三十年鐵老接任本黨中執會祕書長後的第二天，我正在寓所早餐，忽聽到沉重的腳步聲，觸地的手杖聲，伴著「九公」「九公」的叫喚聲問訊聲，從樓下傳到三樓上來，我以為這個人是找二樓中人的，因為這種聲音，向沒有聽到過，而且我又不姓「戈」，或名叫「戈」，那種讀九（ㄐㄧㄡ）像狗（ㄍㄡ）的廣東音，我哪裡了解？若竟有人叫我「狗」，卻又尊稱為「公」，世間又怎會有這樣滑稽頑笑的事？正在猜測，這個人竟上樓敲門來了，開門一看，似曾相識還沒想定他究竟是誰，他已經開口了，先說了一聲早安，隨即自己介紹「我是吳鐵城」，我只得慌忙請他坐下。他不待我動問，就對我說：「我是特為來請老兄回到祕書處去幫忙的。」我頓時感佩其為人，洞明其來意，正陳述我將回中政會及宣傳部原任的因由，他已經心誠口快地話：「你能給葉楚傖先生幫忙難道我就不值得幫忙嗎？你必須回去。我絕不會把瑣碎事日常公事麻煩你，只請你擬辦總裁交辦文件，寫些重要文章，商量些黨國問題，你是一定辦得了的。你要是早飯已經吃完，我的車在門外，就請老兄跟我去，好不好？」他的話爽朗乾脆，態度又和樂慈愛，宛如惠我春風的歐永叔，照人秋月的李延平，是我生平第一次遇到像他這樣有磁性熱力的人物也就心悅誠服跟他回黨部去了。

從這天起，一直追隨他多年，從重慶回到南京，總在一處工作，到了臺灣，還是他家裡的座上客。他了解我像野馬一般，跅跎慣了，最怕羈勒，又和葉楚傖邵力子先生共事久了，書生脾氣甚重，不畏強禦，羞於逢迎，並愛放言高論，面折他人過失，對我始終優容，並曾關照祕書處若干人，「你們要另眼看待張九如」，潘公弼兄向我述及鐵老曾如此囑咐以後，更使我不知怎樣圖報才是。

三

當我留任祕書處專門委員室工作之初，主任委員是新來的潘公弼兄，是我初見面的一位老報人，陸續從外來，或由祕書處各單位舊員升遷的專門委員有黃天鵬羅香林趙君豪祝秀俠周雍能汪公紀鄒志奮張潛華葉尚志周芳岡侯標慶汪大燧莊心在張佛千溫叔萱李模棟呂曉道及幹事梁聲泰蕭汝灼謝泌余霞諸兄，較以前僅有盧逮曾委員一人和幹事二三人的局面，開廓的多了，工作也就發展開去。當我接任主任委員之時，有些同事早已調任祕書處其他職務，有些人則已從政，有些人則隨後進來，這個專門委員室，可說是黨內部分人才的吞吐港，也可說魚龍雜沓，各有短長，天空海闊，鳶飛魚躍的俱樂部。我曾幾次批評他用的是流水幹部，甚至說他像孟嘗君門下珠履三千中有雞鳴狗盜之士在內，他總是欣然同感，不以為忤，並且垂詢我對各人才性的觀察，我把管中之見說出後，他慨然說：「黨務要無孔不入，無遠弗屆才幹得出成績來，這就要靠儲備大批三教九流，三山五嶽，到處鑽得進，兜得轉，幹得開的各種人物了，只是我還沒有包羅萬象的氣魄，祕書處也不能有這麼大的容量。你曉得吧？我是會對付三頭六臂的人的，我也有利用雞鳴狗盜之徒的一些經驗。如果真有這種人，我倒很歡迎。要是聽任這種人在外面亂闖，是會發生亂子的，把他們收到我的身邊來，反而好些，可是我還沒有做到。你還要知道，辦黨和幹政治不完全相同。辦政治的人，無論大小官吏，都要賢良正直，才能具備治國平天下的基本條件，辦黨務的同志是革命的開創的打天下的，就不能對他們求全責備了。只要他們不違反主義政綱政策，不嚴重破壞黨紀，就都可任用，也都可寬容。」他這一席話，真使我感覺勝讀十年書，我的拘墟之見，固不值鐵老的一笑，而王安石不深味眉山蘇氏極言智勇辯力四種人如不能一一量才器使，必致擾亂天下的文章，竟搖筆譏評孟嘗君，似更有黨同伐異借題發揮的嫌疑。

四

那時祕書處許多人，既如前明宣德之爐，斑駁陸離不可方物，各人仁智各執之見，和一時意氣之爭，也就在所難免。鐵老知其如此，同時又灼知當時各人生活艱苦，飲食粗劣，交通工具也很缺乏，就由祕書處出錢辦伙食，每天中午集各處科室主持人在處中會餐，名為聯繫飯，藉機交換意見。解決難題，自然是一個公私兼顧的措施。可是有一天，糟透了，張潛華竟和祝秀俠大吵，始而口角，繼而拍桌子，撩碗筷，彷彿演了半幕鴻門宴。當時是為了什麼，我遺忘了，僅記得被鐵老知道後頗為震怒，問我誰是誰非。我笑著說，「這是小兄弟吵嘴，無關黨紀，事情已經過去了，你老人家不必理睬。」他霍地從座上站起，猛揮兩臂，大聲說：「不行，這不是同志同事親愛精誠的表現，我雖然可以寬恕他們這一次，可是必須了解錯在那一個人。」我幽默地說：「據我看，張潛華不潛，祝秀俠真俠，或者也可以這樣說，張潛華華而不潛，祝秀俠俠而欠秀，請祕書長想去吧。」他不則聲，只是凝視著我在那裡出神。我料他同意我的觀點，即進一步說，潛華愛吹牛，又巧言令色，甚至自吹楊虎城的太太謝氏也很歡喜他，倘係事實那就請祕書長對他的前途留些神吧。鐵老忽然回敬我以「那麼張潛華就叫他改名張華吧」一句幽默話，我立即抗議，「不行，我堅決反對，我家姓張的只有著作《博物志》的張華，只有做晉武帝中書令，又做度支尚書，後來因伐吳有功，晉封侯爵的張華，沒有過華而不實的張華。」他笑了，並撫摸下顎沉思了。這也許我觀察錯誤，論人過刻，但潛華沒有到臺灣來，秀俠則在鐵老逝世之夕，尚隨同在華僑協會辦公，現在並在中信局再保險處幫助鐵老的哲嗣幼林兄辦事，卻都是事實。

跟隨鐵老工作的人，不分名義職務，他都視為同志，平等看待，工友亦不例外。儘管有時惱怒了他，不由他不聲色俱厲，現出老虎面孔，激起大獅子吼，畢竟掩不住他的菩薩心腸，甚至自己紓尊降貴，做僚屬隊裡的和事老，他處理群眾圍攻汪公紀案，就是一個典型的範例。勝利還都後，必須緊縮黨事，還政於民，承辦裁遣部分員工重任的是汪公紀，中央各部會處內將被裁遣的工友，自認為雖無功，總有勞，一時群集祕書處院落中，要求解釋理由，聲勢洶洶，群集矢在公紀頭上，竟至高聲喊打，公紀憤而辭職。鐵老聞耗匆忙回到祕書處來，要我放下飯碗，同往公紀家中挽留，並商量繼續進行方法，公紀感於鐵老的誠摯，工友也回復了理智，一陣暴風濁浪，也就雨過天清了。這在鐵老慣於融會歧見，汎應群倫的全部歷史上，原只是一件小事。

五

曾經和鐵老打過交道，現任立法委員的不少同志，還互相談論著：鐵老真有一手，他的人情味極重，凡和他接觸過的人，沒有不感到親切溫暖。譬如從前方回到中央報告工作的同志，他一見面，總是先問你住在哪裡？有錢沒有？若聽到住的是小旅館，一定說這太壞了，讓我關照交際科給你找好些的住處。若又聽到餘剩的旅費不多，一定說我叫會計處先給你些零用錢。隨即按叫鈴，要跟他多年的副官韓慶祥去請交際科會計科的科長來。縱然找不到比較好的旅館，或者給的錢不多，卻沒有人不由衷感激。

如果說鐵老另有一種使人看了莫明其妙而確是可敬的胸襟，那便是鐵老的認為同志個個可愛，即使其人被他人認為幹得太過分，太使鐵老為難，彼此都厭惡他譏笑他，鐵老自己也不免躲避他，然而仍是接受他的要求，使眾人都感覺意外的一種表現。在全國大選舉進行期間，各地許多同志，紛紛奔集中央，開始爭提名，接著爭選票，鬧得鐵老坐臥不寧，寢食無時，本是無可非議的行動，亦非不擇手段的競爭。獨有一位東北籍的女同志，幹得未免太凶悍了些，她因為始終找不到陳立夫先生，以為鐵老好欺，就困住鐵老，幾番從鐵老山西路的家裡，要挾到丁家橋的祕書長辦公室裡，又趕回他的家裡，無分晝夜追逐不捨，其後竟堵住黨部大門，不讓他離去，鐵老只得改從側門逃走，自以為渡過這座娘子關了，自以為像沛公一樣的偷離鴻門了，沒防她比自己要乖覺，汽車剛開動，已發見她站在車身旁的板上，高叫祕書長我陪你去。這時鐵老除報以苦笑外，忙命司機煞車，然後親自打開車門，請她進來坐好，允許她再想法，並請她到家裡吃中飯。事後鐵老對祕書處的同志說：「我真搞不過這個女英雄，她硬是要得，比我還聰明，她先潛伏在側門附近看清我上車後，一個箭步一手搭住車頂，就站立在踏腳板上了，好像軍閥車旁站的衛兵一樣。你們知道麼？我們國民黨人就是靠這種精神打天下的吧！不要以為她這種做法要不得，老實說，真正要不得的，是根本缺乏這種精神的同志。她有她的可愛之處，你們不要討厭她，也不要認為我是怕她，怕她的威脅。」我即問，「祕書長你怎樣安排她？」鐵老把手杖向地板上點觸幾下，連說：

「我有辦法，我總有辦法！」

鐵老這種熱愛同志的真實感情和表現，是做作不來的。所以他偶爾一言半語，常會使人在不知不覺中永銘心版，或流出熱淚。有時他雖僅招招手，拍拍肩，也會使人感到情意稠密。

六

他提拔人才的手段方式，和他辦理黨務一樣，向不包攬把持。他雖然以推轂人才為樂事，但他常對請求培植的同志說：「你們如果是在水裡的一條好船，我容易做推之挽之的工作。即使我照顧不周，中途給別的大船撞翻。只要有機會到來，我還是會把你拉向前進的。要是像擱在唐家坨的爛兵艦，我就是用盡力量，還是不能拉你們前進。如果確是一條好船，但自己不善於運用機會，發揮力量，我仍然沒辦法。」他所言如此，所行亦確是如此。

在遴選第三屆國民參政員時，我已由江蘇省政府依法提名推薦，自信必然蟬聯，鐵老也拍胸擔保絕無問題。不料遴選結果，榜上無名，而由我促請鐵老注意的蕭一山張維楨兩同志，則均選出，我因此憤極了，三天不到祕書處辦公，鐵老親到我的家裡說明內情，「吳稚老力薦薛明劍，你的大名就由省政府收回了，這是我會後查知的，推薦名單上沒有你，我無從為力，請你諒解。」又說：「以後我一定在職務地位和參政員差不多的方面，補償你的損失。你以前在參政員會議席上，在你主編的《時代精神雜誌》上，盡力指責新四軍事件，總裁也是知道的，前途機會有的是，到那時候，我一定給你進言。」最後並說，「張九公這是我第二次登門請你，你再跟我走吧！」果然抗戰結束，各省市設置臨時參議會，他不待我請求，就推薦了並在中常會國防最高委員會會議席上通過了我擔任江蘇省的參議員兼副議長。這就可證鐵老對同志，不但肝膽相照，並且說到做到的一斑。

在舉行縣長資格銓敘時期，我既勸專門委員室的幹事謝泌同志去銓敘，江蘇省政府成立後，又請鐵老向王東成主席保薦謝泌當縣長，當時鐵老問我，「謝泌言語不多，辦事勤慎我已知道，只是他有沒有做地方官的才具呢？我不清楚，你看究竟怎樣？地方官是不容易做的。」我又一次發揮我好臧否人物的習性，提出我對謝泌年青有為卻不妄為，亦很耐勞虛心的觀察，並說明「清慎勤三字如果依然是做父母官的基本條件，那麼謝泌是具此條件的」，鐵老就隨手用紅鉛筆將謝泌的姓名寫上便條紙，並說：「好吧，讓我發電報給王主席吧。」果然，王主席委任謝為溧水縣縣長，兩年治績，確實不錯，便又調升他為鎮江首縣縣長，直到匪軍渡江他才攜印冒險到上海。來臺後竟被向未一面的總政治部蔣主任羅致去了，任處長多年，勤慎過人，頗資倚畀，現正擔任聯勤總部政治處副處長主持執行重任。至今謝泌猶念念鐵老提拔之恩不置，一如他讚佩蔣主任的出於衷誠。

七

一個從事革命多年，迭任內外要職的人，常不免養成幾分予智自雄，師心自用的驕愎習慣。鐵老卻不然，任何人可和他抬槓，只要你的道理比他強，他總能接受。這並不是因為他視黨部工作人員都是彼此平等的同志，黨的祕書長就應該禮遇部屬，俯採眾議，而實在是出於他無論為封疆大員或黨部幕僚長以及年青時期出任縣長公安局長的一貫作風。

他在臺北市南昌街華僑協會為了要不要繕發一封信的小事，也會和祝秀俠兄由討論而爭辯至於各不相下，竟動了氣，當我依照侯標慶兄的電話，馬上到會裡看鐵老時，只見他一面捲袖，一面走向理事長辦公室，氣急敗壞，連說「不上算！不上算！」我才了解標慶要我來的用意，立即幽默地向他說，「您怎麼學河西獅子吼？吼得壁上懸掛的總理遺像也在笑您。鐵老！走吧！」他剛坐上椅子，又站起來，餘怒未息地問我，「你說什麼？只有河東獅吼，那來的河西獅吼？」又問「走什麼！走到那裡去？」我說，「照您以前約我共同坐在汽車裡開到中山北路盡頭，沒有下車走一步，就算已經散步完畢，打道回府的辦法，再來一次，好不好？您若要問河西獅吼，那就是十年河東，十年河西的變化呀。」他笑了，真個照辦了，部屬和他頂撞是常有的事，把他頂撞得頓口無言，也是司空見慣的事。這不過是我眼見他最後一次的事而已，他如果是個剛愎成性，頤指氣使慣了的人，又誰敢老對他如此。

我是多次和他爭辯得很激烈，有時明知理不直，口卻不服輸的一個人。其中具有代表性的並且至今還自覺愧對鐵老的一次大爭辯，是行憲國民大會揭幕於首都時期，我這匹野馬脫韁亂跑的一幕。當時我曾根據自己直覺的決定，充當副總統競選場邊的啦啦隊，左袒僅有一面之緣的競選人，被他發現後，特地找我到他的家裡去，面加訓責，我除強詞解說外，不願改弦易轍，他霍地站起，打開室門，厲聲說：「你走你的獨木橋去吧，請走請走！」時中央通訊社蕭同茲兄在座，看得呆在座上。待選舉揭曉他又命人事處長侯標慶兄同著專門委員室幹事蕭汝灼兄找我回部，我雖然羞見他，卻甚感激他，硬著頭皮走到他面前時，尚沒有來得及向他道歉，他已經似嗔若笑地說：「你成功了，賀你成功，但是以後看吧，現在你可以回來了吧！」當時我雖然十分感激他的優容，熱淚奪眶而出，可是他在三十幾天前開門趕我走開的情景，也跟著襲上心頭，便不由自主地仰視著他說：「祕書長，你真個還許我回來嗎！」他很聰明，了解我這句話的由來，立即走近我拉住我的手，慈祥地說：「九如兄，黨部的大門是永遠敞開的。」他這句話說得很自然，很有力，又似很感慨，使我再也回不出片詞隻語來，只得緊緊握住他的手，並向他深深一鞠躬，回到專門委員室原位置上工作去了。及在京中央委員在中山路華僑招待所開談話會，商談對付共匪的狂妄要求問題，我曾對所謂和議代表及在場人員憤切陳辭，希望依照十三年到十五年本黨曾經走過的歷程先北上談統一，再北伐貫徹目的，意在指明和談絕無結果，只有征伐才是生路，散會時，鐵老特地走近我，翹起大拇指讚許我。我便乘機對他說：「有一個消息想報告你。」他也許認為是件機要性的消息，忙向我低聲說：「你等著跟我回去再談吧。」跟他回府後，我立即告訴他，「昨夜做了一個怪夢」，他唏了一下說：「我以為你有什麼大消息咧，原來如此。」他既在百忙中容許我聊天，我就把昨夜夢與黃季寬談話，醒後清楚記得曾向黃詠詩兩句，「臣朔饑欲死，先生將何之」這件事講出，並約略解釋第一句是東方朔對漢武帝說過的成語，第二句是宋硜聞秦楚搆兵，將往勸和，孟子笑他徒勞往返，關頭喝問的措詞。鐵老略一沉吟，就說：「你倒不是夢話，真在夢裡，又真會餓死的，恐怕是那幾位到北平去的朋友啊。」接著又問：「你認為李代總統能應付這個局勢不能？」我誤會他又想揭我的痛疤，本不敢置一詞，卻又負氣如故，立即發出「鐵老還有功夫算舊帳嗎」這麼一箭把他射回去，他除報我以極不自然的苦笑外，沒再說什麼。

每到中全會開幕前，他總是要我起草本黨工作檢討報告，他字斟句酌，絕不放鬆，我也很佩服他的見解，總是當面照改。可是對六全大會的報告稿，我認為應該而且必需把黨務的缺點和盤托出，提高大家的警惕，加重大家的責任，他卻怕過於暴露會得罪人，硬要刪除稿中某些指摘的話，至少也須改得含蓄些，我和他辯論甚久，他雖說不過我，卻還是要我遵辦，我急不擇詞，竟對他悻悻地說：「那麼請你老人家自己去改吧，我走了。」他見我動了氣，終於接受我的意見，並且表示「我一定照你的原文講」。像他這種容許部屬對他面折廷諍的習慣，和從諫如流的器度，也就養成了部屬不問對象如何，到處拿出「說大人則藐之弗視其巍巍然」的態度，我就是其中的一個，公紀秀俠亦非例外。

八

在鐵老擔任黨的最高幕僚長時期，並不是自己毫無主張，凡事不置可否，專以承上啟下為準繩的。他對總裁的獻可替否，事關機密，我自然無從知道。但他對於我提供參考的若干黨政方案，或對一些小事的批評，往往別有他的高見。即使採納一部分，亦未必盡能使之見諸施行，留中不發的更多。見諸事實的就我記憶所及，只有一件大事，但也是經我反覆說明及向各方遊說，才由「帷幄上奏」的。

當六全大會籌備期間，我曾向他建議，應該擴大代表及中委名額。我的理由是：「大會已經十年未開，十年來的同志，論年齡都到了男大當婚，女大當嫁時期，論功勞又都可觀，非及時擴大名額，絕不能適應當前需要。倘再就今後黨的趨勢與需要看，亦非如此不行。抗戰勝利後，民族主義方面的最大敵人已經打倒，民權主義亦可貫徹在憲政實行以後，只有民生主義的實現，尚待努力。但我們這一代人的體力，心力已經用的太多了，其勢只有靠後一代人繼續努力。在這種情勢之下，本黨一定會有全力實行民生主義的全面貌全分子出現。不過要促成這種新陳代謝的作用，首先得造成一種形勢，使同志日益感覺舊頭銜已經沒有價值，擴大中委名額就能發生這種作用。這正如通貨膨脹到某種程度以後，價值必然跌落，改革幣制發行新通貨的要求，自會發生。」鐵老曾河漢我言，說：「這是拆濫汙的辦法，是故意先撞破舊房子再等著造新房子的辦法，是故意先沖毀水壩再等著開新河道的辦法。在黨務上、政治上，勢將造成龐雜紛歧現象，要是各圖私利，互爭雄長，那更不易收拾。黨員和青年團員已經鬧得夠麻煩了，要是再跑出幾百個中央委員來，你想不是又加上一大團亂麻，再分裂成許多小團的亂麻嗎？你不要一廂情願吧！」當時他的批評，根據其後的情勢核對，實在不為無見。及他聞知我仍在各方面鼓動此事，並寫信給果夫立夫布雷先生採納此計，且此種構想已有成為事實的傾向，他又對我說：「你真努力，真蠻幹，中央委員一定有你的一分子，不過，名器也不可太濫，一切聽總裁去決定吧，他老人家是最能權衡利害輕重緩急的。你最好不要再向許多人上條陳呀。」

政府還都南京時，我是最後一批凱旋的。一到丁家橋，眼見黨部辦公房屋，修繕一新，並有美侖美奐的新建築，頗為驚異。及我巡訪南京街頭巷尾幾天，灼知物資缺乏，民生困苦，而全面叛亂的共匪，又日見猖獗，就指著祕書處的華廈對鐵老感愴地說：「前人曾有銅駝荊棘之嘆，我怕這座漂亮華麗的房子，不久也許會遇上這種災難，為何如此粉飾太平呢？」他直捷說：「這自然是我的欠斟酌，但所費並不過多。在百業蕭條時候，使瓦木匠有工作，也是好的。在人民久不見本黨的旗幟和威儀時候，也可表現一下。曾國藩也曾在南京克服以後，恢復秦淮河畫舫，他自己也去遊船吃花酒，只要大家有朝氣，肯苦幹，這座新房子，一定還需要擴大的。」他說得很起勁，很自信，居然使我精神一振。潘公弼在旁湊趣，笑瞇瞇地對我說：「我向來敬佩祕書長的氣魄。九如兄，總裁是漢高祖鐵老也比得上陳平，陳平能用錢，能拉攏他人，鐵老也有這一手。」鐵老摸著下顎說：「算了，不要再恭維我了，你這個上海人！」這是他別有所見，而為我尚能憶及的一件小事。

九

如前所述，鐵老是一位確能愛護同志，宏獎群才，諒恕僚屬過失，嘉納各方意見，尤能仰體領袖意旨。分擔其憂勞深明黨國政策，促使其貫徹的人物。他的能夠這樣做，所以這樣做的基本觀點及最大目標。據我看，他是在於愛民，在於為民，在著眼於三民主義裡的一個「民」字，和中華民國國號上的一個「民」字，也就是助成「以建民國」所必需的工作和做法。

當敵機大轟炸，造成大隧道慘案的翌晨，他不顧路途破斷，很早就去李子壩黨部，我遲至十時多才往，他一見面就問：「你家裡有沒有損失？附近的老百姓怎樣？」我說：「還好，恐怕大隧道裡死傷的人很多，也許還有我們的同志在內。」他搶著說：「我最關心的是老百姓呀，同志自不必說。」僅此立談數語，我就看出他視民如傷仁民第一的心腸，並窺見他是一個認識三民主義是「基本於民」的主義，也是了解「咨爾多士，為民前鋒」原始意義的人。唯其具此認識，所以他許多作為的出發點，無非為人。他愛護領袖及同志的種種表現，看似平凡而實在用意深長，也出發於此。我每天看到他接見許多同志，有些同志並沒什麼大事一定要由他親自接見，曾對他進言，「何苦自勞如此？為什麼不讓我們代勞一部分？」他卻說：「這不可以，同志不能個個見到總裁，如果他們連我都見不到，更失望了。儘管他們沒有什麼事一定要我幫忙，我也不可以躲懶，彼此見見面，拉拉手，談談家常，也不完全是沒用的，他們到這裡來是回家呀，我當總管的要是把他們擋在門外，不讓他們來和我談家務，是會使他們變成普通客人的，普通客人是不會關心我們這個家裡的痛癢的。」又說：「我對回家的同志來者不拒，一概接見並不是想搞什麼小組織，只是借此增加他們對黨的情感。使他們回到工作崗位以後，都能把這種情感用到人民身上去，給人民服務，使人民也由此對本黨發生情感。我是情感驛站的大夥計，只恨我的運輸工作，並沒有做好，怎可以再偷懶。要是由你們分見，那麼回家的同志，就和當家長的總裁更隔離一層了，是不可以的。」他這番話說得極認真，在李子壩住宅的花園裡，邊說邊走了二三周，才說完我除敬愛他外，不能贊一詞。就中「不搞小組織」一語，其後也另有一則新聞為證。勝利回京後的一次聖誕節晚上，他的好朋友張岳軍俞鴻鈞先生，坐在他家中的火樹銀花之旁擺龍門陣，愛開玩笑的鐵老對岳軍先生說：「人家都說你是政學系，我想你的徒子徒孫，在這政黨政治時期，可派用場了吧。」岳軍先生也打笑他，「你當祕書長好多年，天天拉攏這一派，接近那一派，左右兩手都掌握著組織同志的好機會，比我得到的空頭銜，強的多了。」俞鴻鈞在旁說：「你們都是我的老上司，都比我的運氣好，鐵老有組織的機會，我沒有，岳公有政學系的頭銜，我沒有，我不知參加你們那一邊最好？」他們老友的這番笑謔，是潘公弼兄告訴我的，我也就笑問公弼，「你參加政學系呢？還是參加鐵城黨？」他說：「我都參加。」

戰時散布於前後方百十萬的黨員團員，對工作都很努力，但也因為各顯神通之故，不免發生摩擦，鐵老雖感痛心棘手，但除根據他「超然象外」的一貫立場，應付之以「得其圜中」的手段，隨時排難解紛以外，也曾為年青的一代講更多的話，這也並不是他不重視年老一代的革命功勳和辦事經驗，降低他敬老尊賢的熱誠，而是在培植黨內青年幹部的大政策之下，希望老一輩的同志都能在觀念上行動上言論上愛護後起之秀，善盡其老大哥的義務。所以他曾指示我，「如有黨團糾紛互相控告的文書，交你查簽意見和辦法時，必須先與中央有關單位負責人洽商，但不應看輕年青人的才能，尤其要想到他們都是今後最有希望的國民」，他對這類問題向不多言，這雖是寥寥數語，我已了解他的言短情長，苦心孤詣之處。

十

十年前如是我聞如是我見的種種聲音笑貌，每一想及，都如昨日事，但如要再度親炙鐵老的謦欬，則已不可復得。距今約二十年前，鐵老因為同志怕辦《中央日報》，一時找不到總主筆，曾找我去問，「你的膽量怎樣？我要試你一下」，他這沒頭沒腦的一問，把我問得呆住了，實在摸不著頭腦。只得反問他，「祕書長是不是要我到前線去打仗呢？那我不會放槍。」他搖手說：「不是放槍，是拿筆桿，我想推薦你去《中央日報》當總主筆，我知道你有這種能力，只是不知道你敢不敢去。」當時我靈機一動，想出個金蟬脫殼的意見，曾對他說：「若要找老報人，可分別去請葉楚傖邵力子先生，若要用年富力強的，潘公展程滄波陶百川都是好手，你幕中的潘公弼黃天鵬也可放出去，遠在浙江的胡健中也可調回來，若要網羅群才辦《中央日報》凌駕《大公報》之上，那麼把這些老兵壯丁一齊請來，組織一個社論委員會，就更先聲奪人了。」他想了一下，揮手說：「這很好，容我考慮進行吧。」這番話，至今猶如聞其聲，如睹其貌。距今約十七八年前鐵老知道我在國民參政會時期，尚與參政員張瀾相處得來，並與他的祕書兼策士范樸齊是在蘭州的老同事，我的老上司張岳公又正任四川主席，老朋友顧希平正任成都軍校政治部主任，就要我借講學軍校的名義，乘間去遊說張瀾不要高唱那些「聯合政府」「川人治川」的調子，他這次對我再度的考驗，我欣然接受了，只是費時雖近一月，還是繳了白卷。這件事，至今猶感遺憾。距今十二三年前，鐵老幾次提到「秀俠給我起草的回憶錄，如寫到有關本黨的主義政綱政策時，須請你來參加意見」，我總表示願意效力，這個諄囑雖欲報命，已無從為力了。

一坯黃土，長埋白骨，倏忽之間，已經十年。十年前臺灣瘡痍未復，共匪窺伺如故，於今已是經濟繁榮，國防堅實。北定中原即在眼前，家祭告慰自無問題。我這篇「識小錄」，雖不足以概鐵老行誼的萬一，尤不足以為鐵老的宗族交遊光寵，唯人琴並未俱亡，知音尚滿天下，必可在輯梓的「紀念集」中獲得徵信，而老成人的典型復可在「紀念集」外隨處可見，亦無俟多述。

三十五年來我與鐵老

周雍能

民國六年夏，總理率海軍南下到廣東，宣布護法，組織大元帥府。一時革命志士雲集廣州。有一天，朱卓文先生約我同往西濠酒店訪黃大偉，朱先生說：黃在比利時研習軍事成績優異，而且儀表非凡，在南京總統府時大家稱讚他是人才。我們在黃處談了一會，忽見隔壁房間一位住客自外回來，身穿白色西裝，頭戴巴拿馬帽，拿著鑲銀圓頭手杖，履聲咯咯，神采奕奕，朱黃兩位見是鐵城先生即為介紹，握談之下，我覺得吳先生儀表英俊，談吐大方而且熱情洋溢，比黃更屬非凡，遂油然生敬仰之心。越二日，適在《珠江日報》梁楚三社長處，又與吳先生相遇，談次注意到其手杖鑲銀圓頭上所刻有英文 General Wudan 字樣，異之，吳先生答謂：旅行時常用「吳丹」之名，以避人注意，西友以此名相呼，贈杖時亦用之。

民國十一年秋，總理自永豐兵艦蒙難轉到上海，我被旅居美國與古巴的華僑同志推為代表回國！慰問總理。致敬。不久，滇桂軍東下，陳逆炯明退出廣州，總理命我為祕書於十二年二月隨同赴粵。到粵之初，總理用廣州東郊農林試驗場為大元帥府臨時辦公處。那時局面未定，險象環生，一切都要從新布置，大元帥府內人事，多未派定，鐵城先生當時雖係粵軍討賊軍第一路司令，但每天必很早到府，不管內外事常時自動地幫忙一切。我們久別重逢，在那種環境之中，共同工作，倍加親切，只是為時不久，他便回任軍警要職去了。兩個月之後，總理忽對我說：「朱卓文於討陳逆時集合有幾千民軍在香山縣，他們紀律不好，地方紳士向我訴苦！我要卓文將軍隊交與許汝為，他堅不肯從，你是他的好友，趕快去勸他，並警告他。」我跑了兩趟，最後由總理決定以卓文先生專任香山縣長，努力建設地方，仍保留司令官名義，以資統率。並以我曾習陸軍，打過硬仗，委我為第一旅旅長負責將該項軍隊改編整訓，聽候調用。卓文先生完全接受。但他對於地方紳士向總理訴說一節，疑為由於是鐵城先生的慫恿，未免因誤會而影響友誼。經我奔走解勸才漸冰釋，鐵城先生知我苦心，對我情好益篤。

民二十四年夏，行政院長汪精衛發表王克敏為行政院駐平政務整理委員會委員長，我覺得兩三年來在黃郛委員長領導下用心血所研討的各項行政計畫不能實現，深感痛心，遂決然離平。過南京時，好友陳兄請我到首都招待所晚餐，並邀有美麗舞伴，在那裡看見張學良少帥偕一美女在舞池共舞，姿勢美妙，眾目共注，等到次回音樂響時，我的舞伴拉我跳到張檯子面前，細賞少帥的英俊，與舞伴的美豔，發現吳鐵城先生和其他政要與張同座（那時期京滬舞廳，時有達官貴人光臨，事屬平常，並無不合，不似今日的大驚小怪），不免好整以暇，寒暄一番，越數回，鐵城先生舞近我的檯子，對我說聲「到上海後來家談談」，爽摯情辭，霎時扣上我的心弦，過了一個禮拜，我即到海格路鐵城先生公館拜訪，他殷勤問我近年情況，及今後打算，異常親切，他說：上海市政府是你的老家，裡裡外外你處得很好，市政府現有一參事出缺，如今的參事，在市政會議上是出席者，有表決權，我要請你擔任，我雖謙讓未遑，但終於被他所感動，只得慨然拜命，這是我政治生活歷程中忝屬鐵老帡幪的起點。

二十六年四月，鐵老榮調廣東省主席，俞鴻鈞兄升任上海市長，大家談好，我留滬復任市府祕書長。不久，八一三對日戰事發生。十二月，滬市棄守，我辦完了市府善後工作赴粵。鐵老即聘我為省府顧問。其時，日軍到處濫施轟炸，省府各廳局處擇地疏散，鐵老原係主席兼民政廳長，因民廳散遷在省河之南，指揮不便，命我駐廳代為照料。十月日軍占廣州，省府遷連縣，十二月省府改組由李漢魂任主席。我隨鐵老經湖南廣西貴州至抗戰中樞的陪都重慶。鐵老主持廣東省政一年有半，時局雖十分艱危但內事建設，外戢寇氛，功在國家，有口皆碑，因其用人以選賢任能為主，不存地域之見，一掃過去排斥「外江佬」之惡劣心理，而行政則以勤政愛民為務，不事閑逸，尤不稍貪瀆，故能日起有功。當省府遷連縣之初，小住於縣衙之時，日軍轟炸機十八架忽然在天日晴和中飛臨縣城上空，猛施轟炸，地既偏僻，城尤卑窄，奔避者一時擁塞各城門、各小巷、各樹蔭下。鐵老與我不及出城，又不識路，只有靠城牆腳且走且伏，共蹲石級旁邊，聽候生命之神支配，其時，彈如傾盆而下，爆炸聲、倒屋聲、呼號聲，充滿空間，慘不忍聞，我等以為必難倖免，但心甚鎮定，並不怕死。日機去後，我們循牆走到縣府，方知剛才蹲伏之處，即是縣府左邊後牆，當轟炸目標之旁，若非置身稍左必已與在縣府右方避難之人同歸於盡了，當時各人心情都有少陵「死去憑誰報，歸來始自憐」之感。

二十八年，英國對德作戰，國際情勢緊張，中央以香港地當要衝，派鐵老駐港組織國民黨港澳總支部，聯合港澳同胞，並策動南洋華僑共救國難。那時廣州早已淪陷，中等以上學校多遷至澳門，學生數萬人，難民亦不少，鐵老要在澳門設立黨部，以組織學生與僑民免為敵人漢奸誘惑，自屬急務，澳門本是中山縣屬的一塊彈丸之地，葡萄牙人無力保衛，致漢奸隨日軍勢力充塞其間，鐵老雖不忍使我置身虎口，卻又無其他適當的人可派，我只得臨難不避，受命前往，為便利組織港澳僑團計，鐵老又呈請中央加派我兼任廣東僑務處處長，我到澳門才數星期，即被澳門總督巴波沙派武裝八人，於拂曉將我從中德中學捕去，若非鐵老的德望，同志拚命救援，商會決議罷市，則我早已被引渡給日軍作鎗靶子必無可疑了，脫險後，鐵老要我留港相機策進，幸得上蒼默助，巴波沙病死，新總督德拉賽軍人出身，性情爽直，天主教同志復從中布劃，我乃得重回澳門，並與新督結為好友，昔日之階下囚，忽變為總督府中座上客。一切工作便由此開展，就中最值得回憶的當香港被日軍占領之初，中央各部分在港私設的電臺全被日軍抄毀，鐵老立即指示我在澳設電臺，隨時利用澳督關係，搜集日方消息及困港同志動態報告，故當時重慶皆謂中央黨部吳祕書長處為消息之總匯。向之問訊者踵相接，旋被澳門漢奸偵知乃設計殺我，我被迫化裝夜渡石岐，而江門、而清遠，衝過日軍戰線達於韶關乃得抵渝。而繼我留澳門辦黨的林卓夫梁彥明兩先生則先後被漢奸狙擊喪命了。言念及此，曷勝痛悼。這一幕在港澳工作期間有不少驚險鏡頭，本身及全家兒女幾度瀕於死亡邊緣。

三十一年日軍占據菲力賓星加坡馬來亞群島，各該地僑領逃難至滇緬一帶，鐵老請准中央盡量歡迎他們至渝，妥為安頓，並於重慶發起組織「南洋華僑協會」及「國民外交協會」，發揮各方面潛力於抗戰大業，參加者至為踴躍。抗戰勝利，還都南京，「南洋華僑協會」經鐵老提案大會決議改為「華僑協會」會務推廣及全世界，凡有華僑足跡之處都在其內，不僅南洋而已，一切部署與策劃，都對著全體僑胞福利而定，會務正在蓬勃之際，不幸大陸淪陷，乃隨政府遷來臺灣，鐵老以海外僑胞千數百萬，熱心愛國，實力雄厚，亟欲展開僑務工作，以利反共大業，會所遷定在臺北南昌街之後，鐵老常常到會，親自督導進行，操勞殊甚，心臟病發，忽焉長逝，痛悼何極。其在會所最後一次所寫的字，為「籌建華僑會館」，蓋當時臺北新式旅社太少，又無其他適合之僑胞招待所，鐵老恐愛國僑胞遠道回來無舒適之住處，不能安居，故念念不已，當時雖十分疲乏，仍要寫下籌建華僑會館字條交會速辦。假使天假之年那末他這種綢繆牖戶宅中圖大的志事，何致時經十載尚未開工，仍是一片荒土。十年了！鐵老的墓木早拱，僑胞的處境愈苦，「華僑會館」應當早日建築完成，「外交協會」應當早日發展工作，顯然是我們後死者不容再事蹉跎的職責。

三十五年制憲國民代表大會在南京開會，代表一千七八百人議定選主席團主席四十五人。由各選舉區代表自選十分之一為候選人，彙綜由大會投票決選之，江西代表五十六人中選出我與段錫朋桂永清甘家馨王有蓉五人，我雖得票最多，但鐵老仍不贊成我競選，我質詢再三，始知中央黨部已內定一名單計四十二人，將密交代表中之黨同志遵照選出，且事實上可競選之名額只三名，陳誠陳立夫朱家驊三位先生即在此三名額中競選，情勢如此，我要參加競選，真是不自量力，故鐵老堅不贊成，但我竟僥倖當選主席團最末之一名，鐵老在主席團開會時，常常私自叮囑我「少說話」，愛護關切，無微不至。有一次主席團開會時，孫科主席特約溥儒先生到會陳說憲法中應加列滿族字句，尊重滿洲人地位的提案，大家相視無語，我看不妙，忍不住慷慨陳詞，大義相責，把溥儒先生的請願打銷了，事後，我笑問鐵老，你屢次不要我說話，今天我說話時，你為什麼鼓掌？他說：今天是需要你的勇氣啊！我和鐵老相處在這樣的心情中，真有一種說不出的快樂。請讓我再講點在立法院一幕吧！

三十六年夏，我由財政部請假一月回江西贛北區，作立法委員競選巡迴演說，到景德鎮時，忽得鐵老電報，調行政院僑委會副委員長出缺，已與岳公院長商定派我接充云云，我勉強遵命，次年正月，我再回江西作競選決賽，鐵老勸我放棄立委競選，專任僑委會職務，他說前途較好，可以建樹，我以「動盪殊甚」卻之，三十七年五月，立法院成立，憲政實施，我們要在議會裡爭取議席，策動組織政團，那時有四個政治力量聯合組織「民主自由社」得二百六十餘席，我是鐵老之代表人，當選為四幹事之一：正在展開工作為鐵老競選立法院長之際，孫科先生硬要鐵老到行政院擔任副院長兼外交部長，我勸之無效，不久蔣公引退，大陸沉淪，鐵老亦隨孫科先生下野，假使鐵老留在立法院則院長一席非他莫屬，立法院有他綱維其間精神當不同了。這是立法院的損失，也就是國家的損失。記得有一次在臺北閑談說笑，鐵老說：總統有咨文到立法院請立法委員三年期滿後繼續行使立法權，你這個立法委員可以再做很多年，你當年硬要做立法委員的看法，算是「對了」，我說：我「不幸而言中」那「不幸」兩字，就是您離開了立法院，使立法院與國家俱遭不幸啊！以上瑣屑之談，是我與鐵老三十多年來交往中一些可回憶的事。我與他在名分上前十餘年是朋友，後十餘年是部屬，但以鐵老愛國忠忱，誠懇態度，及責任觀念各點看來，我在做他的朋友時，精神上實在早已把他當作長官了，而在作他的部屬時，又覺得我是他的家屬之一員。我在他部下作事好幾次，好多年，從沒有絲毫想望能遷升為榮，可圖利為樂，就是因為他經常把誠懇的熱情給我，使我覺得久處溫暖快慰之中，沒有虛名與浮財之需要。這是鐵老對我有感化的力量，是他的偉大。非一般長官所盡能如此，也非一般部屬所盡能如此。劉玄德諸葛亮所謂「如魚之得水也」就是這種境界。

鐵老在我胸海裡印象極深，他逝世今已十年，聲音笑貌，我一閉眼就盡現於眼簾。我不覺得他真死去，我不為他死去而徒然作長沙之痛哭，我只愁如何能發展他的遺志。

鐵老「陪都六年」片斷

張壽賢

鐵老逝世，倏忽十年。親友僚屬，議以文字為紀念。並相約各就鐵老回憶錄未完成各篇，各記所知，以補足鐵老未竟之遺志。本篇所記，未能盡鐵老重慶時代生活之萬一，識僚屬之一之懷念而已。

一、大隧道案

重慶開始被日本飛機轟炸，是民國二十八年一月十日。當時來襲日機十一架，以國民政府為轟炸目標，彈落曾家岩與大溪溝之間，損害不重。唯中央黨部職員許蔭松同志全家九口畢命於一彈，肢體不全，血肉模糊，極人世之至慘。自此以後，重慶市防空工程，積極進行，以中央黨部而言，後雖經過無數次轟炸，上清花園直接落彈，防空洞頂命中三枚，但並未再有傷亡。

是年五月三、四兩日，日本飛機，大舉轟炸重慶，市民死亡甚多，房屋被毀一千餘幢。都郵街較場口繁盛區域，全部被毀。以後重建街道定名為五四路，並在街道四達中心，開闢廣場，建立精神堡壘，以淬勵抗戰精神，留永久紀念。

大隧道慘案發生於民國三十年六月五日夜。先是重慶已經過大轟炸兩次，空襲警報，夏秋之間，每日都有，或近或遠，不大不小的轟炸，市民習以為常，不以為意，重慶市警報系統，一天比一天進步，防空工程，一天比一天深厚，對於日本飛機轟炸，已無動於衷。由於這一種心理上的惰性，發生了一次意外而巨大的慘案。

大隧道開鑿在石灰市較場口都郵街大樑子小樑子街道之下，共長十餘里，有好幾處出入口，可容納避難市民二十餘萬。某處市民，一聞空襲警報，應進入某處隧道，都有規定。歷次警報都非常有秩序。這幾天因為日本軍閥實施疲勞轟炸，進襲飛機分成若干批，一批一批的連續轟炸。警報時間，從上午十時起，一直到夜間一二時才解除。天氣又特別熱，連續幾天之後，市民見轟炸情形不嚴重，在防空洞悶熱難堪，對於防空洞守則警報未解除，不能出洞的規定，市民及警衛都不十分嚴格遵守，因而常有在洞中的人，不聞頂上有飛機聲，即走出洞口，聽到機聲，甚至有人要看到飛機才再進洞。於是在容納眾多的大隧道各出入口的秩序，就不容易維持了。

六月五日夜間，日本飛機特別多，警報時間特別長，天氣特別熱，洞內市民因不耐悶熱而向外擠，在外面的市民因飛機臨頭而向內衝，內外擁擠，堵塞了洞口。洞內嚴重情形，外面不知道。

警報解除後，有幾處出入口無人出洞，才發現洞內已因自相踐踏窒息死亡了無數避難市民。次晨清理死亡，而隧道出入口陳列一排一排屍體候人認領。這一嚴重慘狀，震動了全國。蔣委員長聞訊視察出事地點，立即下令懲罰主管防空人員，組織大隧道窒息案調查委員會，徹查真相。另召集黨政高級人員會報，研究善後及改進疏散改善防空洞管理等辦法。

鐵老以中央黨部祕書長身分，為大隧道窒息案調查委員會的召集人，連夜開會，分頭勘察，並函請各負責人到中央黨部備詢。記得委員人數不多，只有四五人，有謝冠生先生，其他已記憶不清。委員會的祕書，是程滄波先生。被詢的負責首長有衛戍總司令劉峙，防空司令胡伯翰，市長吳國楨等。鐵老為了請各負責人到中央黨部被詢的函稿，斟酌數四，稿經數易。因為體制上，此一委員會並非法定機構，無審判之權，但蔣委員長的手令，及當時的情勢，則此一委員會的調查報告，將為平息危疑震撼流言百出局面的唯一有效力量，不能不負起安定社會安定人心的責任。但是防空軍警無疑在敵機瘋狂轟炸，疲勞轟炸中，已竭盡其職責，亦不能有求全的責備，所以在函稿文字上，襲用當時參政會及中央黨部全體會議常用「請政府首長列席報告並備詢問」的字眼，用「被詢」二字。同時為了布置詢問的場所，亦煞費周章。上清花園的房屋經多次轟炸，已殘破至僅蔽風雨（其實雨已不能蔽，瓦片已全部震碎）。其他機關情形相同，只有利用比較完整一間會客室。茶几沙發，當時本來亦不多，只有用幾張三抽屜的辦公桌，拼一個口字形蓋上陰丹士林布。

主席及委員坐中間，對面為被詢問的首長，兩旁為祕書及速記。

詢問之後，委員會又開過幾次會，調查報告就公布了，是程滄波先生的手筆。文字不長，但非常簡潔而有力，澄清了兩點：一是說明了窒息的原因是因洞內外情況不明，互相擠踏而發生的意外。二是說明死亡人數為八百九十餘人（其確實數字，已記憶不清），而非外間所傳說有幾千幾萬之多。此一報告，雖未判明有關首長的責任，但政府即根據此報告予各首長以革職留任的處分。

鐵老在此一事件結束之後，有一次鄭重其事的對我說：你知道大隧道慘案根本原因是甚麼？我答不是調查報告已說得很清楚嗎。鐵老說：外國人公共場所建築，規定門戶必須向外開，以便有緊急事情發生時，門內的人可以向外衝出。如果向內開，恰好擋住了向外衝的路。這是常識，經過無數次血的教訓才有此規定，你要千萬記住。

二、敵後工作的部署

中央黨部關於敵後工作，由中央組織部特設一戰地黨務處主持之，另外有調查統計局，受祕書長之指導監督。朱騮先先生擔任祕書長的時候，總裁曾命令祕書長兼任調查統計局長。後來才由徐恩曾先生擔任局長，副局長兩位，一位是郭紫峻先生，一位是顧建中先生。郭副局長往來敵後，顧副局長則經常與中央各有關部會協調聯繫。

當時中央黨部祕書處主持了幾件後勤工作，一是與敵後電臺通訊的密碼編製及印發。一是敵後經費的調度匯劃，在上海天津，各有幾處掩護的商行，負責供應敵後工作人員的費用。至於敵後工作人員之派遣，則由中央組織部及調查統計局分別遴選，報經祕書長核准提報常會。

關於南洋各地敵後工作，因為鐵老曾任海外部長及上海市長的關係，英法方面都樂於以鐵老為合作對象，所有合作條款都由鐵老出名簽約。譬如馬來亞方面敵後工作，在重慶選拔青年，至印度接受訓練，以至由潛水艇派遣進入馬來亞，鐵老始終全神貫注，期望他們能發揮效力。林謀盛同志即殉難於馬來亞，英國人為紀念林同志在敵後工作的貢獻，特立碑以資紀念，並對林同志家屬及一同工作的同志，都有相當的報答，以示酬謝。

又如泰國方面，我們敵後工作人員曾把自由泰重要使節後來擔任首任泰國駐華大使塞古安，接運到重慶，俾與盟軍有更密切的聯繫。

又如安南方面，我們協助支持越南國民黨及越南革命同盟，與我安南特派員協同聯絡，進出敵後，迎接安南遜王保大到重慶，晉見蔣主席，共商復國大計。不幸後來我入越軍政幕僚人員誤認越南國民黨領袖阮海臣，不堪支持，才令越南革命同盟領袖胡志明坐大，終於造成南北越分裂之局。鐵老對於此一失策，最感痛心。民國三十六年春，入越參加受降中將參謀蕭文到南京，鐵老有意扣留法辦，未果。蕭文終於在三十八年與胡奇偉李潔芝等一同在潮州叛變。外交部所派入越參加受降的人員淩其翰，則於三十八年大陸變色時在巴黎大使館首先叛變。一著之差，影響及於鄰邦，擇人不慎，禍乃如此。

三、十萬青年十萬軍

三十三年冬天，抗日戰事瀕臨最艱苦的階段。日本軍閥在西南戰區作垂死之掙扎，自湖南進攻廣西，由廣西進攻貴州。十二月五日，獨山陷落，貴陽吃緊，陪都震動。國軍精銳部隊，在滇緬戰區的，無法抽調。在西北的湯恩伯胡宗南兩兵團，因交通關係，還沒有來得及運到前線，重慶的民氣，陷入抗戰以來最低潮。

鐵老在此時期做了兩件安定後方秩序，振奮民心士氣大事，一是發動大規模慰勞黔南傷兵難民運動，一是發動青年從軍運動。

慰勞黔南傷兵難民運動，係由貴州籍的中央委員谷正綱張道藩劉健群諸先生等領導，擔任正副團長，下設幾個分隊，由中央黨部中央團部高級人士率領。汪公紀先生就是分隊長之一。出發的時候，正是歲暮天寒，雨霰紛飛，中央黨部同人送他們出發，由上清花園到望龍門碼頭，看他們擊楫渡江壯懷激烈，頗有易水悲歌的悲壯風味。此一運動，對於挽回黔南戰局，有重要的貢獻。至少，就當時中央黨部工作人員的情緒看來，他們的生活與生命，與前方戰事已經連結在一起。

忘記了恐懼，忘記了逃難。安定後方人心，起了相當的作用。青年從軍運動，是蔣總裁手令中央黨部承辦，目的是十萬人。當時徵兵發生弊端，兵役署長因此而槍斃。一方面勝利在望，廣大的戰區，在在需要人力的支援。一方面黔南戰事惡化，人心恐慌，學校青年，無心求學。蔣總裁命令在此時期，飭各地各級黨部團部，發動青年從軍運動。募集登記的工作，由黨部辦，總負責人是中央黨部祕書長。青年軍訓練的工作，由軍事委員會辦，負責人是羅卓英將軍。

鐵老奉命之後，除了準備文告演講及一應部署而外，為了口號標語，特別召集了一次高級人員座談，研究幾個口號標語，要簡單響亮，容易說容易聽，而能發人深省，永久不忘。大家苦心思索，不得交卷，最後還是鐵老提出：

一寸山河一寸血，
十年青年十萬軍。

就是這兩句口號，打入了無數青年的心坎，憑這兩句口號，鼓動了各級宣傳人員無比的勇氣，和堅強的活力。在很短時間內完成了蔣總裁交給他的使命。

鐵老這兩句簡短有力的口號，與他在東北所發表的：「不到東北，不知中國的偉大。不到東北，不知中國的危機。」同樣的將流傳不朽。

四、政治協商的開始

民國三十四年八月十日，日本接受波茨坦宣言，以照會託由瑞士政府，轉達中美英蘇，請求投降。十五日，四強正式宣布，接受日本投降。蔣主席向全國軍民發表廣播演說：勉國人於勝利後，勿驕勿怠，努力建設，並不念舊惡，勿對日本人民報復。先一日並電邀毛澤東至重慶共商國是，此為政治協商的開始。

三十五年一月五日，國民政府公布政治協商會議召開辦法，明定協商範圍為和平建國方案，及國民大會召集案。但是此一政治協商，卻中了共匪統戰的陰謀。共匪一方面爭取自己的席位，一方面扶植民主同盟，另一方面威脅青年黨及民社黨，遂行共匪壯大自己，拉攏中立，打倒敵人的策略。縱橫捭闔，得心應手，共匪此一策略，非常成功。在會議外面，共匪利用國際共黨同路人作它的宣傳，處處顯得共匪是土地改革的實行者，是進步分子。國民黨則是頑固分子，貪汙無能的集團。

鐵老是國民黨代表之一，又是與青年黨民社黨聯絡人之一。日以繼夜的會議、會談，謀求政治協商的成功。本黨中央，頗有委員自始對於政治協商表示不同意見，因此在黨的會議席上，對於本黨代表有很嚴厲的指責。記得，鐵老曾慷慨指陳國內的形勢國際的壓力，及總裁之指示，講到沉痛之處，聲淚俱下。

在當時國內外形勢之下，舉行政治協商會議，為是為非，將來歷史自有定論。當時本黨代表確曾盡了他們的智慧，以與共匪相周旋。最後，破壞政治協商的是共匪，共匪拒不出席國民大會。國民大會為了尊重第三方面的意見，延期開幕，延期開議，以冀第三方面斡旋，能使共匪翻然悔改。但一切均屬無效，共匪已決心全面叛亂了。

這一時期，鐵老心情最沉重，眼看八年抗戰勝利統一局面，瀕臨毀滅。一切困心橫慮，忍辱負重，無補於大局之糜爛。最最使鐵老痛心的是國民大會開幕前夕，由選舉而造成的各種糾紛，深夜把鐵老請到國民大會，商量彌縫次日開會的難題。現在第一屆國民大會代表因無法改選而任期無期延長，而當時苦心孤詣締造國民大會能如期開會的負責人之一吳鐵老，則逝世十年，墓木已拱矣。

五、黨的祕書長盡職了嗎？

鐵老擔任中央黨部祕書長，是民國三十年四月二日中國國民黨第五屆中央委員會第八次全體會議通過的。一直做到三十八年一月蔣總統引退，政府遷廣州為止，共有七年十個月之久，是黨的祕書長最久於其任的一位。

鐵老擔任中央黨部祕書長，在重慶這一時期，可能是他生活史上最有光輝的時期。中央黨部祕書長，地位本來很崇高，自二十七年臨時全國代表大會，全黨一致決議，修改總章，設置總裁，推選今總統蔣公膺任，蔣總裁重視幕僚長制度，將中央黨部祕書長的地位，一再提高。尤其鐵老本身的條件，在黨內是選舉總理為臨時大總統的代表之一，是中國國民黨更名時總理提名中央委員之一，當得起元老的資格。在軍政方面，他做過軍長、總司令、市長、省府主席，中央黨部歷任祕書長具備鐵老同樣條件的還不多。以鐵老本身的資望，領袖的信任，處理抗戰時期多方面的決定性的具有領導性的大事業，其資料之豐富，可供後人研究學習取資的地方，自是非常之多，可惜鐵老未能竟其志，寫出來流傳後世。歷任祕書長的道德與文章事功，各有千秋。我對鐵老在祕書長任內幾項特點，謹就記憶所及，略述如次：

(一)交遊面的廣闊

鐵老生性豪爽，氣度寬宏，喜交遊，愛朋友，一面之交，終生不忘。凡認識鐵老的人，都認為一見鐵老便有親切之感。鐵老平生交遊，有人分析可分下列幾類：

1. 老同志　鐵老早年參加革命，在總理身旁做事老一輩的同志，幾無人不與鐵老有往來。
2. 廣東同鄉　鐵老在廣東做事最久，廣東方面軍政警學商各界，都有淵源。
3. 東北華北人士　鐵老奉命在東北工作，時間雖然不久，因為工作特殊，在短期間即結識許多東北及華北軍政名流，以後中央對於東北方面老年一輩，青年一輩的聯絡招呼，鐵老始終居於重要地位。華北方面與國民政府有淵源的人士，與鐵老亦經常保持關係。

4.上海工商界　鐵老做上海市長，亦是歷任市長最久的一位。大上海的建設，膾炙人口，與上海人士相處，有如水乳，上海人對於鐵老特別有好感。

5.國際人士　鐵老當上海市長，華洋雜處，國際性的應酬，特別頻繁。凡是到過上海與鐵老有酬酢的國際人士，對於鐵老的從容周旋，談笑風生的儀表與才華都留有很好的印象，而交誼日篤。

6.華僑　鐵老本身是廣東人，與華僑天然有密切關係。對日抗戰鐵老擔任中央海外部部長，又親自訪問南洋各地華僑，後來又發起組織華僑協會。華僑之對於吳鐵老，可謂無人不知，無人不曉。

7.黨團同志　鐵老當中央黨部祕書長的時代，正在黨內人才輩出的時期。一方面各地黨部工作範圍擴大，需才孔殷。一方面青年團勃起，年青一輩同志，更有效力黨國的機會，鐵老以超然地位，量才提挈，無不各如其意而去。

以上多方面的關係，鐵老嘗自稱為宗祠司鐙，為大家加油點火，使香火旺盛，蒸嘗百世。是自謙，亦實情。

㈡治事的嚴謹

汪公紀先生紀念鐵老文章中，曾提起鐵老有隨身二件法寶，一件是約會時間簿，一件是隨筆記事簿。鐵老與人約會時間，無分刻之差。他經常每日約見客人一二十位，他嚴囑交際科通知被約客人時，不能籠統只寫幾點鐘，一定要寫明幾點幾分鐘，以免客人久候。他同客人談話到了時間，一定起身送客，不空談費時。由他主持的會議，一定事前準備資料，先行過目。重要文稿，口授要點，甚至一字一句的斟酌。在談話中，在會議中，應該注意的事項，或受人請託的事件，一一筆記，傳承辦的人，當面分付，某事如何辦，某函如何寫。口授完畢，要承辦的人複述一遍，他再叮囑一句：「此事交你辦理，我筆記本記事註銷，辦理結果，你負責報告」，然後以紅藍鉛筆在筆記本記事劃一粗線，以示交代完畢。

鐵老參加重要會議會報之後，立即召集各部會的主任祕書，宣布會議情形或總裁指示，分飭轉報首長應遵辦者遵辦，應注意者注意。如無時間性，則留到每星期一次的會報席上報告。

當時似乎有人批評鐵老接見客人，時間如此刻板，對各部會主任祕書，呼來喚去，近乎搭架子。以鐵老一人一日之精力，處理這些方面的事務，如果不能把握時間，如何使事務不至於積滿？亦有人引用《論語》上的話，形容鐵老：「望之儼然，即之也溫，聽其言也厲。」鐵老受任中央黨部祕書長，第一次召集我們開會，我對上面的形容頗有同感。後來慢慢覺得聽其言也厲之後，往往有幾句極有風趣，極富人情味的幽默表現。常常在送別的時候，在你肩膀上重重的一拍，說一句：「老弟，回去問候你太太好。」或者說：「老弟，你的事，幾天以後聽回音。」在酒會或稠人廣坐中，鐵老會從人叢中輕輕的用肩膀向你一撞，然後低低的告訴你一件事，吩咐你一句話。在嚴謹中不失其風趣。鐵老有焉。

㈢獎拔人才

中央黨部原來沒有專門委員，鐵老任祕書長，特增設專門委員室，相當於各部會的參事室，或研究發展委員會，先後擔任專門委員的有潘公弼先生（已故），盧逮曾先生（已故），祝秀俠先生，張九如先生，王立哉先生，鄒志奮先生，羅香林先生，趙君豪先生等。之數人在當時均不難有更佳的機會，獲得更好的職位，由於鐵老的誠意維繫，樂於屈就，為鐵老效力。當時鐵老每一重要問題的演講文稿，每一專門性議案的分析，都經過專門委員的研究或起草，「馭眾智以為智」，鐵老真能用人之所長。

中央委員，各省市黨部委員，各省政府委員，甚至主席廳長市長局長縣長，出於鐵老推薦的不知凡幾，亦有人批評鐵老薦人太濫，曾向鐵老進言。鐵老說：我身為中央黨部祕書長，我不推薦同志，尚有何人提拔同志。為黨國登庸人才，使處之囊中，脫穎而出，不正是祕書長分內之事嗎？此種負責任的態度，求之當世，亦屬難得。

六、林主席長眠歌樂山

鐵老與林主席交誼深厚，鐵老在回憶錄第二章第二節已特別寫出是「平生風義兼師友」的知己，並且寫道：「我的思想，及我以後的一點事業，都受著他當時切磋啟發的益處。」

鐵老和林主席同為辛亥革命南京臨時政府成立江西省代表，一同選舉國父為臨時大總統。以後，袁世凱稱帝，他們又同時亡命。在鐵老的回憶錄中間，有不少次提到與林主席的關係。

民國十八年六月國父孫中山先生靈櫬奉安典禮，又是林主席和鐵老奉命赴北平布置一切。移靈南下平時看到鐵老對於林主席的親切，和往來翰墨開頭稱謂的恭敬，可推知二人交誼的深厚。

林主席逝世，中央委員輪流在林主席官邸守靈，鐵老有一次談到曾勸林主席不要隨便逛街。鐵老說：當時報紙很讚美林主席平民作風，常常一個人逛夫子廟古董鋪。鐵老不以為然。鐵老認為一國元首，體制有關，不能隨便。元首有元首的風範容止，平民有平民的揖讓進退，林主席輕車簡從，沒有架子，固然是美談。但元首畢竟有元首的尊嚴，元首畢竟有元首的排場。據鐵老說：他曾向林主席進言過，林主席雖然沒有接受，但在重慶時期，街道狹仄，亦沒有古董鋪可逛，林主席並沒有再隨便逛街。

林主席是三十二年八月一日逝世的。先是五月十二日上午林主席在國民政府接見外賓後，回山洞雙河橋（一名和尚坡）官邸，在途中座車避車撞上電桿木，林主席從車座震落座下，隨車副官急停車扶持，折回國民政府，延醫生診視，認為不宜搬動。決定在國府療治，後來怕空襲警報，進出防空洞，仍然要搬動，又移回山洞官邸。病況一直未好轉，延至八月一日下午七時四分逝世。遺囑：㈠勗勉國人一致服從蔣委員長命令，努力奮鬥，俾國族早日復興。㈡捐私人積蓄五十萬元，資送研習自然科學生，出國深造。林主席沒有兒子，親屬分配的遺產，都一一有遺囑寫明。另外紀念物品及書畫等件，寫明交鐵老處理。林主席自民國二十一年一月就任國民政府主席，迄民國三十二年八月一日逝世，整整做了十一年又七個月的國民政府主席。

林主席逝世的晚上，中央黨部常務委員會臨時開了一次會議，決議：㈠組織治喪委員會，為林主席治喪。㈡由國民政府命令全國下半旗三天誌哀。㈢選任蔣總裁為國民政府主席。

林主席遺體，就安葬在雙河橋官邸不遠的墓地。這一帶原本是荒草沒人，亂石嶙峋的地方。林主席住去以後，公餘退食，親自率領工人，開闢草萊積土為丘，湫石為池，經一二年經營，已成為風景之區。林主席在整理山地的時候，忽然發現了一個天然石洞，甚為奇突，洞並不大，約可容五六十人，洞形自上而下，洞底有樹，透過洞頂，直長而上，從空中從四周都看不出有洞。林主席發現之後，稍為整理，另闢出入口，在洞壁開鑿一間石室，放上一榻一几，備空襲躲避及夏間納涼之用。

抗戰勝利還都，鐵老把林主席遺物，陳列在南京石板橋林主席私宅，以留紀念。

七、惜別嘉陵江

鐵老在重慶寓邸，先在嘉陵新村，是中央海外部長任內賃居的地點，在嘉陵江邊，半山之上，小樓房一幢，庭院不大，而風景甚佳，俯瞰嘉陵江，風帆上下，饒有畫意。後來林主席山洞官邸新建落成，林主席把李子壩官邸讓鐵老住。李子壩寓邸是重慶警備司令李根固的產業，四川軍人巨商，多有豪華的住宅，如上清花園是范紹增的產業，除一部分為中央黨部辦公外，孔祥熙先生錢大鈞先生各住了一幢，可見其大。鐵老李子壩寓邸在化龍橋附近嘉陵江邊，四川稱壩者，江邊有一片平地之謂，如飛機場之珊瑚壩，中央大學之沙坪壩均是。大約整個李子壩，都是李氏產業，住宅以外，皆果園菜圃。房屋中西合璧，相當高大，樹木森森，顯得有些幽沉，鐵老好客，賓朋不斷，熱鬧的氣氛，沖破了陰黯的環境。鐵老家中，經常住有兩位長客，一位是羅醫生，一位是曾任總理衞士的加拿大人馬坤。這兩位都只會英文，不會中國話，鐵老亦同他們用英文交談。可是苦了用人，飲食起居，種種不便，不免背後討厭。

鐵老離重慶回都，大約是四月底五月初，正確的日期，已記憶不清。鐵老到南京之後，即赴上海一行，然後再到南京參加五月五日盛大的還都典禮。

鐵老在離開重慶之前，對於還都的準備，一一部署，人員及重要文卷，由飛機分批東下，當時空運能力薄弱，機位不多，還都的日期，由日本投降至正式還都，差不多經過八個月之久。正式還都以後，還有不少留守人員及眷屬待運。鐵老特別把中央黨部辦事最得力的一員馮宗蕚先生殿後，責成他要等到所有工作人員及眷屬都運完，房屋及器具交割清楚以後再離開重慶，馮宗蕚先生真不愧大樹家風，以他當時的職位，他原應在第一批還都之列，他眼見各機關人員爭先恐後，搶奪機票的擾攘，以身作則，接受鐵老的分派，毫無怨言，實在難得。

吳鐵老與東北

孟廣厚

一、鐵老風範之特點

——重黨誼，無官氣——

吳鐵老逝世十年了，但鐵老謙沖和靄的風範，與彪炳不朽的事功，卻永存於國人及同志的心中。我在北大讀書時，便聽到鐵老的大名，直到抗戰時期，參加復興關黨政高級班第二期受訓時，始在重慶上清寺中央黨部的祕書長辦公室中，得到與鐵老會談的機會。那是一次很親切的談話，從家世，學歷，到現職與對黨政之意見，足談了二十分鐘。在談話中，鐵老那種和悅的笑容，與帶點沙啞的語音，給我留下很深的印象。最使我難忘的直覺感應，便是鐵老寬宏謙和人格的偉大，在初次會面時，就能使人如沐春風，在精神上，好像家人父子兄弟一樣，消除了心理間的距離之感。這是我一生中很少有過的情感經驗。真可說是親切的同志愛的表露與感應。如果有人問：你對吳鐵老的觀感如何？我將毫不遲疑的回答說：在我所接觸過的黨政要人中，只有吳鐵老，在第一個印象裡，便使我感到他是一位重黨誼而無官氣的革命先進。由重慶到南京，我曾為我自己及內子靜岩競選立委提名問題，數次晉謁鐵老，都承鐵老熱誠全力玉成。但我們未曾請鐵老吃過一次飯，或送過半點禮。做到黨的最高幕僚長，這樣高潔廉介的作風，怎能不令人感到值得我們永遠的仰慕，追懷，與師法！

二、鐵老對黨國的最大貢獻
——和平統一東北——

在鐵老遺著：《四十年來之中國與我》一書中，只寫到第六章。第七章到第十四章，僅有標題，而未完成。第七章的標題，便是：「東北使命」。這部未完成的自傳，不僅傳記文學上的一宗憾事，也是有高度現代史料價值著作之重大損失。鐵老長逝了，這種損失與遺憾，已無術補償。若就東北問題言，這一段自傳文章內容，雖未寫出，但鐵老促成東北和平統一的偉績，卻已長昭清史，功不可沒了。

本黨十七年北伐成功後，兵力僅達榆關。東北在日本軍閥侵略威脅下，自非武力所能解決。那時中央便定下和平統一東北的大計，但完成這項偉大使命的，卻是鐵老的首功。那時，鐵老僕僕風塵於北平瀋陽旅途中，幾經折衝，始排萬難，說服東北地方當局，達成易幟協議，完成和平統一大業。

這種和平統一東北的演變，自然種下刺激日本軍閥發動九一八事變之潛因。但鐵老卻早已慧眼如炬，看到這種未來危機發展的可能性。這就要提到人人共曉的兩句鐵老名言：「不到東北，不知中國之大；不到東北，不知中國之危。」在那時，鐵老便大聲疾呼，提出：「中國之危」這一警語，足證鐵老早已料到日本軍閥有在東北採取直接軍事侵略的陰謀企圖了。這種對國際政治演化趨勢之深遠洞察力，殊非一般人所能企及。

由於日本軍閥之愚昧狂妄，雖使九一八事變，及全面侵華戰爭，終不可免，但和平統一東北的達成，卻為國家保存國力元氣不少，頗有助於抗戰實力之增強，及最後勝利之贏得。所以，鐵老和平統一東北任務之完成，對於抗戰勝利之獲致，是有密切因果關係的。鐵老這項偉大成就與貢獻，國人與同志將永誌不忘。

三、感慨沉痛一夕談

——抗戰勝利後，東北決策犯了雙重錯誤——

三十八年四月上旬，我和內子靜岩到廣州參加立法院集會。在四月中旬的一天，鐵老邀我們到他公館晚餐，並派自用車到東亞酒店來接。我們帶著不滿三歲的勝利兒同去赴宴。鐵老很喜歡小孩，送給勝利兒一盒港製糖果。席間並無他客。飯後，鐵老便談起東北問題。很沉痛的陳述他對東北問題的意見與評論。足談了三個小時。待我們告辭，又派車送我們回東亞酒店，已是十點半了。那一晚鐵老談話的要點，我還清楚記得，茲擇要條述如次：

㈠我們今天對共黨鬥爭的失敗，主因在於抗戰勝利後，對於東北決策之錯誤。而且犯了雙重的錯誤。

㈡抗戰勝利後，對於東北決策的第一大錯，是採用中央武力直接接收政策。用中央精銳部隊新一軍及新六軍，與林彪匪軍進行消耗戰，種下中原大會戰挫敗的遠因。如果我們採取以東北地方武力，去消滅東北共匪的政策，便不至演成今天這樣的危局。

㈢對於東北決策的第二個重大錯誤，是不肯收編偽滿軍隊，將日本替偽滿所訓練的大量中下級軍政青年幹部，逼上梁山，投入共匪陣營，使東北共匪武力，加速壯大，變成中央進駐東北國軍之勁敵。這項人才上的損失，是我們對共匪鬥爭之致命傷。這批人才，成為共匪建黨建軍之重要幹部源泉。

㈣林彪匪軍，係在蘇俄掩護下，以日本關東軍留下的武器，裝備我們不肯收編的偽滿軍隊，所編組而成。這批速成的烏合之眾匪軍，竟能牽制並消耗我中央精銳部隊於東北一隅，予華北及華中匪軍以坐大致勝之良機，終至形成我們今天退守華南之險局。

㈤最後鐵老很感慨的說：「爭天下，所要爭的就是人心與人才。失掉人心與人才，就不免要丟掉天下。」對東北採取了中央武力直接接收政策，勞師遠征，師老無功，士氣渙散，兵連禍接，人民痛苦，民心喪失。頹勢便已形成。尤其拒收東北青年軍政幹部，拒編偽滿軍隊，為淵驅魚，逼迫數以萬計的東北青年幹部人才，投入共匪懷抱，間接助成了東北共匪軍政勢力之加速成長與壯大。我們今天失敗的命運，在這兩項政策決定時，便早已鑄定了。

㈥在談話時，鐵老曾強調說，東北占我國領土八分之一弱；重要資源，蘊藏於東北者，占總額百分之七十以上。尤以地理位置重要，兼為資源寶庫及國防重鎮要區，為國防政治軍事爭雄角逐之焦點所在。故情形極端複雜。在這樣地區，試用武力解決，總是不易順利成功的。過去如此，今後恐亦不易改變這種歷史性的客觀局勢。

那一夕的談話，鐵老始終以很遲重而低沉的語調，敘述他對東北問題的意見，中間有多次間歇沉默，似有若干保留，而不願盡述所懷之意。我一面傾聽，有時加以追詢，懇其罄述所知所見。

最使我驚愕難忘的一段話如下：他問：「你曉得是誰主張用新一軍及新六軍去接收東北嗎？」我回答說：不曉得。他遲延沉默了良久，才憤然說道：「那是劉為章（即劉斐）的意見啊！」他是要把我們中央的精兵，調離中原，集結東北，用關東軍的日本武器，配合東北偽滿部隊，來消滅它，替毛匪消除心中大患，打下了共匪在中原會戰的致勝基礎。

我們告辭臨行時，我曾問：「鐵老今後作何打算？」他淒然的苦笑說道：「到不得已時，恐怕只有到臺灣去再說了！」這一夕的談話，使我那夜很久不能入睡。因此，那天鐵老談話神態之感慨沉痛，至今記憶猶新。

四、鐵老逝世的消息，我們一直不願相信

——鐵老將永遠活在國人及同志心中——

十年前，十一月二十日晨，在報上看到鐵老逝世的消息使我們異常震悼悲痛，但同時又有種詫異之感，不願相信這消息是真的。因為在那年四月間，在中山堂堡壘廳一次集會中我們看到鐵老，還是神彩奕奕，精神充沛，笑容滿面，談起話來，還像從前重慶時代一樣，沒有半點病相表現，怎會遽歸道山呢？當然，這消息不會是假的，但我們一直不願相信。像鐵老這樣寬和謙沖的

偉大革命先進，將會永遠活在國人及同志的心中。尤其我們東北同胞，不會忘記他和平統一東北那項偉大貢獻，使東北人民免去一次軍事行動的災難與劫運。深望將來負責決策的人，勿忘鐵老對東北問題之意見與評論，在將來光復大陸，決定東北大計時，不再蹈過去的覆轍與錯誤，那就不負鐵老所賜給我們的歷史經驗與教訓了。歷史經驗與教訓，須有高度政治智慧的人，始能綜合，把握，吸取與陳明，使一般人能夠了解，從而知所警戒。我想，鐵老對東北問題之卓識遠見與評論，是值得我們永遠記取，永誌弗忘的。

鐵老在重慶的國民外交工作

潘朝英

民國三十一年春，我從美國辭了教課回到重慶，原本在祖國抗戰的陪都逗留一時，再定行止，鐵老其時任中央黨部祕書長，幾次約見宴談，他要我留在重慶相助他辦理國民外交工作，我答應了他。

當時外交部長為宋子文、吳國楨以次長代理部務，而外交決策，鐵老實參與其事，尤其對無邦交之國家，以國民外交方式接觸，多由鐵老策劃主持，茲就記憶所及，略紀數端：

一、法國政府當時流亡英國，有戴高樂派及反戴高樂派，其駐重慶代表愛斯加拉與我方聯繫，鐵公認為戴高樂將來必能掌握法國政權，為民擁戴，主張多與聯絡，今日思之，眼光實為遠大。

二、對韓國革命人士金九李承晚等多所援助，鐵老認為李承晚最有力量，多方支持他，後來李返國後，曾請其第一任外交部長林炳稷邀請鐵老赴韓一行。韓人至今認為鐵老乃支援其復國運動最有力的朋友。

三、對緬甸支持杜美瑪仙，中緬關係，多由鐵老策劃進行。
四、對印度切實支助，曾多次經由中國銀行匯款並與尼赫魯聯絡。
五、美日在珍珠港突襲事件前來西赴美談判，鐵公即認為日本必有陰謀，談判必無結果，曾發表談話，可謂洞燭機先。

鐵公對政治，軍事，黨務，僑政，均具長才，其對外交，貢獻亦多，上述僅以追隨所及，紀其一二，雖吉光片羽，亦能見其大也。

鐵城先生與韓國

邵毓麟

一、獻身韓國獨立

我和鐵城先生的緣分，可以說始自韓國的獨立，而終於獨立的韓國。我在戰前南京外交部服務時，就常就教於當時的「上海市市長」吳鐵城先生。我幾乎在第一次見他面時，就衝口而出的稱他為「鐵老」。他的那付可掬的笑容，和那股寬闊豪氣，絲毫沒有一點虛偽，令人一見就會在敬仰中感到親切，死心塌地的跟他一起。這不僅中國人如此，就是外國朋友，也都常開口「吳將軍」，閉口“General Wu”，樂於和他交往。

戰時在重慶，鐵老出任中央黨部祕書長，輔弼總裁蔣公，主持黨國大計。他鑑於戰時國民外交配合政府外交的重要，再加以他個人興趣之所在，因而又兼任「中國國民外交協會」理事長，把所有個別的國民外交團體，例如中英文協，中韓文協，中美文協，中蘇協會，反侵略會等，都聯繫起來，集其大成。我那時以委員長侍從室祕書兼任外交部情報司長，主要業務之一，也就是和所有國民外交團體，密取聯繫，因此在工作上，更多請示鐵老的機會。重慶的侍從室和中央黨部，僅是幾分鐘的步行距離，機關開會也好，個人請示也好，我已成為鐵老辦公室中的座上常客。

不過，我和鐵老的真正的不解之緣，卻是結合在韓國獨立運動的歷史過程中。

扶助韓國獨立，是中國國民黨及其政府的一貫國策。只有中國強盛，才能保障韓國的獨立，也只有獨立的韓國，才能保障中國的安全，中韓兩國的關係，有如唇齒輔車，不可或分。事實上，韓國獨立運動的種子，是在中華民國的土地上開花的，是由中國國民政府主席蔣公，在開羅會議席上的仗義執言而結果的。而鐵老秉承蔣公指示，主持扶韓政策的執行，耕之耘之，辛勤愛護，其熱忱可敬，其功德不可沒。當鐵老任上海市長時，就對三韓革命志士，密予援助，據說金九先生的同志，在虹口公園刺死白川，炸傷重光的一幕，鐵老就曾盡其維護之力。抗戰軍興，政府遷渝後，韓國臨時政府就逐漸開始公開活動。我國黨方如朱家驊陳果夫陳立夫諸先生，軍方如何應欽將軍等，都很熱心於援助韓國獨立運動，可惜韓方內部派系林立，各不相讓。其中主要的一方，有金九領導的韓國獨立黨及以李青天為總司令的韓國光復軍，而另一方，又有名義上由金奎植主持的朝鮮民族革命黨及以金若山為總隊長的朝鮮義勇隊，革命熱心都有餘，革命意志力量不集中，革命步驟更不一致。搞得中韓雙方，犬齒交錯，糾纏不清。珍珠港事件勃發，中日戰與世界戰打成一片，重慶的韓國臨時政府，在中國朝野的全力支持下，原有極佳機會，可能獲得反侵略各國的正式承認，終因韓方內部的混亂對立，再加國際共黨及其同路人的暗中破壞，而致功虧一簣，想起來真令親者痛。鐵老奉總裁指示，曾為此主持了幾次會報，決定統一對韓機構，由中央祕書處負責，以韓國臨時政府金九主席為對手，加強援韓行動。我在那時，承金九主席聘任為「韓國臨時政府顧問」，擔任溝通中韓雙方的連絡員，一面協助金九，隨時提出建議，一面幫助鐵老，處理對韓事務。我深知鐵老獻身韓國獨立，單是為了勸諭韓方各派領袖，團結合作，就已唇敝舌焦。至如對於韓國革命志士生活起居的照顧，韓國臨時政府施政步驟的協商，韓國獨立革命的經費籌措等等，這其間，鐵老的苦心策劃，鼎力擔當，真可以說是勞苦功高了。

二、派我執行政策

抗戰勝利前一年底，我奉派赴美公幹。行前還向鐵老請示，和金九商量。如何團結旅美韓方各派，集中力量，支持韓國臨時政府。我在美國八月，除了參加太平洋學會國際會議，和舊金山聯合國國際組織創立會議並處理其他若干公務外，曾經化了不少時間，從事於協調李承晚與旅美韓國各派及與臨時政府間的關係。日本投降後翌日，我趕到重慶，又匆匆奉派協助何總司令處理若干對日受降事宜。十月初任務告一段落，主席蔣公原已內定我為駐土耳其大使（我後來於四十六年第二次又奉派使土），命令亦已到達外交部。那知道我臨時因公出差到臺灣，一週後返南京，事情又生變化。鐵老的祕書張壽賢兄，忽然由渝飛來敝寓，親自交給我鐵老以中央祕書長名義，奉總裁諭的代電，徵調我做「軍事委員會委員長駐韓代表」，並要我趕到上海，隨同韓國臨時政府全體領袖，飛韓赴任，我真被搞得莫名其妙。據壽賢兄當時的說明：「主席蔣公在渝宴別韓國臨時政府金九主席及其他領袖時，金九曾代表韓方，鄭重感謝蔣公及中國黨政軍各方的大力援韓，唯因日本雖已戰敗，開羅宣言亦已保證韓國獨立，但韓國仍在美俄分割占領之下，有待最後努力，切望蔣公有始有終，援助到底，以期統一全國，完成真正獨立，並即席提名陳立夫或邵毓麟，請求蔣公核派為駐韓代表，隨同前往韓國，協助一切。只因立夫先生主持組織部工作，無法分身，故經蔣公指定由兄擔任，鐵老奉諭等因的代電，由此而來」云云。第二天，我趕到上海，迎候韓國臨時政府全體領袖，特別把金九主席一家，接到我暫借住的愚園路國際問題研究所的招待所，略盡招待之誼，並和金九及其他幾位領袖，作了幾天長談，送他們上機飛韓，然後我才飛返重慶，請示總裁和鐵老，洽辦出國手續。當然我出使土耳其的任務，也就因此取消。

當時外交部長是王世杰先生。王先生要我更改「軍事委員會委員長駐韓代表」的軍事職銜，為「外交部大使級駐韓代表」，可惜對美交涉年餘，迄未成功。最後美方僅允我國派一「總領事」前往，我為完成對韓使命，曾經不計名義地位，簽請准以「總領事」名義前往，但結果外交部決派劉馭萬為駐漢城總領事。因此我使土已取消，使韓亦不成，弄得兩頭落空，一時陷於失業狀態，而國內的大局，亦一天糟過一天。直到三十八年初，總統蔣公宣布下野前數天，政府改組，由孫哲生先生出任行政院院長，吳鐵城先生任副院長兼外交部長，而那時南韓在聯合國監督下，完成選舉，正式成立大韓民國政府，我國首先予以承認。於是鐵老忽又召我前往，面告奉諭派我為中華民國首任駐大韓民國大使，繼續執行對韓政策。

俗云「好事多磨」，我既奉派為駐韓大使，原可即日走馬上任，誰知戰局日非，政府由南京遷往廣州，而韓國政府對我使韓的同意手續，又因國內外種種內幕而遷延被阻。直到三十八年六月初金九被刺後一週，我才接得李承晚總統的同意電報，於七月間率同隨員，飛韓履任，但可惜那時鐵老又已辭職不幹了。

三、親訪獨立韓國

在我抵韓就任後不到兩週，總裁蔣公飛來韓國，與李承晚會於鎮海，亦即歷史上所謂「鎮海會議」。這次會議，震驚了國際共黨，中韓菲三國領袖的聯合反共號召，喚醒了各國迷夢，阻遏了赤色狂瀾，於是世上盛傳「亞洲反共同盟」的建立，中韓祕密軍事協定之締結。其實，聯合反共，確已發其軔，軍事同盟則尚待努力。翌年初，我奉召回國述職，鐵老時任總統府資政，頗有意於訪韓，我重返任所後，面請李承晚總統同意，李亦熱誠歡迎鐵老訪韓，於是鐵老輕車簡從，僅帶祕書汪公紀先生，加上臨時邀約的駐日軍事代表團團長朱世明將軍，一行三人，同來訪韓。

三十九年四月二十日中午前不久，鐵老終於搭乘西北航空公司的班機，由臺北經東京，飛到了他多年來盡心竭力所扶助的韓國的領土。我至今印象猶深的，就是我迎接鐵老下機後，他忽然彎下身去，在機場水泥地的夾縫中，抓起一撮泥土，雙手顫動地用中國話大聲向著歡迎人群說：「各位同志，我終於踏上了一個獨立自由的韓國領土上來了！」這個多年鬱積在他心頭，由衷爆出而又富有戲劇性的呼聲，引起了全場狂熱的高潮。大家高聲呼喚著：「鐵老，鐵老，鐵老您好！」亂腳步搶過來把他圍在人群之中，和他握手不停，有不少韓國朋友，甚至聲淚俱下。這一幕激動感人的場面，我相信只有鐵老平時的耕耘，才能有那樣臨時的收穫的。這大群人中，除了我們大使館同仁和旅韓各地僑領外，都是長年流亡中國，身受鐵老照顧的韓國朝野領袖，例如韓國副總統李始榮，國會議長申翼熙，國務總理李範奭，首都警備司令宋虎，前韓國光復軍總司令李青天，前朝鮮民族革命黨魁金奎植，前韓國臨時政府外交部長趙素昂，憲兵司令張興，軍官學校校長金弘一等等，反把李承晚總統正式指派前來迎迓的留美多年從未到過中國的外交部長林炳稷，擠在一旁。

鐵老的訪韓，僅僅四天，原係非正式私人性質。由於韓國朝野領袖和他的深厚友誼，特別重視他的援韓歷史以及他在中國政界的地位，而旅韓僑胞又素仰他對於海外僑胞的種種愛護，以及我這個駐韓大使，對於他知遇提攜的感銘報答，再加「鎮海會議」後中韓關係在世界反共局勢中的重要性，因此使鐵老的訪韓日程，幾乎超過任何一國國務總理的正式訪問，而顯得忙碌緊湊，而又出乎意外地引起了友邦和共產國家的異常注目。

鐵老訪韓期間，最感愉快的節目，是我在他到達漢城當天傍晚所安排的一個盛大酒會，出席賓客五百餘人。韓國朝野自副總統總理國會議長各部部長國會議員等各界領袖，以至外交團的各國大公使代辦，各國記者和我們旅韓各地僑領，擠得中國駐韓大使的官邸「京橋莊」的屋內和花園，真有人滿之患。鐵老的魁偉身材，可掬的笑容和幽默的口吻，在各國紳士淑女間周旋應付，使得參加的賓客，都對鐵老有了深厚親切的好感，而鐵老也好像賓至如歸，又增添了不少一見如故的「群眾」，而感到極為輕鬆愉快。

鐵老感到最親切熱烈的另一節目，是拜訪旅韓僑團僑校僑報和國民黨直屬支部以及這些僑團黨部的聯合大歡宴。鐵老原像任何一地華僑的「龍頭」。華僑在那裡，他就去那裡，他到那裡，華僑亦跟到那裡。韓國華僑，一聽到鐵老來到漢城，各地都派代表趕來漢城，參加歡迎宴會，把漢城最大的華僑餐館「雅敘園」，擠得水洩不通。那次集會，由於華僑代表對他的衷心敬慕，和他誠摯懇切的講話，使僑胞擁護政府反共救國的意志和力量，更加增強。我在辭卸使韓任務十四年後的去年年初，舊地重遊，和漢城華僑再度聚晤的時候，大家都還談起鐵老訪韓的故事。

另外兩次集會是最使鐵老感慨無量的了。一次是我招待所有與重慶韓國臨時政府有關的韓國友人的自助餐會，另一次是李範奭申翼熙聯合招待的韓國式宴會，每次人數雖僅四五十人，但都曾在中國久居，也都參與韓國獨立運動，所以談得特別親熱而意義深切。尤其李申兩位的韓國式宴會，因有美貌多藝的韓國「妓生」陪座助興，更顯得熱鬧。不過每當賓主雙方，談到金九先生的被刺逝世未能出席，又都不禁為之衷心沉痛，感慨無量，因為涉及韓國內政，關係微妙，與會的韓國朋友，彼此政見亦不盡同，有的欲言又止，只好大家相對唏噓而已。

鐵老最感興奮的一幕，據他親自告訴我，是他對韓國軍官學校全體官兵的檢閱和講話。當時韓國軍校校長是金弘一將軍，金將軍在中國流亡時改名為王逸曙，曾任青年軍訓練處長，勝利後返韓，其後曾任駐華大使多年。金校長早已安排好要鐵老去軍校檢閱訓話，而鐵老原被外國朋友慣稱為「將軍」，所以能以一個「將軍」的姿態，對獨立韓國的軍校官兵講話，特別感到興奮。他對官兵們以激昂的語調，說明中國國民黨及政府過去對韓國革命同志，特別是韓國武裝革命同志的援助，以及「韓國光復軍」「朝鮮義勇隊」的參加對日抗戰，高聲呼喚中韓兩國的軍事力量結合起來，再一度為收復失土打倒共產主義而共同作戰。這一個有力的呼喚，引起了全體官兵如雷般的響應。鐵老在韓國軍校講話後，接著檢閱部隊分別，檢查武器，察看每一學兵的內務，與趣格外濃厚，而也確已活現了一個「將軍」的神氣。

四、訪晤李大統領

當然鐵老在其訪韓史上，同時在我們聯合反共形勢上最富有意義的，是在他四天訪韓期間的三次會晤李承晚總統。第一次，我陪鐵老和朱世明將軍到韓國總統官邸「景武臺」（現已改稱為「青瓦臺」），對李大統領作禮貌訪問，茶點款待，談約兩小時。第三次，李總統以非正式晚宴招待，盤桓時間更長。第二第三次晤談時，我方為鐵老朱將軍和我，韓方除李總統外，另有外交部長林炳稷，國防部長申性模，總共六人。賓主雙方，天南地北，愉快地拉雜談談，自個人瑣事談到韓國獨立運動以及中韓兩國在今後世界反共局勢中如何共同合作努力的一些原則問題。所以韓國官方在報紙上發表的消息，也很簡短，僅說：「吳鐵城將軍由中國駐日軍事代表團長朱世明將軍及中國駐韓大使邵毓麟陪同訪晤李大統領，表示敬意，並對國際反共形勢，交換意見」云云。不過我在上面已經說過，中韓最高層的「鎮海會議」後，兩國關係已在世界反共局勢中，占有重要地位。韓國和外國的記者們，聽說吳鐵城「將軍」與朱世明將軍連袂訪韓，早已神經過敏，再加短期內三次訪晤李總統，既未透露談話詳情，而且打聽得雙方還有國防部長外交部長參加。記者們不明真相，到處亂跑，跑到中國大使館，大使館請他們到韓國公報部，而公報部又是照例的

「除已發表者外無可奉告」，於是由懷疑而猜測，由猜測而製造消息。若干外國記者，竟編造出驚人的消息說：「吳鐵城朱世明兩將軍的訪韓，負有重大軍事使命，吳將軍的任務，乃是根據中韓最高層『鎮海會議』的協議原則，使中韓軍事合作，作進一步具體商討，成為祕密的反共軍事同盟」云云。有一兩家外國通訊社，在鐵老離韓後的第二天，甚且自漢城發出電訊說：「中韓業已祕密締結軍事互助協定，韓方已允華方租借濟州島，作為空軍基地，以為轟炸華北東北甚至濱海省之用」云云，真是搞得滿城風雨，謠言傳遍世界。雖經韓國總統府和中國大使館，發表聲明，鄭重否認，但是記者還是不肯相信，甚至臺北外交部，亦曾專電駐韓大使館，查究此類謠言的由來。

以上這些，雖係謠言，亦足以反映當時各國如何重視鐵老的訪韓，而中韓在軍事上的聯合反共，事實上也是兩國朝野的共同願望。不過由於中韓兩國的特殊關係，以及兩國在國際關係中所處的特殊環境，只要任何一方，一朝有事，並不需要任何形式上的同盟或條約，就會彼此呼應互助合作的。這其間的玄妙，外國人是很難了解的。所以鐵老離韓兩個月後的六月二十五日，北韓大舉南侵，韓戰爆發，中韓兩國，事實上形式上雖無祕密軍事協定，但韓國一旦被侵，中華民國政府立刻聲明第一步願以陸軍三個師空軍二十隊，援助韓國，這就可證明中韓關係之特殊。事實上中韓兩國朝野人士，都很堅決相信將來時機成熟，雙方必定會聯合作戰，光復失地的。

五、未見中韓統一

兵者凶事，韓戰帶給韓國家破人亡，生靈塗炭。但也正因為韓戰的勃發，才喚醒了全世界反共產反侵略國家的和平迷夢，振臂而起。從今天史家的眼光看來，獨立未久的大韓民國，與其讓國際共黨滲透麻醉而致窒死，毋寧奮勇抵抗，死裡求生。天下得道者恆多助，在聯合國軍的集體援助下，韓國終於克服危機，渡過難關，而在戰爭中成長堅強起來，一度且曾經打到鴨綠江邊，幾乎完成全韓統一。韓戰前後的大韓民國，判若兩人。戰前有如體弱多病的嬰兒，而戰後的韓國，則已成為亞洲的堅強巨人，所謂「多難興邦」，誠屬至理名言。而且還可以說：如果沒有韓戰，既沒有今日韓國，更沒有今日中國。我在韓戰中，和韓國朝野及旅韓僑胞，共患難，同生死，其間雖吃盡了人間苦，冒盡了生死險，但我堅信我們追隨鐵老，協助韓國獨立，努力中韓合作，過去既已證明打垮了日本帝國主義的壓制，今後又何不能摧毀國際共產主義的鐵幕？——只要我們能夠團結一致步調齊一的話。

可惜韓戰終因盟國的不能團結步調不齊，而於「不求勝」的錯誤戰略下，弄得虎頭蛇尾，無疾而終。我在麥帥被撤職後不久，也在和談聲中請准辭職。返臺後，我還常和鐵老談到訪韓前後的韓國情形。民國四十二年秋，我奉命出席紐約第六屆聯合國大會，並於會後前往各國，考察駐外使領館業務及海外黨務僑務，行前還到鐵老處請示，他亦曾對海外黨務僑務的若干問題，指出來要我特別注意。殊不料一別成永別，鐵老竟於是年冬，在我出國期間，棄我而逝。我想鐵老功在黨國，已盡其心力。唯一遺憾的事，是他在有生之日，未能親見中韓兩國的光復統一。鐵老逝世後十三年的今天，大陸毛共，竟在臨終前發狂，鼓動「紅衛兵」造反。玩火者終必自焚，我們可以告慰於鐵老靈前的，中韓兩國的革命健兒，總有一天將會師於鴨綠江邊，到那時，我相信鐵老的可掬的笑容，亦必將重現於中韓革命同志之前的！

長留風範在人間

吳鐵老逝世十三週年忌辰往事述懷

汪公紀

民國三十八年的暮春，我由巴黎歸國，等我所乘的船，滑進了九龍碼頭時，共軍已經迫近了南京，船主宣告不再北上上海，我只好快快的攜眷下船，鐵老派了專人來接我，並且安插我在香港他一個朋友的家裡。他那時已在廣州，我就於翌日乘機飛穗去見他。

我坐了三十天的船，船上消息隔膜，語焉不詳，想不到在這三十天中，時局的變化竟這樣的大，我們已經只賸了半壁江山了！闊別之後，我深深覺得鐵老憔悴了，但是更慈祥了些，眼中流露出喜悅，他對我不隨時潮，一批一批的外流避難，反而趕回來共度危艱，表示欣慰，他就留我住在他梅花邨家裡，當天晚飯後，便召我討論局勢，有沒有扭轉乾坤的可能，渺乎小子的我，一方面深覺惶恐，一方面也是熱血澎湃，遇到這樣一個的機會，不揣冒昧的大放厥詞，一直聊到深夜。首先我分析毛共所領導的一群，不可能有什麼主義的基礎，因為馬列的那一套理論，中國始終沒有過好譯本，毛酋本人看不通洋文，怎麼能做共產主義的代言人，我們用不著怕他什麼主義不主義的。毛酋最多不過是水滸傳裡的人物，用權術詐謀，假仁假義來騙人，終久必定拆穿，其怪自敗，毛酋對付我們的主要策略是「用間」，散放謠言，淆惑視聽，搬弄是非，顛倒黑白，攪得人心惶惶，失去了自信，也失去了信心。我們目前唯一的要著就在安定人心，爭取人心。據我那時的判斷，江浙和川廣的人民可用，因為我領袖是浙江人，而江浙比較富庶，人心怕變。而粵省為我黨發源地，粵人自尊心很強，沒有理由向共黨投降。四川為我抗戰復興中心，餘尚當在。但是兩湖靠不住，宜派良將重兵駐守。倘若能維持個一年半載，把毛共在國內國際間的各種謊言，一一擊破，徐徐的說服拉攏那批昏了頭的文化人，使他慢慢的向我，大事必有可為。鐵老一言不發，讓我胡說，偶爾表示不耐煩，我要打住時，他卻又要說下去，最後他說：「那麼現在你看應該怎麼樣！」我即很冒失的衝口獻計：「我們應該鼓舞人心，鼓舞士氣。」我將我在巴黎的小經驗向他報告，巴黎的國民黨總支部，被毛共盂鞠如，那時駐法大使館的參事所把持，他離間，分化，中傷，恫嚇，運用了各種手段，把總支部解散了。但是我發覺他的陰謀後，糾合了留學生和華僑，很快的就在民國三十八年的二月裡，從新恢復了起來，新加入的國民黨員竟達六百多人，舉行大會之時我們發電恭請我總統復位，立刻傳遍了全世界，有很多地方也紛紛來響應。

親自激起僑胞力量

甚至影響國內也接踵而起，我強調道：「人心息息相通，拿海外的人心來振奮國內的人心，再拿國內的人心去振奮海外的人心，互相桴鼓，必有可為。」他聽了仍是不響。第二天他叫我去謁見閻錫山院長，雖然那時新聞局已撤銷，但我仍舊是個未到任的副局長，按理應該有個交代。我按照約定的時間去見，可是在候客室裡，足足的枯坐了兩小時，我不得已廢然而返，我當時很委婉的向鐵老表示了我的意見，閻老的作風與做法，顯然不合時宜，必需另打出路了：「鐵老既然有華僑為後盾，也應該及時把握，倘若能夠親自出馬激起海外僑胞的向心力，登高一呼，必然能產生奇異效果。鐵老都有些老關係，老交情，寫了十幾年的聖誕卡的朋友，現在也該認真的談些正經的了。」自從民國二十五年起，每年他寄給外籍友人的聖誕卡，都是我經手，而其數逾百，每屆十月這份頭痛的差事便來了。他聽了，又默不作聲。幾天後，忽然他自外歸來大叫：「公紀，公紀」，我連忙跑去，他說：「好吧，我們就去走走，你替我寫簽呈簽報總裁。」

追隨作一連串旅行

經過了若干曲折，民國三十八年的八月我隨同了鐵老到了日本，以此為開端，連續的作了一串旅行，日本，韓國，菲律賓，印尼，香港，我無役不從，一直到他定居臺灣之後，他還是習慣的要我充他的侍從，最後美國尼克森副總統訪華，他被推為民間團體的總代表，歡迎尼克森於臺北賓館，我仍然追隨他，扶他下車，扶他上講臺，那是他最後的一次公開演說，也是我最後一次隨侍他的光榮。

日本之行，是一個極重要的嘗試。白皮書發表之後，美國態度已經很明顯，但是有沒有轉機，有沒有希望，美國是講道義的國家，不可能忽然的背棄盟友，投井下石，實在還有從旁探測的必要。在赴日之前，鐵老特來臺灣向我領袖請示機宜，由陽明山下來馳赴機場的途中，又去看了王雪艇先生，雪艇先生沉思搓手，良久不語，與鐵老成了一個強烈的對照，兩位謀國老成卻同樣的憂心焦慮共圖挽救危局。到達松山機場時，已經是人山人海，送行的行列中擠出了桂永清將軍，他手裡握著一本雜誌，遞了過來說：「鐵老！大家對你此行，都寄以這個。」一面說，一面指著封面上的字，是一本新出版的刊物，上面三個觸目的大字，占據了半幅封面，「新希望」。鐵老登機之後，把雜誌交了給我，慨然的說：「我們的任務是真大了。」結果這個「新希望」成了空，刊物本身，好像不久也夭折了。

訪晤麥帥珍惜此行

那時麥克阿瑟元帥坐鎮日本，他是日本天皇之天，卻是鐵老的老友。他知道鐵老訪日，特地派了高級官員到機場迎候，而鐵老那時的身分，是中華民國的政務委員，是內閣的閣僚，雖然是非公式的訪問，盟邦的美國，也應該施以相當的禮遇，不料在我們所乘的飛機即將降落時，華盛頓突來急電，命令麥帥總部不准有任何的招待儀式，麥帥無奈臨時把派來接的人一起撤離機場了。由此可知國務院對我們的態度了。下機時已在深夜，我軍事代表團團長朱公亮先生在鵠候，他悄悄的把歡迎人員臨時撤走的事，報告了鐵老，增加了一片陰暗，鐵老卻不灰心，充滿了自信說：「麥克阿瑟，不會不見我的。」果然很快的就定期約見了，不過在接洽約會的時候，麥帥的祕書特別申明說，會談是非公式的不談政治。但是兩位老友見面的時候，他們立刻拍肩把臂，竟無話不談了，短短一星期中，他們晤談了三次，麥帥請了鐵老一頓午餐，麥帥日理萬機，不顧國務院的阻擾，居然撥出這麼多時間來接待鐵老，不但可以看得出兩個人的交誼，也可窺測到麥帥對遠東的和平與安全，有多麼重視了。只可惜老兵縱然不死，卻會被埋葬，岳飛總是岳飛的命運，長使英雄淚滿襟。

七個月後形勢大變

鐵老興奮已極，在國務院再三掣附環境下，麥帥對鐵老做了如下的諾言，他說：「希望你們能夠支持到聖誕節，那時我必將挺身來援助你們。」他這項諾言，何所根據，是個謎，在他追憶錄裡，沒有寫鐵老訪日的一段，但是其中很明顯的抨擊了美國的對華政策。該追憶錄的第三二〇頁，寫道：「由於一些莫明其妙的理由，國務院並不討厭中共，而標以農業改革者之名，他們的政策是與其擴大業經由蔣委員長掌握了的勝利，不如去斡旋停戰。馬歇爾將軍被派去揉和雙方的歧見，他路經東京，我請他下榻於大使館，新幾內一別，此次重逢，我覺得他精神上老了很多，他以前的果斷和機智都消逝了，戰爭把他耗磨光了，只剩下了他原來自己的影子。經過幾個月的交涉，毫無結果，他只好悄然而退，於是中國大陸上的戰事再起，但是在這七個月當中，形勢大變，蔣委員長由美國方面，既收不到武器彈藥，也沒有任何補給，相反的，蘇俄則日夜不絕的充實中共的武力。我們在戰爭末期運給蘇俄的大批彈藥武器，到了海參威之後，絲毫未動，全部由俄軍移交給了中共，因此，一切逆轉，戰端一開始很快的中國政府軍，便被迫的離開了大陸本土轉赴臺灣了。」

縱容共黨究是何人

關於艾其遜，他說：「我覺得國務卿，對於遠東事務，沒有人好好的替他策劃，因此我邀請他到東京來，做我的上賓。我雖然從來沒有見到過艾其遜，但我深信，他如果親身來亞洲觀察一下，可能改變他對亞洲的看法。可惜他拒絕了我的邀請，託詞華盛頓的事務太忙，無法分身，但是他在國務卿任內，曾經訪問歐洲達十一次之多。」

他說到大陸板盪，真是有血有淚，讀來為之掩卷三嘆。他說：「我們眼睜睜的看到我們的敵人中共，取替了我們最忠實的盟友，而一天天壯大起來。」就是在這個大轉變的緊要關頭，鐵老來訪。麥帥焉能不義憤填膺，攘臂而起，想來拔刀相助呢！不過他那時所支配的實力，十分有限，駐防日本的美軍僅有四個師，而每一師的兵額都不足三分之二，武器方面也只有輕武器，既無重坦克，也沒有一五五釐米口徑的大砲，他有什麼把握能遠道馳援，總之這項承諾是個謎。但是鐵老得到了他這幾句話，真可以說是極大的收獲，歸程又經過了臺灣，然後回廣州。即時我軍的態勢，還不算太壞，兩湖仍屹然未動。我記得鐵老在他梅花邨寓所裡召集會議，宣布了麥帥對他的承諾時歡聲雷動，在坐的軍政首長一致起立鼓掌，真好像有了「新希望」。可惜這是國際間高度祕密，我們報紙上不能宣傳，前線的官兵也沒有豫聞其事，雖然也鼓舞了後方高級官員的情緒，但是並未能普遍的起任何作用，而當時負責屏障湖廣的將領，也太驕橫，不肯說外援將至的一類話。於是不旋踵，惡耗頻傳，程潛叛變後，大勢已去，我們不但沒有能守到聖誕節，連五十天都沒有能維持。鐵老在廣州失陷的前幾天，繞室徬徨，悲憤惱恨，他祕密的吩咐侍醫兼好友羅友仁博士，準備毒劑，萬一陷共，仰藥自盡，以上報總理總裁之知遇，同時也想對麥帥有個交代。

我們勉強在一片潰敗聲中，慶祝了中秋節，那年廣州的明月特別矇矓，夜涼如洗我陪他由歐陽惜白家裡步行回到寓所，他竟潸然涕下，多少年來我第一次看見他的淚珠，雙十國慶他離開了最心愛的都市，三天後有名的革命策源地棄守了。

訪印尼時空中歷險

鐵老來臺不久，便奉命赴印尼，慶賀印尼的獨立，這是個苦差事，那時風聲已緊，我們要靠鐵老的老面子來爭取與國。我又做了他的隨從，乘了總統的坐機，經菲律賓赴雅加達，到達了雅加達的上空時，發生了一件小小的驚恐。飛行時縮進機肚裡的滑輪，在降落前應該推出來，出來之後就應該有一盞信號燈亮了起來，而這時這盞燈偏偏不發光。究竟是輪子沒有出來呢，還是信號燈壞了呢，誰也說不清。倘若僅僅是信號燈壞，當然毫無所謂，萬一滑輪根本沒有出來，機腹著地，可能發生機毀人亡的慘禍。為了減輕起火的危險，我們在雅加達上空飛行了將近一小時以消耗油量。在這緊要關頭，鐵老命我寫紙條，說明障礙的理由，他說飛機出事，往往不知其故，為了使後人有研究改善的機會，我們有義務告訴人家失事的緣故。他這種無我為人的精神，不由得我不遵從，忍著低空飛行的刑罰，我一邊嘔吐，一邊伏在機底上寫字條抓到紙就寫，寫了無數滿艙，而鐵老自己也在一張一張的寫，他說：「總有一張會落在人手裡的」，天幸，這些條子，沒有人拾到，我們的專機，安全降落了。

那時英、荷等西歐國家領先承認了中共。印尼對我們十分冷淡，礙於老交情，沒有饗鐵老以閉門羹，鐵老人頭熟人緣好，依然高興熱鬧的過了十天，僑胞絡繹不絕的來看他，以他誠摰的態度，暗中加強了本黨的組織，安定了已經浮動的人心。

訪韓時衣錦「還鄉」

三十九年春，鐵老專程訪韓，以了他多年的心願，我又奉命隨行，我駐韓大使邵毓麟先生，奇才多謀，老早替鐵老鋪好了路，布置了很大的場面，和上次日本之行不同，與印尼之行更不同，而鐵老逢到這種機會，更發揮了他周旋的天才，流露了極其真誠的友愛，的確由於過去我援韓的歷史，韓國朝野充滿了鐵老的故舊，他成了旋風的中心，是富貴還鄉的景象，不像是作客的國賓。

訪韓之後，鐵老到了菲律賓。五月馬尼拉的天氣，已經很熱，我們剛剛由春寒冷冽的北國，趕到酷暑的中心，十分不慣，陳質平大使便把我們送上碧瑤，住在他精巧的別墅裡，碧瑤極其可愛，滿山蒼松，涼風拂面，是個養休的勝地，但是鐵老那裡有休息的心，以碧瑤為中心，周圍各村鎮裡，我們華僑的人家很多，鐵老便開始了他的工作，除了親自訪問各處的僑領，並且也講了無數次的話，他雖然不說閩南話，但了解的程度很高，個別訪問時，更是親密，最後，他召集了重要的黨務會議，東南亞各地的負責人雲集一堂，鞏固了我黨海外基礎。他離開碧瑤的前兩天僑胞來請求他的墨寶，他整天整夜的寫，真是廢寢忘食，我侍立在旁，磨墨展紙，看他興致好，順便請他也給我一張，他擲筆說：「我的字，怎麼要得，我現在是畫符，拿了我的符，便永遠是國民黨，是反共最堅強的尖兵。」我才恍然大悟，他是在爭取人心。其實他的字，非常有韻致，樸實之中有無限的勁秀。我縱然不需要符，但酷愛他的字，很久以後，我又請求他的墨寶，他望我說：「是不是你看我要死了！」嚇了我一跳，不敢再強索，而不幸竟成讖語，我侍候了他二十年，看他寫了多少張字，竟沒有他的片紙以為紀念。

作菲國總統的上賓

碧瑤下山之後，到了馬尼拉，他立刻成為菲總統的上賓，陳質平也是英雄好漢作風的人物，日程排得緊，鐵老自己說，連大小便的時間都沒有，我更是疲憊不堪，除了公式隨從之外，他午睡時，代他見客，撰寫一切稿件，而鐵老極其仔細，電報、文書、報告，每一件都句斟詞酌。他有時子夜已過，把我由夢中叫去做一字的推敲，在一封已發的長函裡，忽然覺得有一句不妥，又叫我趕到郵局裡追回，繕正了再發。而來客之多也出乎想像，主要的談話，必定要筆錄。他離開馬尼拉之日，幾乎僑胞傾城來送，臨時一包包的紀念品交了過來，在我痴肥的身軀上又加了無數的負荷，下機臺北時，我頭頸裡掛的是東西，提的是東西，拿的是東西，揹的是東西，頂的是東西，拖的是東西，成為一個活動的堆棧，至今李大超兄提起當時，還會拍案大笑。

鐵老逝世十三年了。他的儀容笑貌長留人間，讓人不斷的懷念，而在我尤其是不可補償的遺恨，偶爾讀到有名的美國外交家尼可兒遜所著的小書中，他說成功的外交家必需有個好廚師、好祕書。這與鐵老過去的意見不謀而合。這也讓我常常自我解嘲，如今垂老之年一事無成，其實也並不能怪我，而怪我沒有個好祕書傳達，更請不起一位好廚師。

跋

右《四十年來之中國與我》為先君所撰回憶錄一部分，民國四十三年間曾在中央文物供應社出版，今忽忽十餘稔，書已無存，茲值三民書局主人劉君之請，用再校重付剞劂，並輯錄歷年各親友惠撰紀念文字若干篇都為一冊。

先君生平治事敬謹，即其所撰回憶錄亦復困思衡慮，一字不苟，以資料大多散佚，往事只憑記憶，思索恆至終宵失眠，其時體力已不健，遵醫囑暫時擱筆，未幾即謝世，回憶錄預定共十四章，節目俱備，僅至六章而止，未能終篇，至可憾也。

先君早涉革命，長歷軍政黨廣具事功，於國際人士多往還，於社會階層廣接觸，五十二年初，韓國政府猶追念先君生前對韓國獨立運動之協助，派特使追贈勛章以為酬敬。歲月不居，先君逝世距今已逾十四年今歲適為八十冥壽在週年及十週年紀念時，友好多曾為文悼念，其中珍貴資料有足補回憶錄之未完成部分者，爰擇附於後並誌謝忱。

吳幼林謹跋　民國五十七年二月

171 好詩共欣賞

葉嘉瑩／著

「興」是中國詩歌最重視的特色，是作者有感於物，以不死的詩心創作，進而引起讀者無窮的想像力與感動。本書自葉嘉瑩「舊詩欣賞」講座的講稿整理而成，作者結合傳統詩論和西方理論評賞中國詩歌，就「興」的作用，列舉陶淵明、杜甫、李商隱三位詩人的作品為例，從形象、結構上剖析其所傳達對生命的感發，在淺顯雅潔的字句中，引領讀者體會古典詩歌的精粹。

國家圖書館出版品預行編目資料

吳鐵城回憶錄／吳鐵城著.－－三版一刷.－－臺北市:
三民, 2015
面;　公分.－－(三民叢刊:305)

ISBN 978-957-14-6014-7　(平裝)

1.吳鐵城 2.回憶錄

782.886　　104006050

© 吳鐵城回憶錄

著作人	吳鐵城
發行人	劉振強
發行所	三民書局股份有限公司
	地址　臺北市復興北路386號
	電話　(02)25006600
	郵撥帳號　0009998-5
門市部	(復北店)臺北市復興北路386號
	(重南店)臺北市重慶南路一段61號
出版日期	初版一刷　1971年2月
	三版一刷　2015年7月
編號	S 780280

行政院新聞局登記證局版臺業字第○二○○號

ISBN 978-957-14-6014-7　(平裝)

http://www.sanmin.com.tw　三民網路書店